畅销的原理

The Business of Choice

How Human Instinct Influences Everyone's Decisions

为什么
好观念、好产品
会一炮而红

［爱尔兰］马修·威尔科克斯（Matthew Willcox）著

包云波 译

九州出版社
JIUZHOUPRESS

前　言

决定修订一本书有点像决定重新装修你的房子。如果让你的房子焕然一新需要大量的工作，那么你可能会考虑搬家，或者重建它。如果房子所需要的只是一点点油漆，那么你可能会原谅自己几年都没有碰过它。同样地，如果一本书所涉及的领域发生了很大的变化，那么你就会发现自己要放弃初版的很多内容，你真的应该写一本新书，或者至少是续集。如果只是更新一些参考资料的问题，那么你最好把时间花在其他事情上。

我认为，《畅销的原理》正处于修订的"金发姑娘地带"[①]。大前提和许多想法（以及提供这些想法的研究）与营销人员和从业者的相关性，与2014年撰写初版时别无二

---

① 在宇宙生物学中，"金发姑娘地带"指的是恒星周围的宜居带，那里的条件对生命来说"刚刚好"。

致。①尽管如此，在之后的五年里，情况发生了很大的变化。人们做出选择的环境已经改变了——例如，在2014年，亚马逊Alexa语音助手和谷歌助手还不存在。2019年爱迪生研究中心与美国国家公共广播电台（NPR）联合发布的一份报告估计，6,000万18岁以上的美国人至少拥有一台智能音箱（一年前为5,300万），拥有智能音箱的家庭平均拥有2.6台。2017年12月，爱迪生研究中心估计美国家庭拥有的智能音响数量为6,700万。两年后，这个数字是1.57亿。在这一修订版中，你会发现有一章涵盖了人工智能（AI）如何影响人们的选择和行为，以及从业者如何使用它来创建能够引起行为持续变化的、具有个性化和时效性的程序。

在初版之后的五年里，有很多新的研究成果发布，其中一些为实际应用提供了新想法，另一些新的研究则是在上一版研究的基础上增加了特异性。但科学研究并不都是建立在已有工作的基础上，同样重要（有些人会说更重要）的是，看看以前的研究是否依然像刚发表时被认为的那样站得住脚。它们通常并没那么可靠，原因包括：一种效应只在限定情境下成立，而并不像研究人员最初认为的那样普适；犯错误或

---

① 本书第一版出版于2017年，第二版英文版出版于2020年。

者在研究方法和报告上不够严谨；甚至在极少数情况下，研究人员缺乏道德和诚信。我们会在本章后面进一步讨论这一问题，但请放心，对于那些科学团体表达过担忧的研究报告，我们已经删除或者添加了警示标志。

或许从 2014 年到 2019 年变化最大的是行为科学的见解被从业者使用的程度。行为洞察力团队（BIT）就是一个典型的例子。在撰写上一版《畅销的原理》时，我参考了英国的一个政府项目，一个叫作 BIT 的组织通过应用行为洞察深刻地改变了这个项目。当时，BIT 是一项令人兴奋的、为期三年的尝试，它由英国政府内阁办公室的一个小团队组成，它将行为科学家和政策制定者聚在一起。2014 年 2 月，BIT 被部分私有化了，到 2019 年年底，BIT 已经有了七个办公室，雇用了二百多人。

BIT 不论是规模还是影响力上的增长，都不是一次性的。世界各地的政府和非政府组织也建立了类似的部门，并经常与 BIT 磋商。泽娜·阿菲夫（Zeina Afif）在世界银行的心智、行为与发展部门 2019 年发布的一份报告中简述了行为科学在公共卫生和公共政策领域应用的引人瞩目的成就，涉及的 10 个国家在这方面处于领先地位。阿菲夫援引经济合作与发展组织（OECD）的数据指出，截至2018年11月，全球至少有202家公共单位在其政策中应用了行为洞察力。

2017年10月，行为经济学的奠基人理查德·塞勒（Richard Thaler），获得了诺贝尔经济学奖[1]。丹尼尔·卡尼曼（Daniel Kahneman）率先因其在行为经济学领域的贡献获得诺贝尔经济学奖。作为实验工作的先驱，塞勒坚持不懈地证明行为洞察力和严谨的循证方法如何给群体带来积极的、持续的改变。他还通过搜集和揭露行为洞察力被用于煽动人们做出不符合他们最大利益的决定的事例，为学术领域和普通大众都做出了巨大贡献。

所有这些活动和表彰增加了人们对行为洞察力的兴趣。10年前，行为科学的实验结果只会在学术会议上被展示和讨论，比如由判断与决策学会、消费者心理学会、心理规律学会和欧洲决策协会组织的会议。在这些会议上，像我这样的从业者一只手就能数得过来。2013年，一个名为"行为科学与政策协会"（Behavioral Science and Policy Association）的全新社会组织召开了第一次会议，弥合了学者、政策制定者和从业者之间的鸿沟。同年，奥美咨询（Ogilvy

---

[1] 该奖项的正式名称是瑞典央行纪念阿尔弗雷德·诺贝尔经济学奖。

Consulting）推出了"助推股票"（Nudgestock）活动，该活动被誉为倡导行为科学见解的最具娱乐性的活动，之后每年都越来越受欢迎。

作为一名从业者，2014年以来我也学到了很多。在这期间，我在20多个国家参与过项目、办过研讨会、做过演讲。一些我曾认为潜力巨大，甚至可能改变游戏规则的领域，至少到目前为止，并没有真正实现。同时，我认为有些领域比我撰写初版时所认为的更加重要。

此后，我更加明确了一件事：行为洞察力并不能提供这样的免责声明，本书无法帮你解开人类行为的秘密，也无法让人们的行为按照你的意愿进行改变。罗伯特·西奥迪尼（Robert Cialdini）博士曾经写过一本著名的畅销书《影响力》（*Influence: The Psychology of Persuasion*），让我知道曾经有人用16年的时间，试图找出关于说服力的一些通用因素，即说服力的黄金法则。他的结论是什么呢？并没有唯一的黄金法则。你要从行为视角解读每一种情形，并确定每种情形下哪一类趋势最活跃。

每一种情形都不同，并且情境会对我们如何做出选择产生深远的影响。在一种情形下行得通的行为原则，在另一种情形下可能会遭遇完全的失败（我们在第 6 章会具体阐述这一点）。所以，面临选择时，最好参考本书，去思考、体验、适应各种独特的情形。

最后，虽然我不是科学家，却对决策科学充满了兴趣。在科学和营销的交汇处，我学到了两个经验教训。第一，科学是用来推动理念和思维的，不是用来提供确定性的。对营销人员来说［从著名的克劳德·霍普金斯（Claude Hopkins[①]）开始］，用科学证据论证一种营销策略比另一种有效非常具有诱惑力。但是这种思维方式忽略了科学的一个要点——要把科学作为灵感，而不是一种验证方式。本书提到了许多关于人类选择的真相，这些灵感都来自科学家为深入探究人性而设计、开展的极具创意的实验。科学家们在看待事物时经常会别出心裁，也会为揭示无意识的认知机制而设计实验以研究决策过程，这些都促使我们在理解人们如何做出决策方面取得突破性进展。事实证明，科学充满了创意，如果有人可以用这些创意改变生活，那么这些人应该是市场

[①] 克劳德·霍普金斯是洛德暨托马斯广告公司的创意总监，享有极高声誉，在 1907 年曾要求 18.5 万美元的月薪，相当于 2019 年的 500 万美元。1923 年，他出版了《科学的广告》一书，影响了一代行业巨头，如广告大师大卫·奥格威。

营销人员和广告人。

第二个经验教训是，科学比我预料的更容易发生改变。在10年、20年前还看似无可挑剔的东西，如今已经发生了动摇。

例如，大脑的重要区域杏仁核，科学家对其功能的认识20年间发生了极大的改变。现在，我们知道杏仁核会将感知转化成情绪。在社交互动过程中，它能够帮助我们识别情绪和面部表情，这一点非常重要。而就在10年前，杏仁核被认为只能识别和体验恐惧。今天，它的确切功能被模糊了，但可以确定的是它对于恐惧并不是至关重要的。以前我们假设杏仁核对识别和体验恐惧非常重要，是基于对一位名叫SM的罕见脑损伤患者的研究。SM只有杏仁核出现损伤，她对恐惧有着异常的行为反应，社交互动也出现了异常。此外，大量有关SM的实验研究表明，她无法感知有着恐惧神色的人脸。但是10年后，曾经发现SM无法识别恐惧表情的研究人员，意识到第一次实验中没有注意到的一个细节：当SM观看人脸时，她并不看眼睛。观察眼睛是从面部表情中识别情绪的必要步骤。当研究人员跟SM讲明要看眼睛后，发现SM能跟杏仁核完好的人一样识别恐惧。如今，杏仁核的功能已经被细化，它主要对视觉系统产生重要影响。识别恐惧涉及多个大脑区域，而不仅仅是杏仁核，但杏仁核的一个特定功能是指引我们去观察那些写满恐惧的地方，比如人的眼睛。

在这里我想说明两点。一是，我们还在学习中，尤其是涉及理解人类大脑的知识。用一个老套的说法，科学不是目的，而是一段旅程。营销人员如果能牢记这个老生常谈的说法，会做得更好（本书第15章中会具体阐述）。基于"最新的科学研究"，其中的"最新"可能是持续变化的。杏仁核的故事也说明，科学会自我修正，现在被证明是科学的研究不会一直被认为是科学的。正如克里斯蒂安·杰瑞特（Christian Jarrett）在他的《大脑奥秘》(*Great Myths of the Brain*)中所说的那样：

> 花点时间研究大脑，就会发现今天的迷思就是昨天的事实。

虽然科学会自我修正，但如果能成为一个健康的怀疑主义者也是不错的主意。在实验心理学等学科中，科学家在试图重复原来的一些研究时，这种自我修正所起的作用越来越重要。但是实验并不是总能重复，原因有很多方面。最普遍的是统计过于简单,毕竟世界很复杂。例如,如果样本中包括 20 名男性和 20 名女性,有时候女性的身高会比男性高,但这个结果肯定与现实不符。实验无法重复的另一个原因是情境不同(这一点我会在第 12 章详述)。有时就如我前面提到的,特定的研究结果只有在特定的情境下才会出现。一个例子就是希娜·艾扬格(Sheena Iyengar)和马克·莱珀(Mark Lepper)在 2000 年公布的一项著名研究。研究人员在加利福尼亚州的门罗公园内的德雷格杂货店,向购物者提供了不同的商品组合,人们可以在此品尝威尔金父子公司的一系列果酱。一个组合中有 6 种果酱,另一个组合中有 24 种,两个组合每小时轮换一次。研究人员记录了在每次组合陈列时驻足的人数。所有在商品前驻足的购物者都会获得购买威尔金父子公司产品的 1 美元优惠券。这项研究的著名之处是,虽然有 24 种商品的组合比只有 6 种商品的组合更能吸引购物者(60% 的人会因为更多的选择而停下来;40% 的人在较少的选择前停留),但在较多选择前驻足的人中只有 3% 的人购买果酱,与此形成鲜明对比的是,在较少选择前驻足的购物者中有 30% 的人购买了果酱。

虽然古典经济学认为,选择越多越好,但我们都经历过选择过载[巴里·施瓦茨（Barry Schwartz）在2004年出版的《选择的悖论：用心理学解读人的经济行为》（*The Paradox of Choice: Why More Is Less*）中有详细描述]。艾扬格和莱珀的研究引发了一场小型媒体风暴，研究结果被广泛报道。企业还是应该减少它们的品牌和产品种类，[①]我曾建议至少两个客户减少给消费者提供的选择。

然而，我的建议可能并不像我当时认为的那样可靠。之后很多人试图重复艾扬格和莱帕的研究，但据我所知，没有人得出如此显著的实验结果。一项汇总分析回顾了50个实验中的63个条件，其中一些实验试图用果酱、软心豆粒糖和巧克力等商品重复艾扬格和莱珀的研究，结果显示，所有研究的平均值"几乎为零"，"不同研究之间存在很大的差异"。我个人并不认为，汇总分析表明艾扬格和莱帕的实验有缺陷。对我来说问题是该研究的结论在特定实验条件之外的普适性（读者得出的结论甚至比研究者自己得出的更多）。对从业者来说，这是一个很大的教训。在艾扬格和莱珀的实验发表之

---

① 2014年，宝洁首席执行官A.G.雷富礼计划剥离或终止多达100个品牌，结束了该公司10年来为消费者提供越来越多选择的做法。雷富礼告诉分析师："在我们的许多业务类别中，有很多证据表明，购物者和消费者真的不想要更多的分类和更多的选择。"

前，人们的共识是选择越多越快乐。但在这个看似合理又违反直觉的研究结果发表之后，专家们转而相信较少的选项对做选择有更积极的影响。汇总分析表明，这并不是非此即彼的问题。在某些情况下，越少越好，而在其他情况下，越多越好。这取决于被选择的是什么，谁在选择它，他们当时的目标，以及做出选择的条件。在增减产品种类之前，营销人员应该考虑所有这些因素对他们希望人们做出的选择的影响，并在理想情况下使用不同规模的选择组合进行实验。他们不应该假设研究结果具有外部有效性，也就是说，不应该假设研究结果会从设定的特定背景和条件转移到他们希望人们做出的决定或行为上。

实验无法重复还有一个不太常见的原因，就是科学欺诈行为。来自宾夕法尼亚大学沃顿商学院的心理学家尤里·西蒙森（Uri Simonsohn）对数据十分警惕，[1]经常重复一些科学实验，因为他觉得这些科学实验的结果太过完美，让人难以置信。西蒙森不断收集数据，直到实验结果不再那么完美。在科学中，这种做法被称为"P值操纵"。即对数据进行统计

---

[1] 西蒙森对数据的调查已经使两名科学家辞职，多篇论文被撤稿。2012年11月份的《大西洋月刊》(The Atlantic) 刊登了克里斯托弗·谢伊的一篇文章，报道了西蒙森所做工作的更多细节。

分析后，若发现结果不满意，会删除一些变量再统计，直到出现满意的结果为止；若结果发现 P 值有意义，就停止收集数据。这种情况在实验室外也会发生。这种"肯定的力量"是人的本性，源于人的证实偏见，我们会在第 14 章进行讨论。

这本书的一个主题是，营销人员不太愿意接受行为科学和神经科学的研究结果，但是他们可以而且应该这么做。同时，我也呼吁营销人员要谨慎，不要基于媒体以往报道的"最新研究成果"——无论是博客还是主流媒体——制订策略和计划。

关于决策科学，我的第二个看法可能有点轻描淡写，那就是：大脑很复杂。神经科学实验能够标示出每个脑区，甚至可以具体到每一种行为所对应的脑区，脑区之间又有交织合作。记得 20 年前，神经科学深信杏仁核是产生恐惧的根源。今天，虽然杏仁核仍然被认为对产生恐惧起到了重要的作用，但它只是恐惧产生网络的一部分而已。

神经科学也为摧毁关于大脑的流行神话提供了一些证据。[1] 其中一个就是"我们只使用了大脑 10% 的功能"。这

---

[1] 克里斯蒂安·杰瑞特在《大脑奥秘》中提到了这两个例子。杰瑞特还写过《心理学简明指南》(*The Rough Guide to Psychology*)，是一本很棒的学科入门书。

句话是2014年由斯嘉丽·约翰逊（Scarlett Johansson）和摩根·弗里曼（Morgan Freeman）主演，由吕克·贝松（Luc Besson）执导的电影《超体》（*Lucy*）的台词。神经影像表明，这样的说法显然是错误的。另一种说法是，有"左脑"人和"右脑"人的区分。某些功能依赖于大脑的某一侧，例如对右撇子来说，语言功能主要集中在左脑。但是，不管是创意任务还是（其所谓的对立面）分析任务，都无法只依赖大脑的某一侧。

生命科学网曾有一篇采访报道，其中美国犹他大学功能性磁共振成像神经外科映射服务中心的负责人杰夫·安德森（Jeff Anderson）博士说：

> 相比右脑，左脑没有与逻辑推理关系更密切。此外，相比左脑，右脑也没有更多地处理创造力。

因此，我们需要另找一些词来形容同事很有创意或分析能力强。

另外，我想说明一些本书中使用的语言和术语。本书依据的大部分资料来自判断和决策的学术研究领域。我注意到，提起"决策"一词,很多人会想到如何通过选择步骤做出决定,毕竟"做决策"确实听起来更加积极而审慎。已经过世的希勒尔·艾因霍恩(Hillel Einhorn)是判断和决策研究领域的带头人,专门研究人们如何做出决策。虽然只是细微的区别,但"做决策"(making)和"做出决策"(reaching)存在重要的差异。做出决策是一种结果,而且可能包含了一些决策者无意识的因素。

研究人类如何做出决策的实验表明,许多决策的形成过程都有意识之外的因素参与。有时人们(在一些友好的科研机构建议之前,我自己也这样)把这些过程称作"下意识"。虽然我很尊敬弗洛伊德、荣格等心理学家,但是这个词现在暗示了研究认知的一种神秘而邪恶的方法,就像一个需要"解锁"的黑箱。心理学和神经科学抛弃"下意识"(subconscious)这个术语,偏向于潜意识(unconscious)、无意识(nonconscious)和前意识(preconscious)。这三个术语具有不同的意味,但经常交替使用,我倾向于使用后两个。"潜意识"这个术语给人的感觉是,人们不仅不知道他们的认知过程,而且几乎不知道任何事情。当谈到人们如何做决策时,无意识和前意识似乎能更好地描述实际发生的事情,因此本书将使用这两个词汇。

我还想建议的是,在做市场营销时要注意自己的语言,特别是对客户使用的词语。在联合利华担任全球首席营销官超过十年的基思·韦德(Keith Weed)在 2013 年 3 月接受采访时,描述了一些营销词汇存在的问题:

> 营销人员与消费者接触时,要把他们当作普通人而不是消费者。我觉得"消费者"这个词没有任何意义。当你观察人们的生活,会发现他们不是寻找除臭剂的一对腋窝,也不是寻找护发产品的头发。他们在这个迅速变化的世界里,有着饱满的生活,又要面对很多挑战。

韦德认为,在消费时代定义人,我们(不管政府、企业还是个人)都需要关注持续性。我同意这一点。但是在本书中,这已经获得了一些关注。市场战略专家尼尔·帕克(Neil Parker)在 2015 年发表了一篇出色的文章,给出了放弃"消费者"一词的五个很好的理由。他解释说,在他的机构,人们更喜欢"参与者"这个词。我对"消费者"这个词的不满在于,它更多的是指作为营销者如何去定义选择我们产品的人。例如，我们会把消费者当成"目标"。然而营销之外，关于生活的方方面面，真实目标并没有那么好实现。

另一个例子，我常常听到营销人员谈及一种营销策略时说"应该让消费者去零售店"。

不幸的是，通过给消费者提供免费的交通服务，在星期六上午10点把他们接到商场不一定能带动零售业。这种营销有点像赶牛，只能让人们感觉商场就像屠宰场。虽然略显荒谬和夸张，但这样的营销着实有点不尊敬决定购买我们的产品、支付我们的工资和资助我们生活的人。

在这本书中，我将尽可能地少使用"目标"这个词，但暂时还没有想出满意的替代词，非常欢迎大家提出建议。

不过，相比"消费者"，我更喜欢帕克提出的"参与者"。我用了另一个词，哥伦比亚大学商学院教授希娜·艾扬格在她的著作《选择的艺术》（*The Art of Choosing*）中，经常把正在做选择或已经做出选择的人称为选择者。我喜欢这个词有两个原因。首先，它反映和尊重"消费者"的重要性，因为购买/买入/消费是他们的选择。其次，"选择者"还与我深信的理念一致，也就是本书的一个重要主题，即营销应该使事情变得直观，让别人轻易就能选择你的品牌、你的产品、你的服务或者你的业务。一开始买一种产品是一种选择，使用一种产品是一种选择，继续购买并使用这种产品是进一步的选择。向别人推荐一个产品（营销人员应该感到幸运）是另一种选择。

营销更应关注的是选择，而不是消费。虽然在本书中我有时会使用消费者这一说法，但是在不影响意思表达的前提下，我会尽可能使用"选择者"和"潜在选择者"。当然，避开行话，其实只要用"人"这个词就可以了。

最后，感谢你们阅读《畅销的原理》。

目 录

前 言　i

第一部分　未来商业和科学选择　1

第 1 章　营销就是影响选择　3

第 2 章　选择是一门日新月异的科学　23

第 3 章　选择是一部自然史　45

第二部分　有效营销的 11 条实践建议　65

第 4 章　利用大脑的认识捷径　67

第 5 章　熟悉的扭曲　81

第 6 章　用"别人都在做"引导选择　103

第 7 章　现在还是未来？时间点不同，选择不同　135

第 8 章　"曾经拥有"带来的损失更大　161

第 9 章　给人们带去聪明、好看和幸运的感觉　　199

第 10 章　用轻松打动客户　　217

第 11 章　切忌高攀不起　　245

第 12 章　好内容也需要合适的情境　　273

第 13 章　先天和后天、遗传和环境都同样重要　　309

第 14 章　肯定的力量　　343

第三部分　决胜未来的营销思维　　359

第 15 章　市场调研需要不同的思路　　361

第 16 章　不一样的营销思维，将决定你的品牌力　　401

第 17 章　人类主导，人工智能辅助　　421

结　语　　449

致　谢　　453

PART ONE
第一部分

未来商业和科学选择

畅销的原理

THE BUSINESS OF CHOICE

第 1 章　营销就是影响选择

做品牌或做生意要想成功，需要能够被人选中。所以，了解人们如何做出选择很重要。

生活中充满着令人痛苦的决定和道德选择。有些很重大，而更多的并没有那么举足轻重。但是！我们做出的选择决定了我们的人生。人生，事实上是选择的总和。

——路易斯·莱维（Louis Levy）教授

在你去寻找路易斯·莱维教授的作品合集前，我应该解释一下莱维是伍迪·艾伦（Woody Allen）的电影《罪与错》（*Crime and Misdemeanors*）中的角色。而这段引言，是电影结尾的一段独白，它有关人类的命运、爱情以及我们的选择。

"人生事实上是选择的总和"听上去似乎有点轻蔑，却是显而易见的事实。我们的人生轨迹取决于我们所做的选择。如果 30 年前我没有选择在广告公司工作，也就不会 20 年后在旧金山给客户（为消费者提供了一系列眼花缭乱的选择）做商务策划。如果我没有准备这一策划，就不会与巴里·施瓦茨接触。巴里·施瓦茨是斯沃斯莫尔学院社会理论和社会行为学教授，也是《选择的悖论》一书的作者。如果没有采访他，他就不会建议我参加判断和决策协会的会议，自然我也不会有前言中所说的经历，因此就不会写这本书。我们每天都要做出选择，就像 1998 年的电影《滑动门》（*Sliding*

Doors）中那样，它们把我们的生活引向某一个方向。

但是，如果正如虚构的莱维教授所说，选择定义了我们的人生、决定了我们的幸福和退休后的舒适度，甚至决定了我们的健康，我们会发现一个令人震惊的事实，那就是我们花费了大量的时间去考虑选择的后果，却很少花时间考虑如何做出这些决策（请不要为此感到难过，有很多理由导致我们不怎么思考如何做决策。我们将在第 4 章中进行探讨）。

选择不仅对个人的生活有深远影响，也会决定一个组织能否成功。每当我做专题讨论会或主题演讲时，我最先展示的幻灯片之一就是我用了十多年的营销定义。它是这样写的：

> 市场营销是通过创建、管理和测度程序，来影响人们的选择，以实现你的目标。

我的观点是，任何组织的成功都取决于能否确保人们做出的选择有助于组织实现其目标：无论是芝加哥的采购团队在决定花费数千万美元采购亚马逊或是微软的云服务，还是米兰超市里的购物者正在选择拉瓦萨咖啡（Lavazza）、意利咖啡（Illy）或者自有品牌咖啡；抑或达累斯萨拉姆的一名年轻女性选择使用宫内节育器避孕，以便能在学校多待一两年；再或者是墨西哥城的通勤者决定是否改用电动汽车。

这些选择的结果，以及每天发生的数千亿个类似选择的结果，决定了组织是接近还是远离自己的目标，也决定了公司下一季度是看涨还是看跌。每个组织都依赖人们如何做出选择，而营销仅指组织如何通过影响选择实现自己的目标。是的，作为营销人员，你可以制订和执行营销策略，但最终你的命运取决于其他人的选择。我将市场营销的作用描述为让这些选择变得简单、自然和有回报。企业只有在它们的产品或服务被选择时才能成功。营销是决定选择的最重要活动，它是关于选择的业务活动。营销者需要花费大量的时间、精力和金钱去认识可能会影响选择的事物，理解购买路径和决策历程，比如品牌取决于什么样的文化、人们如何看待这个牌子以及人们购买它的可能性有多大。但是，我相信大多数营销者在努力揭示可能帮助（或阻碍）人们做出有利于组织实现目标的选择的重要因素时，需要更多争鸣。我称之为以决策为中心。

我来解释一下以决策为中心这个概念。营销者经常谈论以顾客为中心，甚至顾客至上。但在我看来，关键在于以顾客为中心需要深入关注影响人们选择的人性因素、文化因素和体系因素。以决策为中心的出发点是如何让选择路径简单、自然，或者如何让人们规避某些选择路径，并把这些路径规划出来。基于洞察顾客的生活、文化价值观和兴趣，以及他们喜欢、分享和追随的事物等的营销，可能被认为是以顾客为中心的。但是，除非你的出发点是你想要人们采取的行为或者做出的选择，否则你的营销对你想要的结果并没有影响。

2013年6月，我参加了戛纳狮子国际创意节，并与亚当·奥尔特（Adam Alter）一起做了一场演讲。亚当是纽约大学斯特恩商学院的一名副教授，也是你可能会遇到的最友善、最聪明的人之一。亚当的第一本书《粉红牢房效应：绑架思维、感觉和行为的9大潜在力量》（*Drunk Tank Pink: And Other Unexpected Forces That Shape How We Think, Feel, and Behave*）刚刚出版。我们在大会上的演讲涉及情境如何影响选择和行为。实际上，演讲的内容中，90%是亚当的，10%是我的。他讲得非常精彩，事后我被告知这是会议上评价最高的演讲之一。

但戛纳狮子国际创意节真正的明星并不是演讲者，而是狮子奖得主，该奖项被授予由广告和营销界的杰出人士组成的评审团评选出的最佳创意作品的作者（从职业生涯的角度来说，赢得狮子奖是一件大事，[①] 成为评委本身就是极为光鲜的履历）。2013年实际上只有一个明星，那就是澳大利亚为墨尔本地铁列车发起的公共服务活动，目的是防止墨尔本市民在地铁列车服务区及周边受伤。它被描述为一种"流行文化现象"，一系列动画角色用一首轻快而朗朗上口的歌曲《愚蠢的死法》，唱出它们荒谬而滑稽的死亡（包括"用你的私处作为食人鱼的诱饵"和"在狩猎季节打扮成驼鹿"）。它成为戛纳狮子国际创意节60多年历史上获奖最多的项目，获得5项大奖，18项金狮奖，3项银狮奖，2项铜狮奖。《竞选简报》报道称，广告界传奇人物李·克劳（Lee Clow）说："我希望我创作出了《愚蠢的死法》。"另一位传奇人物丹·维登（Dan Wieden）说："每个人都希望他们操刀过这个项目。"

　　截至2019年12月，这部可爱的短片在YouTube上的点击量已超过1.84亿次，尽管我毫不怀疑它为人类的整体

[①] 《华尔街日报》2017年7月的一篇文章《广告奖不应该局限于提升自我》指出，获得戛纳狮子奖等奖项的高级创意高管可以获得高达年薪25%的奖金。

幸福做出的贡献，但有人质疑它是否在"防止墨尔本市民在地铁服务区内外受伤"方面做出了同样多的贡献。除了创意奖项，戛纳狮展还推出了"创意效果狮子奖"。要赢得这一奖项，参赛者必须证明之前获得"创意狮子奖"的作品是如何实现（甚至超越）其目标的。尽管《愚蠢的死法》在 2013 年的"创意狮子奖"评选中大获成功，但在 2014 年"创意效果狮子奖"评选中，它入围了，却并未获得七个奖项中的任何一个。[①] 虽然社交媒体的影响无疑是强大的，但许多文章表明，它对当地行为变化的影响并不明显。《斯坦福社会创新评论》（*Stanford Social Innovation Review*）2017 年春季刊的一篇文章进一步指出，这项活动的性质可能会增加自杀企图，因为它"将死亡、自杀和暴力正常化为常见的、酷的，甚至迷人的事情，但最重要的是，不是永久性的"。作者还提出了一个关于从业者参考学术研究的重要性的优秀观点：

不幸的是，从业者在任何工作的早期阶段做一个学

---

① 让创造了《愚蠢的死亡》的麦肯·墨尔本公司（McCann Melbourne）感到欣慰的是，它为澳大利亚铁路运营商 V/Line 设计的《内疚之旅》广告赢得了 2014 年创意效果狮子奖。

术文献综述，是不常见的。学术分歧可以帮助从业者避免伤害、降低风险，或者让他们的努力和实践更有效，这是常见的。

三年后，也就是2016年10月，我在旧金山举办的行为营销峰会（The Behavioral Marketing Summit）上发言。另一位演讲者是拉姆·普拉萨德（Ram Prasad），他是总部位于孟买的行为洞察与营销咨询公司最后一英里的联合创始人。当时，孟买平均每天有10起意外死亡事故，意外死亡的最大原因是火车撞到横穿铁轨的行人。满载通勤者的火车每隔几分钟就会在孟买的人口密集区疾驰而过，由于过街天桥很少且相隔甚远，成千上万的人只能横穿铁轨。

普拉萨德展示了最后一英里设计的一系列干预措施，这些措施已经由为孟买提供铁路服务的印度中央铁路（Central Railways）做了相关测试。最后一英里的出发点是尝试了解那些冒险的人的行为和决策，不幸的是，他们经常因为横穿铁轨被火车撞倒而失去生命。为此，他们用"险些出事"的镜头回顾这个过程。让工作团队感到震惊的是那些死里逃生的人脸上的明显的惊讶，就好像他们根本没有看到火车开过来一样。

仔细研究了这一点后,最后一英里团队找到了赫什菲尔德·莱博维茨(Hershfield Leibowitz)的作品。莱博维茨是研究视觉知觉的先驱之一,尤其在涉及大小、距离和运动等方面。他们意识到的一个关键问题是,大脑如何处理巨大的、遥远的、快速移动的物体的速度(这也是为什么那些横穿铁轨的人在经历了死里逃生之后立即表现出惊愕的表情的原因)。普拉萨德在他的博客中写道:

> 这种对速度的误判是有科学依据的。我们的大脑会低估大型物体的速度,包括火车。通常,在穿越轨道时,即使我们发现了火车,我们也倾向于试图穿越,因为火车看起来运行得更慢些。

最后一英里面临的挑战并不是教育孟买人火车是危险的,也不是让他们知道火车比人们想象的要快。问题也不在于人们的知识,以及他们如何有意识地计算风险。问题是,人类天生就不善于估计大型快速移动物体的速度(也许是因为速度超过 50 千米/时的大型物体,比如火车和卡车,对人类的生存只构成了很小一部分的威胁,我们还没有进化出这种能力),而且我们无意识的直觉比有意识的计算更加敏捷。

最后一英里团队明白,决定是否横穿铁轨是基于对速度的不准确的无意识感知。普拉萨德继续说:

> 如果问题本质上出在无意识层面,那么解决方案也应该在无意识层面上,这样才能明确而迅速地起作用。解决方案应该是让大脑在"自动"模式下重新校准火车的速度,在这种模式下,它不需要深思熟虑和消耗能量。

他们的解决方案之一是把枕木①(支撑铁轨的大块木头或混凝土)涂成亮黄色。正如普拉萨德所说:

> 当这些黄线在火车底下消失时,大脑可以立即对速度做出正确的判断,并做出不横穿铁轨的决定。这种干预措施的美妙之处在于,它在无意识层面上起作用,效果立竿见影,且成本低廉。最重要的是,它起作用了。

---

① 在许多讲英语的国家,铁路枕木被称为 sleepers。

最后一英里团队和印度中央铁路也做了循证实践的核心工作，但营销人员往往对此缺乏耐心。他们在孟买海港线的瓦达拉站用黄线和另外两种策略①做了一个实验。《波士顿环球报》的一篇文章写道：

中央铁路孟买分部的经理说，在2009年12月份实验开始之前的6个月里，瓦达拉站有23例因横穿铁轨造成的死亡事故。2010年1月到6月，这一数字下降到9例。之后的8个月里，直到2011年2月，只有1例死亡事故。

我想强调的是，我并不是在直接比较墨尔本地铁《愚蠢的死法》和印度中央铁路在孟买的干预措施。墨尔本地铁附近和孟买铁路附近的危险行为在文化和环境上有巨大差异，即使很小的场景差异也会造成不同的行为问题，从而需要大

---

① 另一种策略也是基于行为科学的洞察：根据指示，列车乘务人员连续按两次喇叭以示警告。研究表明，这比一声长鸣笛更有效。在铁轨旁边贴有一名演员在被撞到前惊慌失措的特写照片。如果他们不是正在经历你试图影响的决定，那恐惧的画面通常是无效的。在距离人们横穿铁轨的位置几步远的地方贴照片比较有效。

相径庭的解决方案。

我想强调的是方法上的不同。我认为做出《愚蠢的死法》的团队采取了以顾客为中心的方法，他们清楚地知道什么对观众有意义，以及如何吸引观众。他们清楚自己想要参与的是什么（《愚蠢的死法》催生了成千上万的恶搞和表情包）。他们获得了数以亿计的浏览量。他们显然创造了一种流行文化现象，但几乎没有强有力的证据表明他们的工作对铁路安全行为有显著影响。

拉姆·普拉萨德和最后一英里公司用的方法，我称之为以决策为中心。从查看录像到试图理解人类大脑在做出横穿铁轨的决定时是如何工作的，再到设计和实施与具体情境相符的解决方案。他们的方案不太可能打动戛纳创意节的评委，但更有可能挽救生命。正如拉姆·普拉萨德总结的那样，有效的干预很少通过简单地让人们意识到问题而起作用，"……而是通过帮助他们在关键时刻快速、轻松地做出正确的决定"。这可能是以决策为中心的方法的一个很好的定义。

在营销者看来，以决策为中心，这样的方法很重要还有另一个原因。选择消耗了人们生活中大量的时间。2010年《经济学人》（*The Economist*）刊登了一篇有趣的文章叫作

《你选择》，量化了选择的耗时程度：

> 根据食品市场营销协会的数据，如今美国普通超市就有超过 48,750 种商品，这一数字是 1975 年的 5 倍多。英国乐购超市出售 91 种不同的洗发水，93 个品种的牙膏，家用清洁剂甚至有 115 个品种。

在这种环境下，人们每天要做出近千个选择，这就更需要营销者花一些时间了解人们是如何进行选择的，而不是像基思·韦德的说法，把人们看作"寻找除臭剂的一对腋窝或是寻找护发产品的头发"。这种时间付出是营销者所能做的最好的投资之一。

除了巨量的选择对象，还有一个因素也使营销者很难让消费者选择自己的品牌。这个因素就是品牌正变得越来越不重要——除了一些特例。约翰·吉泽玛（John Gerzema）在 2008 年写过一本书，叫《品牌泡沫》（*The Brand Bubble*），书中分析了 BAV 咨询公司的品牌资产评估器（Brand Asset Valuator），这是一个涵盖了数百个品牌的数据库。分析表明，从 1996 年到 2008 年的 12 年间，总体来说对品牌的信任度在逐渐降低，品牌的重要性也在逐渐降低。虽然我不能劝营销者不要努力、不要通过营销增强品牌实力，但是我觉得应该关注的点不是让品牌更加强大，而是人们在决策时更常用方便快捷的途径而不是品牌。多年来，人们只要专注于管理品牌的一致性，专注于品牌传递的情感和功能，就可以达到一定程度的成功。盲目相信品牌使营销人员自鸣得意，并且过于依赖品牌的吸引力。

但是，很显然，品牌的吸引力已经远远不够。我认为，要补救吉泽玛指出的品牌重要性下降，不应该只采用传统方式强化品牌，而应该从其他不同的角度评估。

知道人们如何做选择能让品牌变得强大。运作良好的品牌能与人们做决策的过程完美契合，也与人们储藏记忆、生动唤醒记忆的方式相吻合。于是品牌在适当的时候被激活，能够让我们回忆起对应的感情和情绪，并与大脑的筛选功能契合，让我们迅速有效地做出选择。品牌是终极的人造选择捷径，它最大的成功是能够让我们感觉良好地做出快速、简单的选择。在这一过程中，品牌是完全与我们大脑的决策系统进化相一致的。我相信这是品牌的真正力量。为了充分利用品牌和我们决策系统之间的关系，品牌需要更加以大脑为中心。最近在电视上播出的剧集《对钱的一些思考》(Thinking Money)中,有人问斯坦福著名的神经学家巴巴·希夫(Baba Shiv,我觉得他对决策科学,以及决策科学与营销的关系解释得比任何人都更简明易懂),为什么攒钱这么困难,虽然从理性的角度讲,攒钱是合理的。希夫的回答是这样的:

> 理性大脑只是把感性大脑已经决定做的事情合理化而已。唯一的永久性解决方法就是让大脑觉得攒钱更加性感。

使品牌和营销途径更加"性感"是一个好主意。我们都知道这样一句话:"性感能卖钱"(它确实可以)。让大脑感觉到品牌和营销性感可以将这个概念提升到一个全新的水平。

这种方法需要全新的思维方式。我们做营销的时候经常会思考用户或选择者的需求,思考品牌的价值在哪、引人注目的地方在哪,并创造一种多样化的方法来说服目标客户。我把这个过程称为"品牌导入"方针。要让大脑感觉性感,意味着你需要意识到大脑想要的是什么。什么样的事情能够让大脑无法忽视?大脑又是如何引导人们做出选择的?你提供的刺激如何才能符合大脑的速度和效率？不要从品牌开始，要从大脑开始。这种方法叫作"大脑导出"方针。

我读过许多研究，也和许多名家交流过，还积累了许多实践经验，所有这些让我看到了复杂性。复杂性是不可避免的。人类是复杂的生物，行为受大脑驱使，我们的头脑里包含着跟宇宙一样广阔的科学奥秘。虽然存在如此多的复杂性，但我得出的结论却很简单。从认知和行为的角度来看，营销能影响四个方面：

- 通过情感联系，它可以创建长久的品牌记忆。这些记忆是隐性的，因为我们在无意识层面上把记忆与品牌相关联。一个品牌的真正威力在于它是否能在人群中创造出强劲、积极、隐性的记忆。
- 它可以触发人们的品牌记忆。如果无法通过经验、营销或者广告唤醒与品牌相关的情感记忆，即使是苹果或耐克的商标也没有任何意义。这些品牌制造出记忆后，将永远在你身后徘徊，时不时影响你关于品牌的决策。
- 它可以提供信息，以便评估产品或服务是否满足需求，或在事前事后比较其他选项。这样更能让选择者感到做了一个好的选择，正如巴巴·希夫在本章前面提的建议，让他们在事后合理化自己的选择并向别人推荐。

- 它让你凭直觉或出于本能做出选择，即不经过大脑思考就做出选择。前面三种影响涉及记忆以及我们的经历，会因人而异。第四种影响则有着不同的意义，它涉及我们的大脑如何工作。这是认知传承，也是选择中的人性体现。

本书中，我将谈及对营销的这四个潜在影响，但重点是第四个影响。这第四个领域是过去十年中知识增长最多的领域，它是使你的营销与人类自然选择相一致的关键。如果你能做到这一点，你很可能成功地让你的品牌成为人们自然的选择。

营销者的工具箱

- 不要只把"消费者"当成选择你产品的某人,当成"寻找除臭剂的一对腋窝或是寻找护发产品的头发"。想想他们是如何做出选择的,不管是购买汽车、牛仔裤还是洗发水,他们都是用共同的人类决策系统思考的。
- 不要仅仅依赖品牌的吸引力。要了解如何才能让大脑觉得你的品牌"性感"。用"大脑导出"方针而不是"品牌导入"方针来思考。当你阅读本书的其他章节时,请牢记这一点。
- 分配出百分之一的研究预算或一部分注意力,去理解可以让你的品牌被选中的先天行为。

专业人士的读后感言

- 营销的起点不是品牌想要什么,而是大脑想要什么,对于如今疲于决策的消费者而言,这是一种强大的新方法。
- 很明显,我们需要从只看到表面行为的营销视野,升级到认清驱动决策的深层次的认知视野。这才是真正的优势所在。

畅销的原理

THE BUSINESS OF CHOICE

第 2 章 选择是一门日新月异的科学

行为科学的进步,让我们得以更好地理解人们是如何做出决策的。

相比过去，我们对人们如何做选择了解得越来越多，也越来越快。幸运的是，我在决策科学的黄金时代写作了本书。

关于人类行为的知识越丰富，决策科学的未来也越有潜力，虽然我们因此获得了更多的关于人类如何决策的知识，但是要明白，科学就像地球上的生命，是不断变化和发展的。

几十年前，大脑的研究还只是"神经科学"。如今，我们有了更为专业的领域，例如"决策神经科学""认知神经科学"和"社会神经科学"。今天的决策科学比以往更为精确，因为它基于科学研究的自然进程（在以往研究的基础上改进），同时也是因为技术的进步，研究人员可以利用非侵入性技术，实时了解大脑在决策时的反应。但是，尽管我们对人类的行为和选择有了很多答案，但仍然存在许多悬而未决的问题。专业知识的碎片化也印证了科学的复杂性。神经科学的目标是了解大脑,就像哈勃太空望远镜和它的继任者是为了了解宇宙一样。我们正在学习的比我们所知道的要多得多,需要学习的知识则还要更多。如果有人告诉你,他们已经知道大脑是如何工作的,或者他们已经找到了所谓的"购买按钮"[①],请一定要提防。

决策科学的黄金时代主要有三大驱动趋势,它们带来了对行为科学和社会科学的爆炸性学习。三大趋势之一是智力革命,使人们认识到是直觉过程而非理性过程驱使人们做出选择。强调直觉重要性的决策理论从 20 年前开始受到重视,并启发了全新的研究领域,例如行为经济学和近年来出现的神经经济学。

行为经济学,是一个奇妙迷人的领域。我可以毫不夸张地说,这门学科应该引导营销史上最大的思维变革。但是,从一名从业者的角度来看,我认为把这门学科称为行为经济学不是特别贴切。它源于一群研究行为的实验心理学家开始研究经济选择(甚至与开明的经济学家一起合作),因此,

---

① 也就是说,许多研究通过使用功能性磁共振成像扫描神经成像表明,大脑中与欲望有关的腹侧纹状体的活动,在某些情况下可以预测受欢迎程度或销售成功率。我们将在第 15 章中更详细地介绍这些内容。

被称为行为经济学（behavioral economics）。[1] 但是，我认为这个名字听上去更像是研究经济学和财政政策，而不是研究人类行为的学问。

关于行为经济学，我个人的定义是这样的：

> 行为经济学是心理学的一个领域，研究的是从理性和经济学角度应该如何行动与实际上做出的行为有哪些不同之处，并在此基础上探讨人类的行为模式和决策模式，以此来揭示推动人类决策的无意识过程。

本书中，除了使用"行为经济学"这一术语外，我也将使用其他的一些相关术语，如"判断和决策"，或者干脆就说"行为科学"。

虽然不喜欢这个术语，但是希望大家不要因此看轻行为经济学的重要性。对营销者来说，它是具有划时代意义的思维。它对营销的影响很少来自经济学方面，更多的是来自

---

[1] 熟悉广告公司结构的人可能从"行为经济学"的起源联想到"客户策划"，也是将客户管理和媒体策划合并起来的一种创新战略。虽然这个词反映了学科的起源，但没有描述学科的内容，我认为行为经济学这个术语也是如此。

它对人类行为的深刻洞悉，并在这个过程中提供证据，取代有意识的、理性的或者审慎的思维，作为人们选择过程中的关键。

第二个趋势是资源和能力的趋势，有点像"摩尔定律"的人类脑力版。戈登·摩尔（Gordon Moore）观察到集成电路上的晶体管数量每两年增加一倍，促使计算机的处理能力不断提升。

目前，各种思潮急剧增加，理解人类行为和决策的理论也越来越多。行为科学与社会科学已经成为全世界领先学术机构的敲门砖。统计显示，仅在美国就有超过 10,000 名教授和研究生[1]正在构思、执行和分析有关行为和决策的实验。行为和社会科学研究的普及带来了不同学科领域之间的大讨论和合作。这些研究的成果也广泛发表在各大主流期刊[2]上，甚至出版成书（我估算了 5 家关于人类决策的期刊和研讨会

---

[1] 统计基于相关协会的会员和新毕业生的数量。根据 College Factual 的数据，仅在美国，2018 年授予的行为科学学位约有 4,500 个。
[2] 例如《自然》(Nature)、《消费者心理》(Journal of Consumer Psychology)、《消费者研究》(Journal of Consumer Research)、《认知》(Cognition)、《判断与决策》(Journal of Judgment and Decision Making) 和《广告研究学报》(Journal of Advertising Research)。还有很多其他的期刊——SCImago 期刊排名指标在社会科学领域包括 5,000 份活跃的期刊。

近两年来的文章，共发现1,500篇至少对从业者来说值得关注的论文），在机场书架的非虚构区争夺空间。这一领域的许多学者还开通了推特，例如丹·艾瑞里（Dan Ariely）和理查德·塞勒的推特粉丝数量已经达到了摇滚明星的量级。①

第三个趋势更像真正的摩尔定律，因为它是由技术推动的。行为和社会科学家受益于技术成本的下降和技术的日益普及。不过一些行为科学家在没有先进技术的情况下也做出了里程碑式的贡献，例如丹尼尔·卡尼曼、阿莫斯·特沃斯基（Amos Tversky）、乔治·罗文斯坦（George Lowenstein）、保罗·斯洛维奇（Paul Slovic）、理查德·塞勒、保罗·格利姆彻（Paul Glimcher）和比尔·纽瑟姆（Bill Newsome）等。神经经济学的研究依赖功能性磁共振成像（fMRI），这种仪器以前只有在医学院才能找到，2010年开始才在很多地方得到普及。现在，最顶尖的商学院的地下室都有磁共振成

---

① 也许达不到摇滚明星的量级，但他们在推特上至少和一些领先的啤酒品牌一样受欢迎。截至2019年12月，丹·艾瑞里的推特账户@danariely拥有18.01万粉丝，略低于百威啤酒（@budweise-rusa）的18.81万粉丝。理查德·塞勒（@R_Thaler）的粉丝数为15.94万，超过了喜力啤酒（@heineken）的15.75万。他们与赛琳娜·戈麦斯（Selena Gomez）相比还有一段距离，她的账号（@selenagomez）拥有5930万粉丝。2017年，戈麦斯和塞勒还在奥斯卡获奖影片《大空头》中客串，解释了担保债务凭证（CDO）和热手谬误。

像扫描仪(本书第二部分和第三部分会详细介绍这些机器,以及它们目前揭示的和未来可能揭示的现象)。另外,行为科学实验也越来越多地运用众包的方式,例如亚马逊土耳其机器人[①],它可以迅速地将需要人类智力的任务分配给在线劳动者。这样一来就可以廉价且快速地进行实验;也可以利用智能手机和网络摄像头等日常技术记录自然环境下的行为和选择;或是通过互联网和移动网络的数据揭露真实的行为偏向,避免刻意假装的喜好和意图。

第三个趋势也给社会科学特别是营销获得更多的知识带来了巨大机遇。麻省理工学院数字实验大会把社会科学和计算机科学联系到了一起,这次会议的组织者在会议开篇这样说道:"我们认为,在规模人口中迅速部署微观层面的随机实验,是现代社会科学研究最重要的创新之一。"目前我们有能力在数字环境下跟踪现实生活中的真实行为,也就能在稳健的规模下进行随机对照试验(randomized controlled trials,RCTs),而这种研究以前是非常昂贵的。这些大规模的随机对照试验对营销者来说非常有用。

---

① 亚马逊土耳其机器人最初是作为内部应用开发的,用来检查网页中重复的信息。

采取这种做法的研究有可能帮助我们在宏观层面上理解人性，在某种程度上有助于避免一些迷惑性因素——可能是学术的也可能是商业的。不论被调查对象是接受fMRI扫描仪扫描，还是参与给予奖励（例如咖啡杯、钢笔或者金钱）的行为测试，或者是在一个小屋子里回答某个酸奶的包装设计是否会吸引他们购买，几乎所有的研究都会出现真实性打折，因为这些实验都与现实世界脱轨，因此参与者的行为和测试结果会出现与现实的偏差。行为研究人员把这种现象称为生态效度（ecological validity）。

数字实验大会倡导的随机对照试验潜力巨大，但营销者需要警惕的一点是，这种方式的品牌研究可能存在潜在的道德批评和负面联想。

2014年6月，当两年前的事情被披露出来时，激起了强烈的反响。数据科学家曾向几十万脸谱网（Facebook）用户推送了一些有倾向性的新闻报道，或正面或负面，持续了一个星期。通过分析目标用户发布的全部内容，科学家研究了新闻报道传递的情绪是否会影响用户随后发布的内容。

由于参与者并不知情，而且有一半的参与者收到的是让他们不愉快的信息，于是一些文章批评了这一实验，其中石板（Slate）杂志上的一篇文章抨击它为"脸谱网的不道德实验"，这篇文章的小标题写道："实验在用户不知情的情况下有意操纵用户的情绪。"

这一类的实验如果能够避免伦理问题，例如避免侵犯隐私或被迫参与等，将拥有揭示人类本性的巨大潜力，我们会在第 6 章详细讨论，涉及数万参与者的随机对照试验如何在帮助增加器官捐献同意率上发挥关键作用。

对于研究人们如何在更大程度上做出选择的前沿学者来说，现在正处于一个非常好的时期。同样，对于营销人员来说，这也应该是一个把决策知识付诸实践的好时机。在我写这本书的第一版时，做这件事的营销者甚至公司，用一只手就能数得过来。在过去五年里，情况发生了巨大的变化。

几年前，我在接受"优柔寡断—内部决策科学"（一个由研究人员和从业人员运营的关于判断和决策的博客）的采访时曾经说过，决策科学革命对营销者同样重要，它能够改变营销和品牌战略思维，正如互联网的出现改变了市场营销一样。但除了少数例外，营销人员几乎不会去思考什么是选择、为什么选择和如何选择等问题，也没有接受首先是人，其次才是消费者的新趋势。

科学揭示了人们如何选择的奥秘，本书将促使营销人员接受这一事实。但是本书不是一本科学书，营销人员也不需要成为科学家（我觉得科学家成为商务人士也不是一个好主意，但也可能只是因为看了太多《蜘蛛侠》等电影里的反派走这条路）。这本书包含一些开始了有益尝试的实例。我列出了一些有意识地使用决策科学的例子，还有一些营销者和机构凭直觉提出的想法显示了对人类直觉的深刻理解。本书还介绍了一些研究，能够让营销者从不同的角度思考如何改变行为，如果能真正激发一些新的想法，我将会倍感荣幸。

我写作本书最重要的目标是让决策科学不再神秘。我想让营销人员认识到，这个美好而迷人的领域能够与实际的、合乎道德的营销方式兼容。利用决策科学的知识，不仅可以让品牌被更多的人选择，也可以通过帮助品牌的选择者来创造积极的品牌资产。

我已经说过，越来越多的人认识到选择的无意识因素，从而引发人们对决策过程的重新评估。在《社会动物》(The Social Animal)、《爱情的隐藏来源》(The Hidden Sources of Love)、《性格和成就》(Character and Achievement) 等书中，戴维·布鲁克斯（David Brooks）向我们介绍了耶鲁大学教授约翰·巴奇（John Bargh）的深刻见解，他认为无意识过程对行为的影响正在不断加深，甚至可以与人类历史上的一些最伟大的瞬间相提并论：

> （巴奇）认为，就像伽利略"否定了地球是宇宙中心的特权地位"一样，这种思维革命也否定了有意识的思维作为人类行为中心的特权地位。

把有意识的思维降级是否能与伽利略的发现相提并论有待历史验证（作为当事人，你很难真正理解一场革命的深远意义）。但毫无疑问，科学已经揭示了很多奥秘，足以让营销者静下心来想一想，他们试图影响的人是如何做出选择的。

无意识过程在判断和选择中的作用得到普及，大众也慢慢开始认识到这一点。诺贝尔经济学奖得主丹尼尔·卡尼曼的《思考，快与慢》让更多的人认识了这些知识。可以说这本书获得了很大的成功，任何溢美之词都显得单薄。它被《纽约时报书评》（New York Times Book Review）评为2011年度最佳图书之一，被《经济学人》评为2011年度图书，被《华尔街日报》（The Wall Street Journal）评为2011年度

"最佳非虚构类书籍"。九年之后的 2020 年,这本书的平装版依然排在亚马逊网站最畅销的 500 本书之列。这本书是卡尼曼和他的学术伙伴、著名的实验心理学家阿莫斯·特沃斯基共同的研究成果。卡尼曼、特沃斯基以及其他一些心理学家和经济学家(本书会提及他们的大部分研究)可以称为行为经济学领域的奠基人。在他的书中,卡尼曼采用了系统 1 和系统 2 的隐喻说明指导我们决策的有意识和无意识的思维的作用、影响以及局限性,这也是本书的灵感之一。

然而,虽然学术界关于无意识过程对行为影响的认识出现了翻天覆地的变化,营销领域却几乎没有受到影响(如果你是为数不多拥抱这些新理念的从业者,请允许我赋予你"有特殊远见"的称誉)。虽然说营销的许多方面已经改变,但主要是受数字技术的影响,而不是由于对人们如何做出选择有了新的认识。

当你想到巴奇的观点在科学应用之外的含义时,这些想法迟迟不能运用到营销实践中就显得更加离奇。巴奇和他的专家组在过去几十年里已经证明,在大多数情况下,决策和行动是一种无意识的过程,不受有意识过程的驱使。对于营销者来说,无意识思维过程对决策的作用很重要,最简单的理由就是"营销是创造、管理并测量设计好的程序，用来影响人们的选择，使他们的选择符合你的目标"。这似乎是显而易见的事实，不过为了更好地影响目标受众，对于如何做决定的知识，营销人员知道的应该越多越好。

决策科学对营销实践缺乏更强烈的影响有很多原因，其中一些原因根源于人性（不要忘了，我们的营销者也是人，这跟第8章将会讲到的维持现状偏见有很大的关系）。

原因之一是科学很庞杂，而且往往含糊不清、相互矛盾，并且缺乏一个把基础科学的研究结果转化为营销应用的框架，特别是一些专业术语和行话让科学很难被人理解。如果没有指导，营销人员自己很难理解这些术语和行话。决策科学似乎隐藏了一把钥匙，这把钥匙可以把营销人员从大脑的"潜意识"这个神秘的黑箱中解放出来，而黑箱确实有点可怕。对"潜意识"的这些看法可能要怪弗洛伊德，在思考和讨论无意识思维的奥秘时，不了解现代心理学的营销者仍然使用弗洛伊德（和荣格）的想法和理论。弗洛伊德认为"潜意识"是情绪和非理性的基础，几乎与意识和理性自我相独立。如今的心理学家认为，有意识和无意识密切合作，卡尼曼说（无意识系统）"是我们很多选择的秘密作者"。

决策科学一直没有对营销产生足够影响的第二个原因，是把决策科学转化为营销实践需要一定的时间。营销中的一些知识和依据需要被掌握。新的营销方法需要实验，有耗时长的风险。但首席营销官往往任期较短[1]，再加上营销团队追求短期结果，这就意味着衡量营销计划是否成功时往往不看重消费者的实际行为是否变化。在大多数公司，解决长期的问题或开发全新的营销方法，对于保住工作饭碗或获得奖金没有任何益处。那些灵活运用数字营销的企业，正是在互联网起步阶段就已经开始用一小部分预算支持实验（在移动技术初期也是如此）的企业。进步的营销者会在小项目上尝试行为科学的方法，以此为契机引入一些科学的新思维和新理念。

在某些情况下，营销者会顽固地坚持理性经济学家的观点，认为人们做出的决策是基于期望效用。从某种程度上说，认为选择是理性的，这种感觉几乎不可避免，我们和营销人员一样，试图通过理性来理解人们是如何做出选择的。正如邓肯·瓦茨（Duncan Watts）在《一切显而易见》（Every-

---

[1] 根据猎头公司史宾沙管理顾问有限公司2019年的一项调查，首席营销官的平均任期从44个月降至43个月。

thing Is Obvious: Once You Know the Answer）一书中说：

> 当我们（人类）思考我们如何思考时，会本能地采取理性行为的框架。

此外，询问人们想要什么以及什么样的信息会说服人们购买商品，这样的研究可能会让被调查对象更容易受到理性信息的影响，而现实生活中理性的影响并没有这么大。结果导致营销人员高估了理性驱使消费者做出选择这一假设的正确性（第15章将会讨论一些原因，解释这样的研究为什么会误导人）。如今，牢靠和精确的数据正在带动营销决策进入一个更加卓越的层次。社会和行为科学的思维和语言看上去可能有点古怪，尽管这些领域的大多数实验都有数据和同行评议作为强大后盾。

另一方面，一些营销人员（尤其是一些更具创意、更感性、更直观的产品市场中的营销人员）可能会担心，决策科学知识的应用可能会导致一种没有人情味的套路，即"基于数据的营销"会让营销变得缺乏创造力。我相信这不仅是可以避免的，而且总的来说，从科学中学到的知识使我们更加注重营销中的创造性思维。如果有兴趣了解什么是数字创造力,可以读一下《用数字绘画:科马尔和梅拉米德的艺术科学指南》(*Painting by Numbers: Komar & Melamid's Scientific Guide to Art*)[1]这本书。这两位俄罗斯艺术家在世界范围内对成千上万人进行了调查,问他们最想要和最不想要的画作。然后,以这个定量研究得出的数据为基础,创作了一系列代表了"人民的选择"的画作。像这样故意地进行糟糕的艺术创作极具讽刺性(或者这算是糟糕的艺术创作吗?其中存在的讽刺意味又能不能算优秀的艺术创作呢?),也可视化地呈现了死板对待科学研究的方式。

此外,道德也是一个关注点。20世纪50年代的潜意识广告实验(随后被证明是假的[2])激怒了消费者权益组织和监

---

[1] 《图书馆杂志》(*Library Journal*)报道称:科马尔和梅拉米德是来自俄罗斯的移民,他们合作进行市场统计研究,通过民意调查考察美国人"最想要"和"最不想要"的画作是哪些。从那之后,这个异想天开的研究被推广到世界各地,来自美国、乌克兰、法国、冰岛、土耳其、丹麦、芬兰、肯尼亚以及中国的民意调查显示,人们最想要的是家人的肖像画,并且有蓝色的背景。研究之后,这对合作者会根据人们提到的最想要和最不想要的标准进行创作。
[2] 道格拉斯·范·普莱(Douglas Van Praet)的经典著作《无意识品牌力》(*Unconscious Branding*)揭示了20世纪50年代詹姆斯·维卡力的虚假实验。

管机构。结果一直以来,广告和营销从业者都担心自己被塑造为"隐藏的说服者"和对无意识的操纵者。

道德应该永远是营销最先需要考虑的问题(尤其是为备受指责的企业做广告[①])。是说服还是欺骗?是适应选择者的认知机制还是误导他们的思考?营销人员需要仔细检查是否正在犯这些错误。就像在产品索赔和营销责任的案件中,无论是个人还是公司雇用的营销公司或机构,诚信永远是非常关键的品德。很多行为科学家公正地发声,利用行为洞察制订的干预措施可能会导致人们做出不符合自己最大利益的选择。《助推:我们如何做出最佳选择》的两位作者卡斯·桑斯坦(Cass Sunstein)和理查德·塞勒谴责了不光彩的助推,桑斯坦的论文《助推的伦理学》划出了一条清晰的界线:

世界各地的政府都把助推作为管理工具。这合乎道德吗?答案很大程度上取决于助推是促进还是阻碍了福

[①] 广告经常被视为一种不可靠的职业,从业者都是不择手段行骗的艺术家。有一个传闻甚广的虚构故事提及一个英国广告人,有人问他:"你怎么看待广告中的道德问题?"他回答道:"道德?我还以为那是伦敦东边的一个郡呢。"伦敦东边确实有个郡,但是叫作埃塞克斯(Essex),发音与道德(Ethics)近似。

利、自主和个性。很多助推值得肯定，它们促进了这些目标的实现，并且没有阻碍任何一个目标。

塞勒和桑斯坦一起推广了"助推"一词，后来他又创造了"污泥"一词，用来指代那些不能引导人们做出有益选择的干预措施。在2018年一篇名为《助推，而不是污泥》的文章中，塞勒解释了回扣和疏漏的污泥。

> 污泥可以有两种形式。它可以劝阻人们做出符合个人最大利益的行为（比如要求退税），也可以鼓动自食恶果的行为（比如投资一笔好到难以置信的交易）。

我认为监管机构和营销与广告业协会的自律会造成很多国家制定一套具体指导运用行为科学进行营销的行为准则。

有一种看法认为，接受决策中的无意识过程会贬低人类精神，也与自由意志和自决相矛盾。

前面所说的担忧在不同程度上都是合理的，但我认为总体上这些问题是对决策科学及其揭示的内容的一种误解。我们不应该把无意识过程想成非理性的行为，或是导致我们做错决定、深陷泥淖的成因。经过多年发展，无意识过程已经得到不断优化，可以使我们做出更加直观、快速、有效，并且在大多数情况下很成功的决策。营销人员应该运用这些知识取得成功，而不是感到担忧。

通过运用科学来认识人性，营销人员可以引导人们做出既有利于营销者，又有益于选择者自己的决定，并让琐碎的选择过程更加迅速直观，从而为选择者节省更多的时间，避免更大的压力。对我而言，营销不仅要合乎道德，也要称心如意。

营销者的工具箱

- 如今,大多数专家认为我们的大部分选择是无意识或凭直觉做出的。请记住,理性思维的作用主要是后期合理化。相比希望人们思考的内容,你应该多注意希望人们感受到的内容。
- 想方设法去尝试。拨出营销预算的一小部分尝试行为科学的研究成果。

专业人士的读后感言

- 我觉得营销人员过度依赖那些显而易见且容易度量的策略和技巧了。现在,我们已经开始掌握无形的、前意识和不明晰的人类行为特征,而这些特征决定了我们做出的每一个选择。
- 科学在营销中的应用应该更具艺术性,而不是科学性。确定什么能起作用以及何时起作用(即什么样的信息会影响哪些认知机制)不能被简化为一个公式,这个过程将永远需要天赋和创造力。

畅销的原理
THE BUSINESS OF CHOICE
第 3 章　选择是一部自然史

人类今天的选择，来自亿万年的进化，以及人性。

在一些技术会议上发言时，我经常会用到一段话。虽然从来没有达到我真正想要的效果，但出于某些原因，我一直坚持用它，这有点像总是讲同一个笑话，却没有人发笑。这段话是这样的："这次会议中大多数人的演讲是告诉你6个月之后会发生什么。而我想提醒大家过去600万年里已经发生了什么。"

虽然我可能需要找到更好的办法来表述这句话，但它却包含了一个真理：只有真正了解人类在过去600万年内形成的人性，我们才能预测未来6个月会发生什么。

根据许多专家的研究，五六百万年前，原始的人脑刚形成，可以看作现代人脑的直接祖先。原始大脑为现代大脑的决策体系奠定了基础。五六百万年前，决策系统开始发展并慢慢进化，我们今天就用它来选择牙膏的品牌、购买汉堡时是否加上薯条、把意外之财存起来还是添置最新的科技必需品。

原始大脑与我们今天的大脑有多么相似呢？多年前，伦敦举办了一场广告科技会议（营销与科技互动的一种会议）。我在这次会议上也有演讲，为了收集资料，我采访了迪安·福尔克（Dean Falk）教授，询问她关于人类大脑进化的问题。她是一位生物人类学家，主要研究古人类学。2003年在印度尼西亚弗洛勒斯岛上发现的一小块人类化石，就是根据福尔克提供的证据证明了它并非来自一个畸形的现代人，而是一个全新的物种（媒体称之为"霍比特人"，科学家称之为"弗洛勒斯人"）。①

我问福尔克的一个问题是，我们的大脑和决策系统是如何发生改变的。比如说，是从 5,000 到 10,000 年前就开始改变？还是从埃及人的时代？甚至是文明诞生的时候？她回答："从人类大脑进化的角度看，那时的大脑基本上和今天的大脑一样。"

---

① 迪安·福尔克是佛罗里达州大学人类学教授，著有《化石编年史：改变人类进化论的两个争议性发现》(*The Fossil Chronicles: How Two Controversial Discoveries Changed Our View of Human Evolution*)，书中就弗洛勒斯人类化石和汤恩幼儿化石头骨（一个世纪以前的发现）进行了描写和论述。

大脑古老的特性通过卡尔·萨根（Carl Sagan）的书《伊甸园的飞龙》(The Dragons of Eden)在20世纪70年代被大众所了解。这本书也让保罗·麦克莱恩（Paul Maclean）的三重脑理论（triune brain theory）闻名。三重脑的意思是"三合一"。这一理论提出，在进化的不同阶段，大脑发展出了三个独立的大脑结构。最古老的结构是所谓的爬行动物大脑，一种更具想象力、更为流行的说法叫"蜥蜴脑"。三重脑理论现在已经落伍了，但可以肯定的是，这个想法还是有些道理的。因为我们大脑中保存度最高的部分——人类出现之前就已经存在的大脑结构——已经有长达5亿年的进化史。

对于本书而言，500万～600万年的时间节点与主题相关联。大脑最原始的部分与自动控制功能息息相关，例如心跳、呼吸、体温等。人脑中控制人们如何进行选择的部分，也就是营销人员一直想要影响的部分，是很长时间之后才进化出来的。

一个正确看待我们现代决策的好方法是把过去的五六百万年想象成一天24小时。在这24小时的时间框架内，我们的智人物种在晚上11点左右出现，古埃及时代会持续约

1分钟，在距离午夜30秒左右时结束。哥伦布在距离午夜7秒时启程前往新大陆，第二次世界大战在距离23:59:59几毫秒时结束。在这一天剩下不到0.2秒时，出现了苹果手机（iPhone），而2015年发布的苹果手表（Apple Watch）只存在于我们"一天"中的最后0.07秒。①

当然，这不是说我们的大脑是石器时代祖先的大脑的副本。你的大脑和我的大脑都具有非凡的能力，并且有很多方面可以改变，改变的过程则被称为可塑性（plasticity）。大脑的可塑性也被称为皮层映射，是学习和记忆形成的生物机制。大脑的可塑性在青年时期尤其突出，但不受限于这个时期。有时，大脑损伤之后照样可以恢复认知能力。有时，大脑受伤之后可以自我重构，其他大脑区域可以介入并执行以前由受损大脑区域执行的功能。

研究人员以往都是通过研究动物来研究可塑性，但是2000年伦敦大学学院（UCL）的研究人员展示了成人大脑的可塑性研究。他们的研究对象是有执照的伦敦出租车司

---

① 如果你把智人历史设定为20万～25万年，古埃及出现在晚上11:30到11:40之间，哥伦布在23:57起航，第二次世界大战结束时一天还剩25秒，苹果手机（iPhone）和苹果手表（Apple watch）分别出现在一天的最后4秒和2秒。

机——就是那些开着著名黑色出租车的司机。这些研究人员由埃莉诺·马圭尔（Eleanor Maguire）领导，他们主要研究出租车司机海马的大小变化。海马是大脑中形成记忆，特别是空间记忆的关键区域。（马圭尔的团队研究伦敦出租车司机是因为司机会经历旷日持久的摸索，即所谓的"知识"。出租车司机必须了解伦敦中心区域及附近的320条线路、25,000条街道和20,000个地标。）在优步（Uber）和机器学习的时代，你可能会觉得这种人类学习过时了。然而2018年C-Net的一篇题为《让优步靠边站：伦敦出租车司机已经在司机之争中规划好了》的文章不这么认为。

在对出租车司机的研究中，伦敦大学学院的研究人员运用磁共振成像测量出租车司机海马的大小。司机被分为两组：有丰富驾驶经验的司机和没有太多经验的司机。结果显示，海马的大小跟司机的经验成正比，也就是说司机经验越丰富，海马也越大。

为避免你认为伦敦出租车司机有一种独特的超能力，我要说明，其实他们并不是唯一适应空间记忆的生物。鸟类和其他储存食物的动物的海马比没有这些行为的物种的更大，如北美山雀和它们的欧亚同类山雀、候鸟。

研究结果发表后，马圭尔接受了英国广播公司（BBC）的采访。她说："出租车司机驾驶汽车和大脑的变化似乎有着必然的关联。为了适应大量的导航经验，他们的海马结构发生了改变。"

关于出租车司机的研究表明，我们的大脑可以重构自己。根据生活经历，大脑会扩充或缩小某个区域。

你无须通过伤病恢复或成为一名伦敦出租车司机体验大脑的可塑性。日常生活（甚至玩电子游戏）也可以重构我们的大脑。

美国罗切斯特大学和加拿大多伦多大学都曾进行过为期五年的研究，结果表明玩电子游戏会提高视敏度和关注力。这些研究中的研究对象尝试了第一人称射击类游戏（FPS，这类视频游戏要求非常高，你必须迅速找到并杀死对手，否则就会被对手杀死）和益智游戏（俄罗斯方块等）。相比玩俄罗斯方块的研究对象，玩 FPS 游戏的研究对象在视觉方面提高很多。更进一步的脑电波测试显示，玩 FPS 游戏的人，他们管控视觉注意力的神经运算发生了改变，这部分区域决定了你什么时候看哪里。

最近的研究运用功能性磁共振成像技术深入了解了玩

电子游戏如何引发大脑可塑性，这项技术通过绘制血氧水平的变化测量大脑的活跃度（我们会在后面的章节讨论这个办法）。2019 年，一项关于《英雄联盟》中国玩家的研究观察了限制专业玩家和非专业玩家游戏时间对其低频振幅（ALFF）——这是一个衡量大脑静止状态下信号强度的指标——的影响。参与者被要求在一年之内将每周玩电子游戏的时间控制在三小时之内。因为《英雄联盟》是一项竞争激烈的多人在线游戏，它有一个种子系统来创建最佳匹配竞赛。专业玩家在系统中的排位较高，他们必须投入大量时间才能达到这个级别。研究团队在实验开始之前和结束之后分别收集了专业玩家和非专业玩家的功能性磁共振成像图像。在实验开始之前的功能性磁共振成像数据中，专业玩家的低频振幅明显高于非专业玩家，这可能揭示了长期电子游戏经验对大脑认知发展的影响。一年后实验结束时的功能性磁共振成像显示，专业玩家的低频振幅降低到与非专业玩家相似的水平。而两次数据收集中，非专业玩家的低频振幅保持稳定。

大脑的可塑性不是单向的，它既有输出，也有输入。

另一项研究表明，玩电子游戏对大脑可塑性产生积极影响还是消极影响取决于玩电子游戏的方式。2017 年的一项研究中，参与者被分配玩一种电子游戏，以评估他是使用"反应学习法"还是"空间学习法"。反应学习法是基于对奖励的期望，进而在大脑的奖励体系（特别是尾状核）中激起更大的反应。空间学习法则类似于伦敦出租车司机在埃莉诺·马圭尔的研究中展示的方法，参与并刺激海马。分析了参与者的学习风格后，蒙特利尔大学的研究人员让他们玩了90小时不同类型的电子游戏。有些是 FPS 游戏，虽然需要一定的空间技巧和策略，但胜负往往取决于反应速度（以及我们之前提到的视觉灵敏度）。还有一些是需要空间和物体记忆的三维平台游戏。玩了90小时游戏之后，大脑扫描显示，反应学习者的海马灰质出现了萎缩。但玩了90小时三维平台游戏之后，所有参与者的海马灰质都有所增加。

不足为奇的是，很多公司将转变大脑可塑性当成潜在的摇钱树，开发了号称对认知有益的电子游戏。尽管听起来很吸引人（这些公司的营销让它听起来特别吸引人），但它并没有像这些公司背后的风投希望的那样，成为一笔大生意。（科学上）还没有定论，一些研究发现了积极的效果，而另一些研究则显示没有效果。不过，法院的陪审团已经参与其中了。2016年1月，联邦贸易委员会（Federal Trade Commission）宣布，他们对 Lumosity 公司处以 200 万美元的罚款，理由是"利用消费者的恐惧"。Lumosity 是最大的"脑力游戏"开发商之一。除此之外，该公司还因损害消费者权益被处以 5,000 万美元的罚款，这笔罚款因公司无力承担而被暂停。罚款的具体原因是 Lumosity 公司的营销被认定针对的是老年人对认知能力下降和衰老的恐惧。

我经常听到的一个问题是，人类的大脑和我们做决定的方式是否因为电子游戏和智能手机等技术而进化。这里有一个重要的区别。个人层面的大脑变化，不应该与进化再造我们与生俱来的决策系统相混淆。大脑受到某一经验的影响而发生可塑性改变可以类推至我们的身体，比如我们可以通过搬举重物长肌肉。通过增肌减脂、提高反应能力等，运动员的身体会出现显著的变化。除了身体的可塑性变化，生命得以延续的相关功能（例如血液循环、呼吸和消化等）几乎也有相同的模式。推动我们做出决策的认知系统也同样如此。

决策系统就像是身体中的生命维系功能。人类进化出对生拇指，是为了更好地执行任务，例如制造和使用工具。今天，拇指仍然决定着我们如何抓取和使用物件。这是我们作为一个物种成功生存的关键。上周，我用锤子敲紧鹅卵石壁板上一些松动的钉子，这种做法与约 100 万年前的直立人祖先使用工具的做法没有太大的区别。同样，认知系统的进化是为了帮助我们做出选择，这对我们的生存同样重要。这些认知功能包括决定我们今天如何做出选择的心理工具箱。我要给这些认知功能竖起大拇指，因为它们提供了很好的服务。

既然说到大拇指和可塑性，我想顺便提一下：有证据表明，在个人层面，频繁（或刚刚）使用触摸屏智能手机可以提高大脑对指尖触摸东西的反应。2014 年的一项研究测量了触摸屏智能手机用户和老式手机用户的大脑皮质。当拇指、食指和中指触摸时，研究人员发现触摸屏智能手机用户与那些使用翻盖手机的用户相比，皮质电位增强了。

有几个重要的点需要在此说明一下。本章中提到的触摸屏研究、电子游戏研究和出租车司机的研究显示，我们每个人的大脑会适应和处理不同的或新的任务和活动。首先要说明的是，如果适应的活动不再继续，没有太多证据能够证明大脑的这些改变依然会持续下去。我们都知道，肌肉群可以通过频繁的力量训练来建立，但如果你几个星期没去健身房，会发现做第三组重复训练时，就已经气喘吁吁了。其次，大脑的这些个性化适应不能与大脑进化相混淆。拥有更大海马的司机、视敏度更佳的电子游戏玩家,以及皮质活动更频繁的触屏智能手机用户,他们的孩子并不一定就会继承父母大脑的适应性。长颈鹿有长长的脖子不是因为它们的祖先拉长脖子吃树上的叶子,[①]而是因为长脖子的长颈鹿可以吃到更多的叶子,于是它们存活了下来,并大量繁殖,最终长脖子的鹿比例占压倒性多数。

就像长颈鹿的脖子定义了长颈鹿日复一日的生存,我们从祖先那里继承而来的决策系统定义了我们会如何过每一天。通过技术了解大脑和行为的改变以及理解文化中的变化虽然对营销者有利,但是也忽视了房间里的大象,即最显而易见又避而不谈的一点(我不会再去详述大象的长鼻子是如何演变的,但它与长颈鹿的脖子类似):这些行为引发了个性化适应,而理解这些行为的基本方面同理解行为本身一样重要,甚至更重要。了解人性的影响对引导人们做出选择至关重要。

---

① 早期进化理论家让·巴蒂斯特·拉马克在他的获得性遗传理论中这样解释了长颈鹿的长脖子。

恭喜你加入王者的队伍！

有些入职培训手册会告诉新员工这家公司是多么棒。如果人类整体成立一家公司，它就会提醒你，你已经成为这个星球历史上最成功的动物物种的一员了。这种成功不是昙花一现，原始人类从大约 6 万年前开始就一直在这个星球上处于主导地位。我们处在最顶端，与成千上万种脊椎动物分享地球，而它们也只是物种中的一小部分，很多物种要么已经不复存在，要么成了我们的牺牲品，要么是环境已经变得不适合它们生存。我们统治下的生物，可以飞越万里迁徙，可以创造数以百万计的后代，能够在相隔几十米，甚至几百米的地方看到我们、闻到我们或者是听到我们。但是，只有人类存活了下来，那些更大、更快、更强的野兽却败下阵来。

如果物种生存是一项竞技体育，人类应当庆祝，因为我们赢得了世界杯、世界锦标赛、超级碗，并包揽了夏季和冬季奥运会上的每一块金牌。如果人类有一个管理机构，在经过团队合作和个人努力接连拿到奖金后，可能就要开始考虑成功背后的有效实践了，还要处理赢家必然会面对的挑战——延续成功。

人类走到今天，我很想知道其中的成功因素是什么。我经常会想到对生拇指、大脑以及人类的好奇心。但在我看来，最显著的是直觉和本能这些推动我们做出选择的因素。

在人类生存和发展过程中有一些根深蒂固的倾向，了解这种倾向不仅对于个人和整个人类很重要，对于企业，特别是品牌也很重要。只要符合人性、符合人类与生俱来的行为，品牌就会取得成功。在所有成功的品牌中都可以看到那些让人类成功的因素，越是成功、越是长久的成功，这些因素越明显。

有些品牌在不知不觉中做到了这一点，有些则是有意为之。在后面的章节中，我将介绍苹果公司，它提供的不仅是一种直观的用户体验（UX），同时也使自己的品牌和产品更加直观、更加方便地被选择。我们还将讨论可口可乐的一项重要营销计划是如何利用人类的先天行为使饮料大受欢迎的，又是如何利用另一种先天行为使每个人都深深地感到可口可乐是专属于自己的饮料的。

那么，是什么因素促使人类脱颖而出的呢？答案可以最终归结为一个残酷而简单的概念。

从长远来看，作为一个物种，我们的祖先做出了很多明智的决策，而不是错误的决策。这个看法在大多数情况下也适用于个人。总的来说，我们每个人一生中做出的好决策要多过坏决策。正是由于我的祖先的聪明选择，我才能够在这里写书；也正是由于你的祖先的聪明选择，你现在才能在这里阅读（希望你没有在考虑读这本书是不是一个明智的选择）。

这个"长远"很漫长。正如我们已经讨论过的，大脑中最原始的部分，其进化的根源可以追溯到很久很久以前。

能够生存下来并取得成功，是因为做出了正确的本能选择。了解推动决策的无意识动机，了解道格拉斯·肯里克（Douglas Kenrick）和弗拉达斯·格里斯克维西斯（Vladas Criskevicius）在《理性动物》（*The Rational Animal*）中提出的进化七大目标，对于任何品牌的成功都至关重要。

肯里克和格里斯克维西斯这样的进化心理学家把自然选择描述为一个渐进的过程。其中的生物特性就像是长颈鹿的脖子一样，如果这种特征能够对种群的生存做出贡献，那么它们将在种群中变得更常见。可以说，决定人类生存和蓬勃发展的最显著因素之一，是决定选择的认知机制。

对于人类来说，这些机制往往是捷径。大脑已经开发出一种能够快速有效地做出选择的方法。这些认知捷径是人类直觉（你我的直觉反应）的基础，并包含了被称为启发式的特殊规则（下一章会讲到）。这些偏见帮助我们做出选择，这些选择使我们生活在大草原上的祖先获得了生存的优势。不过，在如今被量化、崇尚立即享乐以及零距离的数字世界中，它们所起的作用在减弱。

人类的大脑非常善于过滤信息，对于输入的感觉信息，大脑只处理其中的一部分。正如本书第二部分将要讨论的，如果要用一个词描述人脑，那就是"过滤机器"。作为选择的基础，认知机制与感觉过程并没有什么不同。大脑对信息进行筛选，并且只使用其所见所闻所感的一部分来做出决定。其中一些机制被称为认知偏见（cognitive biases），因为在现代世界中，它们似乎往往会导致非理性的决策。虽然可以把认知偏见诠释为人类的缺点，就像系统的漏洞（BUG），或是设计缺陷，但肯里克和格里斯克维西斯选择积极地看待它们，称之为设计特点。在自然历史过程中，这些设计特点很好地服务了人类，使我们能够凭直觉筛选信息，或者像德国心理学家和简捷启发式开创者格尔德·吉仁泽（Gerd Gigerenzer）所说的那样，忽略大部分信息，只关注决定人类成败的信息。

这些捷径让我们能够迅速地做出决定，但是我们却很难，而且往往不可能改变这些捷径，另外进化中还产生了另一种方法强化它的地位。如果觉得决策不对劲，我们会感到疼痛、焦虑和不适。反过来则会感到高兴、激动以及一切尽在掌握。营销者如何构建自己的营销，让人们轻松地做出决策，让人们感到欢愉，思考这个问题会带给企业显著的竞争优势。充分利用自然选择的遗产，会提高品牌的接受度，从而自然而然地成为人们的选择。

营销人员对人性有一种直觉

很显然，广告公司的大多数营销人员、创意工作者、策划者都可以凭直觉感受到本能和无意识过程是如何影响决策的。很多经典广告也曾使用行为原则，这会让你觉得广告从业者对人性的直觉把握比科学家的理解还要早一步。

1906 年，凯洛格（W. K. Kellogg）发布了他的第一则广告——萨尼塔玉米片。这则广告告诉《妇女家庭杂志》(*Ladies Home Journal*) 的读者，萨尼塔玉米片产能不足，应该立即让杂货店采取行动，以确保充足的供应。这则广告依赖于稀缺性（scarcity），这一特性被罗伯特·西奥迪尼认为是最有影响的本能杠杆之一。

英国航空公司 1989 年推出了一鸣惊人的广告"面孔"，由盛世长城（Saatchi & Saatchi）制作，休·赫德森（Hugh Hudson）导演，精巧地使用了从众效应（bandwagon effect），通过成千上万乘坐过英国航空公司航班的人，强化"全球最受欢迎的航空公司"这一口号。而"Mac 对战 PC"的广告（时髦的贾斯汀·朗代表 Mac，看上去像书呆子的约翰·霍奇曼代表 PC）就是运用了我们依赖参照点做决策的本能，只是用了一种文雅的方式。

如果你仔细观察，任何一则成功的广告或营销都隐藏着决策科学的行为准则。最好的创意总监——虽然他们可能会否认这一点——拥有行为科学家的特质。

营销者的工具箱

- 指导我们做决策的大脑,起源于原始人类的大脑,他们生活在距今五六百万年前。人性也有很漫长的历史进程,而且人性不会发生突变!

- 决策系统帮助人类做出明智的决策,让我们成为地球上最成功的物种。考虑如何让人们选择你的品牌,要记住,让品牌符合人性、理解人类进化中的选择。

- 最好的营销和广告都与人性挂钩。牢记这一点,当看到喜欢的广告时,尝试去识别这些因素。你将如何把人性结合在自己的营销中?

专业人士的读后感言

- 作为营销者,我们经常会陷入日常的竞争喧嚣之中,我们很少抬起头花时间思考驱动人类行为的真理,这些真理不是靠几年或几代人就能形成的,而是经过几百万年演化来的。正确对待品牌,你就有机会发现一些真正有用的东西。

- 现在我可以说,不管人们如何想,我是长期正确决策的结果。

PART TWO
第二部分

有效营销的 11 条实践建议

畅销的原理
THE BUSINESS OF CHOICE
第 4 章　利用大脑的认识捷径

启发式和认知偏见能够影响人们的选择。

在《直觉：我们为什么无从推理，却能决策》(*Gut Feelings: The Intelligence of the Unconscious*）这本书中，位于柏林的马克斯·普朗克人类发展研究所主任格尔德·吉仁泽写道，过滤信息一直是人类高效、快速决策的策略，无论这种过滤是有意识的还是无意识的。这样看来，人类的大脑不仅仅是一台注意力机器，同时也是一部高效的"过滤机器"。大脑的工作，更多的不是决定如何分配注意力，而是找出不可忽视的东西。

接下来，举一个个人案例揭示大脑如何通过过滤信息帮助我们决策。我不擅长高尔夫球，大概是因为我每五年才玩一次，[1]不过我觉得我拙劣的球技不仅仅取决于玩的频率。通常我玩的时候，会跟三个朋友一起，他们打高尔夫的频率比

---

[1] 在过去的五年里，我的球技没有任何进步。自从本书的第一版于2014年出版以来，我一次也没玩过。

我高很多，技术也比我好得多。通常前几杆之后，大家就开始提供各种建议了。

目前在许多高尔夫网站上，经常会出现这么一幕——一个高尔夫球手正准备挥杆打球。他的姿势停在挥舞球杆的瞬间，突然周围出现了上百个建议，告诉他怎么挥杆才能打进球（我几乎听过所有建议）。这些建议包括下面这几点：

- 握紧球杆就好像它是一只小鸟。
- 数到三挥舞球杆。
- 左脚后跟着地控制自己。
- 膝盖弯曲。
- 把身体的重量从右脚转移到左脚。
- 一体式上杆。
- 屈腕挥杆。
- 球杆下摆时呼气。
- 完成时，你的胸部要正对目标。

可能有那么一点点讽刺，通常这类画面最后一句建议是"玩得开心！"，而真实情况是，图示的底部写着：高尔夫球手要在 1.5 秒内完成上面建议的所有动作。这 1.5 秒是大脑规划动作以及让人体挥动高尔夫球杆的所有时间。

所有这些建议都让我击球失败或者根本打不到球。刻意去挥杆（这是一个非常复杂的动作[①]）时把刚学到的提高技巧融合进去，这一做法与人类做日常事务的节奏并不合拍。然而，如果我只专注于一件事（通常我做得最好的一件事就是专注于地面上的球，并抵制抬头看前方的诱惑），忽略其他一切，才开始玩得至少像样。

虽然我们经常喜欢把大脑想象成超级计算机，[②]可以多次计算各种角度、测算速度（甚至是简单的概率），但是人类大脑实际上并不是这样的。二年级老师经常感到懊恼，因为比起做复杂的除法运算，大脑会走捷径，聚焦在某个信息上而忽视其他一切东西。

在《小心，别让思考抄捷径！》(*On Second Thought: Outsmarting Your Mind's Hard-Wired Habits*) 一书中，雷·赫伯

[①] 对于人类来说，同时使用至少六个肌群非常复杂。并且从生物力学上来看，我的尴尬尝试更是复杂。

[②] 克里斯蒂安·杰瑞特在《大脑奥秘》中讨论了这一常见类比的正反面。虽然两者有相似性（都接收信息、处理信息、输出反应，两者都能以两种方式存储信息——短期/快速检索和长期/较慢地检索记忆），大脑和电脑是以两种截然不同的方式工作的。

特（Wray Herbert）提到了大脑的捷径：

> 生活由数以百万计的选择组成，有些微不足道，有些举足轻重。幸运的是，大脑进化出了心理捷径、偏见和技巧，让我们能够快速判断这些无穷无尽的选择。我们不想理性地审视每一个选择，并且多亏了这种认知规律，我们也不需要去理性审视。

行为心理学家把这些捷径称为启发式（heuristic）。做网站和其他数字化设计的人可能会把这个词搞混，因为它也被用户体验设计师用来指代界面设计应该遵循的"拇指法则"。①

启发式的一个经典案例经常被吉仁泽提起，即我们如何拦截在空中飞行的物体（如飞行的棒球）。人们一直认为，大脑会计算所有的变量（旋转、空气阻力、风力和速度等），

---

① "用户界面设计中会用到的10种启发式算法"由雅各布·尼尔森（Jakob Nielsen）和罗尔夫·默利希（Rolf Molich）在20世纪90年代共同开发。尼尔森（网页易用性大师）将之描述为："交互设计中的10种最普遍的原则……被称为启发式是因为它们更符合拇指法则的属性，而不是某种可用性准则"。

然后像一台超级计算机一样迅速地解决这个复杂的公式。

吉仁泽在《直觉》中写道,事实上我们的做法跟复杂的计算过程完全不同。一项研究追踪了运动员试图接住飞行中的球时的目光,结果发现他们遵循了一个非常简单的过程,这个过程被吉仁泽称为"凝视捷思"(gaze heuristic):

> 球从高处飞过来时,玩家注视着球并跑动起来。启发式会调整跑步的速度,使视线的角度保持恒定,即眼睛和球之间的角度保持不变。玩家可以忽略所有必要的信息,如球的初速度、距离和角度,而仅仅着眼于一条信息——视线的角度,计算球的运动轨迹。

只关注一个变量,通过这样的做法,玩家不用计算准确的位置也能跑到球落下的地方。

凝视捷思是一个很好的例子,证明了驱动人类行为[1]和决策的不是理性分析。这样的结果也很好理解,在人类漫长历史中,如果靠理性分析来做决策,要么错过机会,要么被

---

[1] 掠食类鸟类如隼类也有类似机制,能够在捕捉猎物时零秒反应,以及狗在捕捉飞盘的过程中也有类似机制的作用。

杀死。我们使用的捷径不仅迅速，从认知负荷方面讲也非常有效率。效率很重要，虽然大脑只占体重的2%，却需要我们静息能量消耗的20%（黑猩猩约为9%，大鼠约为5%）。如果大脑效率很低（如详细分析），要快速指导我们的决策将加大对氧气和热量的需求，甚至需要更大的头脑。大脑袋的问题将尤其严重，因为婴儿头骨增大将很难通过母亲狭窄的骨盆。人类婴儿刚出生时是无法单独生存的，需要经过长时间的照顾，这很可能是进化的一种解决方案，让我们已经很大的大脑进化和直立行走达到平衡。①

丹尼尔·卡尼曼很好地捕捉到了避免使用耗能的审慎思考作为默认程序这一自然趋势：

思考之于人类就像游泳之于猫。他们会做，但尽量不这么做。

人类通过快速决策得以生存和繁衍下来，这一机制非常

---

① 另一种取舍是人类婴儿头骨上有一些软骨，让头骨在经历产道之后还能生长，也能够适应婴儿大脑出生之后的成长。这一特性——虽然让人类非常脆弱——不仅在人类中存在，在其他人科动物中也存在，但与人类有渊源的类人猿中却没有找到这类特性。我们在进化中发展出了可扩张结构和精巧；它们在进化中发展出了固定结构和强壮。

适合我们。通过明智有效的选择，我们的祖先有足够的时间养育下一代，而我们也继承了他们与生俱来的决策能力。

为了能够快速地做决策，我们进化出了像凝视捷思这样的高效认知过程，这些过程以神经元放电的速度运行。就像受到惊吓会跳起来一样，这些神经运行过程在我们有意识地采取行动之前就开始运作了。并不是说这些过程就是阴暗的"潜意识"，它们更多的是"前意识"，因为它们的任务就是比耗能的有意识的思考更快地运作。

我们很少意识到它们，当被问到时，我们经常会在事后对已经做出的决定合理化。如果你感到犹豫不决（谁不这样呢？），可能是因为这些捷径受到了破坏。一个决定感觉良好，是因为捷径被快速认可。快速做出决定，就像是精心调校和润滑的自行车上的一个光滑的齿轮。在这种情况下，做出的决定是"直觉上正确的"，决策过程会更快，感觉也更好。

除了启发式，人脑大约还存在 100 个进程和捷径，它们被称为认知偏见，我们会在本书的第 16 章谈到。其中大多数捷径已经在过去 50 年内被行为科学家发现。[1] 启发式和认知

---

[1] 这个发现还在继续。在 2019 年判断与决策学会（SJDM）会议上，乔舒亚·刘易斯（Joshua Lewis）获得了年轻研究者的最佳论文艾因霍恩奖，因为他的研究描述了一种迄今尚未识别的认知偏差。

偏见之间的差别很微妙。

启发式是我们本能遵循的拇指法则；启发式要求我们忽视很多因素，凭借一个关键因素来做决定。认知偏见是因为只注重一个因素而导致做出了看上去很不理性的决定。

我个人（和非科学的）对认知偏见的思考是，它们基本上都是启发式，只是有时会导致我们做出一些从理性角度看并不好的选择。

我经常用物理类比来谈论启发式和认知偏差。我们都见过人类喜欢走捷径的证据。在地球上的每一个公园里，你都会发现一条行人踩出来的小径，它从两条铺好的小路中间穿过。我们通过这样的捷径节省时间和能量（大多数情况下能节省几秒钟，如果这条捷径让我们节省了 9 米，这意味着我们节省了相当于 1/10 颗 M&M 巧克力豆的热量[1]），即使没有毕达哥拉斯告诉我们斜边比其他两边的长度之和短。使用认知捷径是人类本性的一部分，就像使用物理捷径一样。斜边更短是我们凭直觉遵循的经验法则，而不是在心里计算每次节省的距离。

---

[1] 据艾奥瓦州立大学健康科学系的副院长琳达·兰金（Linda Rankin）说，每走 90 米就消耗相当于大约 1 颗 M&M 巧克力豆的卡路里。

第 4 章 利用大脑的认识捷径

几年前，一辆卡车撞上纽约马马罗内克一座铁路桥的照片在网上广为流传。这是很常见的事情——仅在 2008 年至 2019 年底期间，就有 152 辆卡车撞上北卡罗来纳州达勒姆附近那座臭名昭著的"开罐桥"，因为粗心的司机为了节省一点时间而走捷径。但让这张照片走红的是卡车运输公司 Shaffer Trucking 在他们的车辆上刷的标语。卡车背面有一行字："我们最宝贵的资源位于前方 20 米处"——这句话或许足够有趣，值得贴出来，尽管这"宝贵资源"已经给公司造成了价值数十亿美元的损失。但是，促使这些帖子转发、再转发的那行字却在旁边，用 1 米高的大字写着："通往成功的道路上没有捷径。"

在我看来，迫使人们走捷径的原因，就像公园里人们常走的那条路，类似于一种启发式。不过，对可怜的司机来说，如果没有桥，一切都会好起来的，尽管他节省了一些时间和燃料。为了我的叙事目的，让我们假设这座桥是新的。环境的改变导致历史上一直起作用的启发式得出并非最优的结果。同样，我们源于石器时代的认知工具箱经常与比进化速度更快的变化做斗争。于是，我们使用的捷径变成了认知偏差，产生了负面的后果。

一些认知偏见听起来就像它们是在一场喝酒游戏上被命名出来的。我的最爱之一是得克萨斯神枪手谬误（即"先射箭再画靶"）。它描述了人类倾向于把重点放在一大堆数据中的一小部分数据之上，并摸索出一个背离大量数据的模式。得克萨斯神枪手谬误的名称来自这样一个笑话：得克萨斯州的一个步枪射手不断射击谷仓，然后他走到弹孔最多的地方画了一个靶，宣称那里就是目标。

哈佛大学讲师兼教学助理乔迪·贝格斯（Jodi Beggs）运营着一个名为"经济学家爱用模型"的公司。在《荷马经济学：〈辛普森一家〉与经济学》一书中，她描述了《辛普森一家》（*The Simpsons*）中的人物重复地做着坏决定可以归因于认知偏见。毫不奇怪，荷马·辛普森（Homer Simpson）是这方面的明星，但是我们也看到玛吉、巴特、莉萨、米尔豪斯甚至是伯恩斯先生都在出于本能地犯错。

认知偏见的名字都非常现代［例如宜家效应（IKEA effect），指的是对投入精力的事情我们往往给予过高的评价］，而这些大脑机制都具有进化上的基础。如同进化赋予的其他属性一样，有一些偏见仍然十分重要，而有些偏见可能已经与现代生活缺乏相关性。

如果为 21 世纪及未来设计"人类 2.0",你可能会选择抛弃一些看上去已经没有实用价值的特征,例如脚指甲、智齿或男性的乳头。你可能还想为认知机制的库存做一些管理工作。

然而,不管是不是人造物,这些大脑机制推动了我们大大小小的选择。一些科学家估计,人类 90%～95% 的决策是前意识或凭直觉做出的。

作为营销人员,我们不应该把启发式和认知偏见当成某些深刻的哲学或复杂的心理学,它们仅仅是对人性的见解,是人类凭直觉做出选择的基石。

在近百种启发式和认知偏见中,有些与营销高度相关,有些则不然;有些似乎有重叠、模棱两可,有些又似乎在专业领域显得非常具体。本书的第二部分讲述了我认为的对营销而言最重要的启发式和认知偏见。在讲解时,我很少使用它们的科学描述,更多是讲述它们如何应用到市场营销的实践中。

营销者的工具箱

- 与其希望被注意到,不如想象怎样才能不被忽略。从直觉的角度看,什么东西难以被忽视呢?

- 人类决策的基石是被称为启发式和认知偏见的认知捷径。对此你理解得越多,就越明白人们是如何做出选择的。

- 大脑进化出了这些认知捷径帮助我们快速做决策,而无须使用太多的能量。这就是为什么我们喜欢"不费脑子"的事情。如果你能让别人"不费脑子"地选择你的品牌,肯定能一马当先。

专业人士的读后感言

- 在快速消费的时代,我们常常花数年的时间,确定最有说服力也最合理的理由,证明我们的产品更美味、更健康、比货架上其他三个品牌更好。我们假设消费者会仔细考虑购物车中的全部 20 件商品。本章提醒我们,真正的任务是让选择我们的品牌变得更方便、更直观。

- 读完这章让我感悟,在市场营销(也许是人类参与的大多数活动)中,"感觉正确"要胜过"正确"本身。

畅销的原理

THE BUSINESS OF CHOICE

第 5 章　熟悉的扭曲

熟悉孕育内容。[1]

---

[1] "熟悉滋生蔑视"作为一种警告自满和不尊重的表达,其历史可以追溯到乔叟的《梅利比的故事》(约1386年)。我不能把"熟悉孕育内容"归功于自己——这句老话的变体曾在20世纪60年代和70年代被爱尔兰的 Sweet Afton 香烟用作标题,也许更早。当我还是个孩子的时候,它就在我的脑海里,几十年后,当我写这一章时,它又重新出现在我的脑海里。

很少有营销人员会认为,品牌被熟知并不是件好事。他们是对的。虽然熟悉度不是品牌被选择的唯一要求,但是熟悉的感觉——被认可、被放在首位或者很显眼的位置——是成功的关键。

首先,关联度与品牌市场占有率直接相关,这是我们多年跟踪研究的结果。通常情况下,人们最熟悉的品牌是那些在同类中各方面都感觉效果不错的品牌,它们更值得信任、更可靠、效果更好,价值也因此更高。

虽然本书认为熟悉度是一件好事,但也要问问为什么。

社会心理学大师罗伯特·扎荣茨(Robert Zajonc)从人类进化的角度解释这一点:"如果你熟悉这类动物,说明它们还没有把你吃掉……至少目前为止还没有。"

我们的史前祖先行走在危险重重的大草原上,他们有幸遇到过不止一次的动物都不太危险。他们一次又一次与那些最不可能对他们造成伤害的动物相遇。熟悉意味着安全，如今这种代表意义依然以直觉的形式存在。

扎荣茨的研究表明，熟悉代表了安全和其他一些好的寓意。他做过一系列著名的实验证实了后来所谓的"曝光效应"。在他最著名的一个研究中，扎荣茨让不会中文的实验对象写汉字。一些汉字他们看了5遍，一些10遍，一些25遍。研究人员告诉实验对象这些汉字都是形容词，在实验结束时实验对象要猜测这些字是褒义还是贬义。虽然这些汉字对实验对象来说没有意义，但他们一致认为看到最多遍的汉字都象征好的东西。

扎荣茨1968年的这项代表性研究及类似的研究发现（数百篇论文的研究都显示了这种效果），人们越频繁地接触某物，越认为它们是积极的。

熟悉的东西，会让人感觉良好。

斯坦福大学和亚利桑那州立大学最近的一项神经成像研究，为解释这一现象提供了一些线索。研究发现，大脑的奖励系统在曝光效应中发挥了作用。在为期10天的研究中，27名参与者喝了一种"新型液体"，这种液体要么是胡萝卜汁，要么是芹菜汁。在第一天实验开始时和第十天结束时，参与者评价了他们对新饮料的偏好,并接受脑部扫描。随着时间的推移,人们更喜欢蔬菜汁。脑干中多巴胺神经元所在的大脑腹侧的活跃度反映了人们对饮料的喜爱程度。腹侧区与许多其他大脑区域相通,这些连接在个体参与者身上的强度可以预测他们10天内对饮料偏好的改变。这项研究也很重要,因为它表明大脑的活跃度可以用来跟踪个人偏好的变化。

扎荣茨在几十年后进行的另一项研究进一步揭示了曝光效应的有趣一面。在这个实验中,实验对象被分成两组,其中一组一次看了25个不同的汉字。第二组只看5个字,但每个字看了5次。相比第一组,多次接触5个汉字的第二组实验对象拥有更好的心情。这与新饮料的研究结果相符,通常激活奖励系统不仅让我们对这段经历感觉良好,而且能让我们总体感觉良好。

熟悉度和情绪之间的联系对品牌和营销来说很有意义。相比其他事物,熟悉的东西不只让我们对这一事物感觉更好,也让我们对自己感觉更好。就此我们就知道了什么样的品牌能够强大——它们应该具有很高的熟悉度,因为熟悉的东西让我们感觉良好。我们花大量的时间关注人们对品牌的感觉,而品牌真正的威力可能是它带给人们的感受。

除此之外，熟悉度和认可度不仅创造积极的看法和温暖模糊的感觉，它们还构成了两个最强大、最常用的启发式的基础，对于人们的选择产生深远的影响（启发式就是前面章节提到的认知捷径）。

这两个启发式分别是可用性启发式（availability heuristic）和识别启发式（recognition heuristic）。关于启发式如何在大脑中体现，各种争论中经常会提及发现它们的科学家（卡尼曼和吉仁泽）。作为营销人员，我所处的立场不需要站队去参加辩论，而这样的学术辩论会一直存在并且非常激烈。[①] 我的作用只是想说明一下启发式是如何与人性相连的，它们又是如何影响选择以及如何能为营销所用的。

可用性启发式由最容易进入脑海的事物驱动。它被认为是一种无意识的过程，无法进行控制。识别启发式是一条谨慎思考的规则，它让你选择熟悉的、能识别的东西。通过让我们的认知关注这些标准，并忽略其他信息，大脑运转中的前意识部分能够在大脑系统仔细思考之前就对较复杂的选择

[①] 这场争论的起源可以追溯到20世纪90年代吉仁泽阵营与卡尼曼和特沃斯基之间的激烈交锋。在迈克尔·刘易斯2016年出版的关于卡尼曼和特沃斯基合作关系的书《思维的发现：关于决策与判断的科学》中，他没有那么公正，直接站在卡尼曼和特沃斯基一边。

做出精准的评估。不费工夫、最快进入脑海的事物推动我们做出许多决策。识别启发式的另一种思考方式,是把它想成一条捷径,大脑只关注记忆中最容易获取的信息,过滤其他信息。关注熟悉的东西是最快捷的路径,领导品牌难以推翻就是因为它们在人群中的熟悉度。识别启发式是一种强大的力量,它让我们抽取最熟悉的记忆,并在大部分的时间里忽略其他的选择。但是,识别启发式让我们能够做出快速和直观的选择,并且这些选择往往与那些经过详细且理性分析得出的选择一样准确。

在很多情况下,识别启发式是迅速制定出"最佳"选项的好办法,也是用来预测体育比赛输赢的一种极佳的拇指法则。在《直觉》这本书中,吉仁泽引用了一项德国的研究。研究人员询问业余网球选手(在当地俱乐部打网球的人)和网球外行(像普通人一样只是把网球当作一种兴趣),是否认识 2003 年温网男单第一轮比赛的 112 名参赛选手。事实证明,其中包含的准则非常精准地预测了比赛结果——在 72% 的比赛中,业余网球选手认识的参赛选手击败了他们不怎么认识的选手;在 66% 的比赛中,网球外行认识的参赛选手击败了他们不怎么认识的选手。使用这两个群体的认同得分预测输赢,跟职业网球联合会(ATP)使用个人排名来预测比赛结果一样准。职业网球联合会使用两种个人排名顺序来预测,准确率分别为66%(ATP世界排名)和68%(ATP锦标积分)。

在选择奢侈品方面,识别也可能带来有趣的效果。在畅销书《花费:性别、进化和消费者行为》(*Spent: Sex, Evolution,and Consumer Behavior*)中,进化心理学家杰弗里·米勒(Geoffrey Miller)写道:"……所有的广告都有两类观众:潜在的产品买家和潜在的产品看客。产品看客会将各种想要的性状与产品联系起来。产品越昂贵、越独特,看客越多,买家越少。"

米勒充满洞察力的观点是,人们买奢侈品的原因主要是奢侈品的价值在其他人那里也能被识别和理解,而不是因为这些奢侈品本身质量上乘。

一些进化心理学家,包括米勒,认为奢侈品是性选择的标记。我们珍视美丽和稀有的事物,代表的是想要别人珍视我们自己。但是,这依赖于其他人熟悉这些"标记"。

因此,奢侈品品牌不仅常常出现在潜在购买者的视线中,还会推广给更广泛的公众,这又能反过来影响品牌的发烧友和支持者。劳力士被人广泛熟知是因为各种名人广告,赞助高尔夫球和网球赛事等,如赞助美国网球公开赛和温布尔登网球公开赛,推广范围都超过了其潜在的用户群。与詹姆斯·邦德长期合作让阿斯顿·马丁这一品牌被永远也买不起这种车的人熟知,显然就让买得起的人知道,他们能够在他人心中留下深刻印象。

但是,这也存在着扭曲。

人的行为充满了矛盾和悖论。行为经济学家经常认为人类(包括个人)是前后矛盾的。人类不仅言行不一,我们的一些认知机制似乎也相互矛盾。我经常会想起小时候喜欢看的连环画《数字头脑》(*The Numskulls*)[①],讲了一群大头、细肢的小矮人,他们住在人类的头脑里,每一个小矮人控制和维护着头脑的一个部分——耳朵、鼻子、嘴巴、眼睛、大脑,各个"部门"之间还能进行通信对话。

"大脑"是总司令,他管理着其他小矮人,确保人类能

---

① 写书的好处在于你在写作时能学到东西。我完全忘记了《数字头脑》,很高兴地发现他们仍然存在,发表在漫画书 *The Beano* 中。2015年皮克斯的电影《头脑特工队》使用了类似的结构,将孩子的情绪拟人化——快乐、悲伤、愤怒、恐惧、厌恶,分别由艾米·波勒、菲利斯·史密斯、刘易斯·布莱克、比尔·哈德尔和明迪·卡灵配音。

够面对每一天的生活挑战。这是一份全职工作。我们的认知机制和先天行为似乎跟这些小矮人有点像。它们都试图帮助人类（我们）达成目标（即做出感觉良好、高效和有效的决定），但它们的方法有时似乎会发生冲突。有一个很好的例子，说的就是首因效应（primacy effect，认为初始事件重于后续事件的倾向）和近因效应（recency effect，认为近期事件重于早期事件的倾向）之间的矛盾。

对我来说，这些明显的矛盾不过是再次强化了我之前所说的观点——在市场营销和商业中运用决策科学没有金科玉律。一切都取决于情境，虽然我们不理解情境为什么会激发某种认知机制，但是把行为原则应用于市场营销，关键就是接受这些矛盾的存在。

我有时会用下面的方法解释这些矛盾。想一想，你正在黑暗的车库里寻找一个小物体，例如一颗螺丝钉，你可能会使用手电筒，睁大眼睛查找周围。突然，车库门打开了，阳光一下子洒进来，你改成眯着眼睛继续搜寻。在第一种情况下，你试图最大化光源的效果；第二种情况，你则是将光源的效果最小化。这些相反的"策略"都服务于相同的目标——寻找螺丝钉，只是由于环境不同，"策略"自然也就不一样。认知机制也以相同的方式发挥作用。

在研究人类行为的本能方面，我们会遇到许多这样的悖论。其中一个悖论是，直觉受熟悉度吸引，同时我们也本能地受惊喜和新奇的吸引。

这一特点解释了为什么人类具有持续的创造力，而且它也是营销的一个重要组成部分。如果成功的营销只需要提高品牌的熟悉度，那我们只要扔钱给知名媒体，遵循这样的策略，发挥熟悉度的力量，自动就能达到营销效果。

几年前，我们成立了一个团队，和李维斯公司（Levi's）的全球首席营销官珍·赛（Jen Sey）回顾了30年来李维斯最好的电视广告。这些广告都非常棒，其中有一些由世界著名的广告机构创作。每个广告都很有创意。中场休息的时候观看李维斯最精彩的广告片段，可能是广告爱好者最接近司汤达综合征①的体验，赛说："你知道吗，有趣的是，这些广告真的很管用，虽然内容几乎是陈词滥调……但它们又都

---

① "司汤达综合征，高文化症，或佛罗伦萨综合征是一种身心疾病，当一个人接触到艺术时，通常是当艺术特别漂亮或集中大量的艺术时，会引起心跳加快、头晕、昏厥、混乱，甚至幻觉。"（维基百科）在19世纪中期，参观佛罗伦萨的游客经常出现这些症状，但今天，对于这种现象是否真的存在，有一些怀疑。

不是!"

赛说出了一些深刻的道理。成功的广告用熟悉感吸引我们,在某种程度上,广告也给我们提供了全新的视角。博达大桥广告公司的全球首席创意官乔纳森·哈里斯(Jonathan Harries)看过的广告可以说比世界上任何人都要多,他把这种现象称为"熟悉的扭曲",并认为这是广告行业创造好作品时的一个共同特点。

哈里斯的观点也得到了学术研究的支持。斯图尔特·夏皮罗(Stewart Shapiro)和杰斯珀·尼尔森(Jesper Nielsen)2013年在《消费者研究》(*Journal of Consumer Research*)期刊上发表了一篇论文。文章一开始先是对事实的一个简短声明或者说保守陈述,而我的整个职业生涯都在与这一事实对抗:"消费者往往缺乏对待广告的积极性。"夏皮罗和尼尔森提出了一系列有趣的想法,这些想法与正常的营销惯例截然相反。营销公司以及广告公司的典型做法是投放尽可能相似的广告。只有初始投放的广告无法达到宣传效果,或者广告要加入新的内容时,才会更换新广告。在本章中我一直想告诉你(希望你有动力接受)的是,营销公司和广告公司这样做似乎是有道理的。越熟悉的东西越好,对不对?如果真的是这样的话，确实每次看到的广告都是一样才是最好的。但是，夏皮罗和尼尔森的实验结果恰恰相反。他们给研究对象展示了一系列广告，在多次展示的过程中，每个广告都做了一些小的修改。这些变化都是比较简单而又无关紧要的调整，比如说把产品标识或产品说明从一个角落移到另一个角落。他们还展示了其他一些广告，这些广告在反复的展示中没有做过任何改变。在其中一个实验中，广告的标识移来移去、变换位置，而隐藏式测试显示参与者对这些广告的反应比较迅速，报告还说参与者觉得这些广告中的标识更加醒目，比标识留在相同的位置更有吸引力。在另一个实验中，广告中的标识和其他元素都做了调整，与广告中一成不变的产品相比，它们也受到了更大的关注。在这两个实验中，受访者都不自觉地意识到标识或说明的位置发生了变化。

　　传统的营销观念认为破坏是一件好事。因此我们很容易认为，有效的破坏来自一些不寻常、不熟悉的东西，从而能吸引人们的注意力。可是，有一些非常熟悉的事物，比如名字，一样能够很好地吸引人们的注意力。

　　认知神经科学中有一个著名现象叫作"鸡尾酒会效应"，表示的是熟悉和相关的事物会受到人们的重点关注。即使我们同时听到很多个声音，比如在拥挤和嘈杂的聚会上的各种交谈声，仍然能够很轻松地进行连贯的对话，原因是我们会选择性地关注相关的听觉流（在这种情况下，就是对话），并忽略所有其他的听觉信息。虽然我们没有很积极地去关注其他听觉信息，但是也没有真正地忽略它。测试鸡尾酒会效应（更专业地讲是"两耳分听"）的实验展示了惊人的发现。例如，相同的单词可能被一遍又一遍地重复（如50遍！），我们依然不会注意到它。不管这个声音是男声还是女声。但是如果有人喊我们的名字，即使只有一次，我们也能立即听到它。就像我们在鸡尾酒会上，如果听到自己的名字，就会立即停止交谈，去看看是谁在喊我们。

虽然市场营销目前的趋势认为"让我们用破坏性获得人们的重视，然后用熟悉度和相关性维持人们的注意力"，但这种观点实际上所起的作用可能与我们想要的效果相反。熟悉度会引起我们关注，但令人意想不到的破坏性可以让我们持续关注。试想一下，在一个鸡尾酒会上，我无意间听到："你的裤子着火了！"然后听到："马修·威尔科克斯！"另一种情况下，我听到有人在喊："马修·威尔科克斯！"接着又喊道："你的裤子着火了！"第二种情况会让我更注意我着火的裤子。

在过去的15年里,我曾与一些视频游戏公司合作。视频游戏设计师非常了解熟悉度的作用,但是要让人们持续地玩游戏还需要一些更具挑战、令人惊奇的想法。他们常常形容最好的视频游戏"易玩难精通"。

有一些证据表明,惊喜的力量不仅仅捕捉我们一心一意的注意力。当我们登机或是入住酒店时,升舱和升级房间会让我们获得意外惊喜。这样的高兴似乎不仅仅来自感觉受到优待。

事实证明,大脑把惊喜当作制定正确决策的有用、有价值的信息。我们能够在地球上生存至今,是因为我们的祖先在关键时刻做出的好决策多过坏决策。那么,什么是"好"决策呢?它可以用多种方式来定义。经济学家会说一个好决策是理性的决策,神经学家和心理学家会说好决策是可以获得最大限度回报的决策。大脑把新奇的或者令人惊叹的信息当成一种特殊的奖励。新东西引诱我们去调查,让我们感到一股探索新环境的冲动。虽然我们都有自己喜欢的品牌或产品,无论是啤酒、除臭剂还是水果,但是依然会挣脱习惯的束缚去尝试不同的东西。大脑进化过程中,探索新奇事物能帮助我们避免不良后果,有时甚至让我们得到更好的结果。

直到现在，我们还在这么做。

我们喜欢熟悉度及其奖励，我们开拓已知的领域。但是，我们不自觉地会被未知吸引，去探索其他有潜在回报的选择，着眼于如何平衡开拓和探索的实验催生了匹配律（matching law）。

走在迷宫中的动物如果向右拐，80%可以得到奖励，而向左转只有20%的概率能得到奖励。你可能认为动物会一直向右转，毕竟右转得到奖励的概率是左转的四倍，所以为什么不右转呢？但实际情况是，动物右转的次数约为80%，左转次数约20%，选择取决于奖励的可能性。匹配行为不仅发生在动物身上，实验也观测到人类也存在这样的行为。[1]

用进化论解释匹配律，是因为多样性，只依赖一种资源是一种糟糕的生存策略。就营销而言，这种解释支持拜伦·夏普（Byron Sharp）在《品牌如何成长：营销者不知道的事情》（*How Brands Grow: What Marketers Don't Know*）[2] 一书中

---

[1] 在篮球运动员的投篮方式选择中，匹配律是显而易见的。
[2] 此书出版于2010年，由南澳大利亚大学的营销研究中心（Ehrenberg-Bass Institute for Marketing Science）的负责人拜伦·夏普写作，并成为市场营销类的热门书籍。在书中，夏普批判了很多传统的营销思维，其中否定的一条就是品牌的优势和增长可以来自部分最忠诚的购买者。

的观点，在这本书中，夏普认为忠诚度是营销者的梦想，而不是消费者的现实。夏普从英国的数据中得出，72%喝可口可乐的人有时也会买百事可乐。他认为，忠诚只是市场份额的一部分。品牌忠诚度可能是一个白日梦。正如著名职业冰球运动员、前蒙特利尔加拿大人队总经理的马克·贝格文（Marc Bergevin）在被问及他手下的一名球员在2018赛季仍忠于球队时说的那样："如果你想要忠诚，就买条狗吧。"

对单一资源的忠诚是一种依赖。习惯性地避开依赖，促使我们人类和我们的祖先离开熟悉的区域，坚持探索陌生的事物。我们可能继承了这样的心理捷径，它促使我们尝试多样性。但是，依赖同一个来源是另一种捷径，一条通向灭绝的捷径。

多样性是选择的一个因素，在食物的选择上更是一项显著的特征。《消费本能》(*The Consuming Instinct*)是一本从进化心理学的角度观察消费行为的好书。书中，作者贾德·萨阿德（Gad Saad）[①]指出，多项研究表明，当提供多种多样的食物时，我们吃得更多（包括一项多样性促使人多进

[①] 贾德·萨阿德是康考迪亚大学进化行为科学和达尔文消费学的研究室主任。

食而与食品味道或营养价值无关的研究——人们在面对多种颜色的M&M巧克力豆时，吃得更多）。

在此基础上，萨阿德进一步补充了两点原因，解释为什么谈到食物的选择时，我们渴望多样性：

>……寻求食物多样性的演变与两个不同的机制有关：（1）最大化获得多样营养元素的可能性；（2）最小化从单一食物源摄取过多毒素的可能性。

正如趋向舒适的熟悉区域是本能一样，偶尔寻求多样性和新体验也是本能。

成功践行"熟悉的扭曲"这个悖论，品牌就可以与公众建立起深厚的渊源。谷歌会根据节日的属性改变搜索首页上的"GOOGLE"这个单词，这就是在熟悉的名字上改变布局，让人产生新鲜感和出乎意料感，这种做法能够让我们感到愉悦。[1]

---

[1] 第一个谷歌涂鸦可以追溯到1998年，当时拉里·佩奇和谢尔盖·布林在标志中的一个"o"后面放了一个简笔画，让人们知道他们正在参加火人节。截至2019年12月，世界各地的谷歌主页已经创作了4,000多个涂鸦。

2012年为庆祝奥利奥100岁生日而推出的"奥利奥每日变身"(Oreo Daily Twist)活动,就曾利用一些熟悉的东西不断加以变形。当时,活动没有走怀旧路线。广告宣传让奥利奥这个美国人最熟悉、最喜爱的品牌给当天的新闻故事增添了异想天开的注解。

在100天的庆祝活动中,每一天都以标志性的奥利奥作为画布,捕捉与那一天有关的新闻故事。某一天,奥利奥用彩虹馅料庆祝"同志"游行;另一天,为了纪念火星车成功降落火星表面,奥利奥在红色的奶油馅上做出了轧过的轨道痕迹;还有一天,奥利奥上出现了鲨鱼的锯齿形咬痕,纪念探索频道的鲨鱼周。

另一个例子来自含糖零食界:为了丰富2014年的节日选择,唐恩都乐餐厅推出了新品,包括肉桂甜饼和甜饼拿铁咖啡。时任全球营销和创新总裁约翰·科斯特洛在谈到客户和这种方式时表示:

我们的客人喜欢守正创新。我想把我们的假日战略描述为有转变的熟悉感。

足够传统，也足够新颖。足够安全，足够冒险。有转变的熟悉感不仅仅是一种营销噱头，这是一种套路，几十万年来，它给了人类接受新资源、新体验和新想法的安全感。

营销者的工具箱

○ 仅仅因为觉得熟悉，我们就会感到更积极。要维护品牌在公众眼中的形象，不能仅限于让别人认识它，还要让人们喜欢它。

○ 熟悉度也推动了我们的选择：仅仅因为认识某事物，或者让它迅速地浮现在脑海中，就能够让人们更容易选择它。

○ 我们还有一种乐于探索和期待惊喜的本能。惊喜就像一种特殊的奖励——大脑把它们当成正确做出未来决策的关键因素。完美的营销应该善于平衡惊喜和熟悉度的融合，相关却又出乎意料，或称为熟悉的扭曲。

专业人士的读后感言

○ 看完本章，我产生了这样一个想法……正是因为扭曲才提醒你为什么熟悉度很重要。

○ 行为经济学常常被视为营销的一个战术工具，但是这一章勾画了伟大品牌为什么能够成功，这一点很重要。

畅销的原理

THE BUSINESS OF CHOICE

第 6 章　用"别人都在做"引导选择

衡量人们会做,最好的指标是他们接收的来自别人的信号。

从他人那里接收的信号对我们的选择产生了深远的影响，即使我们不承认或没有察觉。基于别人的做法做出决策是一个很好的快捷方式，效果也一直不错。这种行为策略超越了人类大脑的进化，动物王国上上下下都会这么做。这个快捷方式超越了人类的本性，是自然界共有的属性。

如果你曾试图接近岸禽类鸟群，可能有过以下几点体会。当你刚朝着鸟群走出几步时，有一两只鸟会飞走，其他的会继续留在原地。当你再靠近一点，更多的鸟会飞走。几秒钟后，整个鸟群都突然飞走了。让大部分鸟飞走的，不是你的直接威胁，而是对其他鸟的行为的反应。其他鸟飞走已经被鸟类当成危险信号。对包括人类在内的几乎所有动物来说，他者的行为是显示某件事物是威胁还是机遇的最佳指标。鸟被吓跑还有一个反向场景。你在公园长椅上吃三明治，肯定会吸引大量的鸽子或海鸥。开始只有一两只，但在几分钟之内你就会被团团围住。第一只鸟被食品吸引，而其他鸟是受到了第一只鸟的影响。

大自然的脉动就是顺应市场

像其他动物一样，人类也在不断模仿他人的行为。虽然还有很多其他线索，但其他人的行为是我们应该如何行动的最有力指导。比起鸟类起飞这样大规模且显眼的活动，人类发出的信号和线索往往要细微得多。稍纵即逝、轻微的面部表情都揭示了他人的感受，而我们从中知道应该如何行事。

英国广播公司在1987年曾经播出了演技大师迈克尔·凯恩（Michael Caine）的讲座，他讲到了面部表情在电影表演中的重要性。舞台演技更多是用手势和声音的变化传递角色的感觉，电影则记录了每一个细微的面部表情，并把这些信息传递给观众。微微扬起的眉毛、瞬间收紧的嘴唇，它们传达的情感很难用对话方式做到。电影的非凡创造让人难以置信。从怪物袭击曼哈顿到小行星冲向地球，这些场景看上去都那么逼真。但是，相比这些令人瞠目结舌的幻想，我常常在想，电影持久的吸引力在于它能够忠实地记录和传递微妙而简单的面部表情，观众可以立即感受其中的情感意义。

我们在做广告和市场营销时，很容易忽视非语言线索的力量。艾伯特·梅拉比安（Albert Mehrabian）是非语言沟通方面的专家，他通过实验得出，我们喜不喜欢某个人，55%取决于他的面部和肢体语言，38%取决于语音语调，只有7%是因为语言表达。虽然"93%取决于非语言因素"这一结论经常被误用，并且结论本身也存在争议，但在许多情况下，非语言因素确实比实际所说的话传递了更重要的信息。在市场营销和广告行业中，我们往往把重点放在词语上，面部表情则直接留给片场上的导演，但就观众而言，面部表情比语言文字更加意味深长。对于客户和广告公司来说，影视广告的非语言线索相当于销售业的黄金和电影界的戛纳奖。

美国近年来最受欢迎的广告是大众的"原力"或"迷你达斯"。在这则广告中，一个小男孩打扮成达斯·维德的样子，对着家里无生命的物体使用"原力"。他努力尝试，但每失败一次，就变得更加沮丧。最后，他把"原力"用在他父亲刚刚停在车道上的大众帕萨特汽车上，让他高兴又惊奇的是，发动机突然像复活了一样启动。镜头切换，我们发现其实是他的父亲在厨房按下了汽车遥控按钮。这则广告中没有对话，但我们完全能够理解，特别是父亲挑起眉头的那一幕。从 2008 年到 2013 年，神经科学营销公司金沙研究（Sands Research）每一年都会发布当年超级碗中播放的每一个广告的神经生理反应分析。2011 年超级碗期间的大众汽车广告，是神经参与评分（NES）中得分最高的超级碗广告之一。道格拉斯·范·普莱特（Douglas van Praet）在他的著作《无意识品牌力》中给出了很多理由，解释为什么这则广告如此富于情感、吸引力，这么引人入胜，[①]但就个人而言，我不会低估挑眉头这个微小的动作，正是这个完美的定格带来了巨大的反响。

有一项研究调查了慈善广告中的面部表情，并且进一步揭示了广告中人们的表情是如何影响观众的。除了可以简洁地传递心照不宣的含义，面部表情还可以引起一种感觉转移，叫作情绪感染（emotional contagion）。悲伤的面孔让人感到难过，但也会让人捐献更多——当广告向人们展示一张悲伤的面孔时，人们的平均捐赠金额为 2.49 美元；展示幸福的表情时，人们捐赠了 1.37 美元；展示一张毫无表情的面孔

[①] 范·普莱特对这则广告及其背景了如指掌。当时，他在 Deutsch LA 广告公司担任大众汽车客户的首席战略规划师。

时，金额是 1.38 美元。

别人脸上的表情会影响我们对两人之间的距离的判断。韩国的一项研究发现，在两米以内的近距离（两米或更短）时，我们会低估别人的脸离我们的距离。当人们的面部表现出安全或威胁性的表情，而不是中性表情时，我们会明显感觉到他们距离我们更近。所以，当有人咄咄逼人时，情况可能并没有你想的那么严重。

30 年来，对面部表情的研究已经非常全面。有研究显示，人的大脑就像是专门的脸部检测仪，它和面部表情的处理、情感的产生密切相关。神经科学指出大脑中有一个区域，称作梭形脸部区（Fusiform Face Area，FFA），会选择性地对脸部做出反应，能够在小于 200 毫秒的时间内快速地辨认出一张脸。美国达特茅斯学院保罗·惠伦实验室的研究人员使用磁共振成像技术后发现，大脑活动模式对不同的面部表情出现了重复。惠伦和他的同事发现了杏仁体的活动。前文我们讲过，不知你是否还记得，杏仁体是大脑参与情感反应的区域，能够辨别很多面部表情。健康杏仁体对恐惧和愤怒的表情反应尤其明显。仅仅是看眼睛，杏仁体就能辨别出哪个是恐惧、哪个是愤怒！

此外，还有强有力的证据表明，面部表情是天生的，而不是后天习来的。神经学家戴维·松本（David Matsumoto）能在两个完全不同的领域胜任专家：他是旧金山州立大学的教授，研究面部表情、非语言行为、微表情；他还是柔道黑带七段，是加州埃尔塞里托东湾柔道研究所的所长和主教练。

松本在一项研究中融合了他在这两个领域的兴趣，将2004年雅典奥运会柔道运动员和2004年雅典残奥会盲人柔道运动员做了比较。两项比赛发生在同一地点，只是时间上后者比前者晚举行一个月，都是观察决赛中的运动员（或柔道运动员）。

比赛中，研究人员在相同的三个时间点拍摄了照片——比赛刚结束时、领奖时以及在领奖台与其他获奖者合影时。在这项研究中，松本研究了三类运动员的面部表情：视力正常、非先天失明和先天失明（在残奥会上，盲人运动员会被分为先天失明或非先天失明）。

松本发现，视力正常和盲人运动员的面部表情差异可以忽略不计，先天失明和非先天失明运动员之间的表情差异也不大，这一结果明显地表明了面部表情是与生俱来的。

这项研究最显著的发现是，先天失明的运动员在夺得金牌后展现出了"杜氏笑容"（这是一种几乎无法假装的微笑，它不仅动用嘴角的肌肉，同时也动用了眼角的肌肉），获得银牌的运动员则展现出了有礼貌的"泛美笑容"（这个命名来自如今已经倒闭的泛美航空公司的空姐）。面部表情不仅传递着原始的情感，也传递着复杂的社会信号。

虽然面部表情表明了他人的感受，但它同时也是我们如何做出反应的信号。其他人在看什么是我们应该看什么的直接指标。

从小开始，我们似乎就会关注别人在看什么。一项关于共同注意力（joint attention）的研究表明，通过注视某一物体，成年人能让婴幼儿也注意这个物体。眼球追踪研究表明，成年之后，我们依然会这么做。有一个实验中使用了一则广告，广告中显示有模特的脸（和头发）和一瓶洗发水。其中一个版本的广告，模特直接正视摄像机。在另一个版本中，她用眼睛望着角落里的洗发水瓶。人们观看第一个版本的广告时，目光聚焦在广告词和模特的脸上。第二个版本，人们的目光则聚焦在广告词、模特的眼睛和洗发水瓶上。

在一个类似的实验中，澳大利亚可用性测试和用户体验专家詹姆斯·布里兹（James Breeze）测试了两则广告，都是在婴儿旁边放一堆尿布。第一则广告中，宝宝正对着摄像机，第二则广告中，宝宝则凝视上方，就像是在看广告标题一样。对于第一则广告的眼球追踪显示，热点是宝宝的脸。第二则广告，眼球追踪的热点则是宝宝凝视的广告标题。

他人的力量：合群比你想的更重要

社会规范是对适当行为的预期，社会偏见如从众效应（bandwagon effect），是指他人的行为引发的行为影响。它们能够巩固现有的行为，并且能提供关键的因素带动行为改变。一些调查能耗行为的应用性实验显示了从众效应的存在。其中有一个实验比较了相邻人群的能耗，比如你的能耗和你邻居的能耗，这类信息被称为描述性社会规范（descriptive social norm），并运用有效的指标判断你的能耗是合意的还是不合意的，不合意的能耗称为禁令性社会规范（injunctive social norm）。研究中采用了简单而有效的符号表示合意和不合意：笑脸☺代表合意；哭脸☹代表不合意。描述性社会规范减少了平均水平以上家庭的能耗，增加了平均水平以下家庭的能耗。然而，当禁令性社会规范（笑脸或哭脸）与描述性社会规范组合之后，平均水平以下家庭的能耗并没有增加。另一项研究则调查了从众效应如何调节用水量，发现从众效应效果是短暂的。随着时间的推移，行为变化会减弱，慢慢回到以前的行为上去，渐渐又成为用水最多的家庭。

研究能源消耗的科学家还研究了人们住酒店时如何处理使用过的毛巾。这也给理解人类的天性提供了一些佐证（人类活动往往揭示了选择的基础，这是非常美妙的事）。

美国的酒店、汽车旅馆以及其他类似机构消耗了大量的水。美国环境保护署估计，它们的用水占商业用水和机构用水总量的15%，占全美供水量的2.5%。这不仅给公共供水系统带来了沉重的负担，也是酒店经营者的财务损失。其中，洗衣消耗的水量排第二，占酒店用水量的17%。

所以，酒店把节水作为控制成本的一个部分也就毫不奇怪了。这也是为什么几乎在每个酒店的卫生间，你都会看到类似"希望您循环使用毛巾"的标语。这些标语关注的是清洗酒店毛巾和床单会消耗大量的水，会对地球产生影响。于是用标语请你"出一份力"，它们依赖个人赋权，希望个人以此为动力,将毛巾放回毛巾架上,而不是浴室的地板上。总的来说,个人赋权是一种很有效的方式,很多客人选择在住店期间至少重复使用一次毛巾。

但是,研究表明,存在比个人赋权更有效的方法。这种方法不用恳求客人保护环境、保护地球,理性地来说也更具操作性,特别是考虑到建议把毛巾放回毛巾架上既不需要客人付钱也不需要花多少力气。研究人员贴出了其他客人如何做的标语,并进行测试。这正是描述性社会规范的一个案例。

在一项实验中,研究人员随机在酒店一半的客房内放置了一张呼吁保护环境的卡片,并以这些房间作为参照对象。在剩余的另一半客房内,放置了另一张卡片,上面写道:在酒店住宿期间,大部分宾客曾经不止一次地重复使用毛巾。主要研究人员诺亚·戈尔茨坦(Noah Goldstein)在他的博客"今日心理学"上发布了研究结果:"看到重复使用毛巾卡片的客人,比看到标准环保信息的客人更愿意重复使用毛巾。前者重复使用毛巾的人数也要比后者多出26%。"

在第二个实验中,研究人员又进了一步。他们在卡片上告知客人,以前住在这个房间的大多数客人在住宿期间至少重复使用一次毛巾。措辞上的这个微小变化增加了重复使用毛巾的客人人数，比参照组增加了33%。

对酒店毛巾进行的这项研究是社会学的经典案例。自2008年第一次研究以来，已经有许多类似的研究。一些研究显示效果较弱，另一些则发现社会规范信息会使毛巾的重复使用增加75%。贝叶斯分析表明，总体而言，使用社会规范信息有显著效果。这项研究与营销也息息相关。其中，有两件事值得一提。一是强大的社会认同，它促使人们更容易做出目标行为（虽然是在特定状态下）。二是我个人的观察。从2009年得知这项研究后，我就特意留意了所住的每一家酒店（超过100家酒店，从独立酒店到大型连锁酒店，从欧洲、北美洲、南美洲到亚洲都有）。这些酒店都以环境保护的理由提醒宾客重复使用毛巾。我看到的卡片上不是北极熊就是亚马孙雨林的鹦鹉，从来没有一张卡片提及他人的行为。

自人类行为存在以来，社会认同就一直在影响着人类行为。几十万年来，我们一直在观察别人做什么，随着语言的发展，我们问别人什么是好，什么是坏。我们用来做这件事的社交网络（我指的是最初意义上的社交网络）必然很小，而且离我们很近。

当然，它们在过去几个世纪里不断增长，但与20世纪

90年代末开始的爆炸式增长相比,这种增长显得微不足道。这时网络评论开始出现,第一批评论网站诞生了。

网络评论已经成为选择者极为重要的信息来源。伊塔马尔·西蒙森(Itamar Simonson)和艾曼纽·罗森(Emanuel Rosen)在他们2014年出版的《绝对价值:信息时代影响消费者下单的关键因素》一书中指出,我们的购买决定受到三个信息源的影响:我们之前的偏好和经验(P)、其他人和信息(O)、营销者(M)。作者称其为影响组合,并明智地敦促营销者考虑每个信息源在何时何地何种品类中起主导作用。他们指出,在购买厨房毛巾时,别人的意见可能没有买车或订阅手机服务时那么重要,但总体而言,对许多品类来说,来自他人的信息已成为最重要的信息来源。而他人意见越来越重要,是因为网络评论的出现和普及。各种调查显示,80%~90%的美国人经常使用网络评论,80%左右的人相信网络评论并作为他们的信息源,尽管一大波新闻报道显示,许多(在某些品类中是大多数)评论并不真实。[1]点

---

[1] 《华盛顿邮报》2018年4月的一篇文章《商家如何利用脸谱网向亚马逊发送虚假评论》使用ReviewMeta分析了亚马逊网站上前四类热门产品(蓝牙耳机、减肥药、蓝牙扬声器和睾丸激素助推器)。ReviewMeta的分析显示,这些类别中超过50%的评论是"可疑的"。

评网站 Yelp 报告称，从 2004 年成立到 2019 年 9 月，该网站收到了 2 亿多条评论，评论数量每年增长 17%。其他人的"布道"会变成千万亿的数据点，我们可以在几秒钟内访问这些数据点，多亏了星级评分和评论数量等快捷方式，我们也可以在几秒钟内处理这些数据点。西蒙松认为，我们不仅将评论作为一种快速简单的决策工具，而且从他人那里获取信息、比较产品的便捷性可能意味着我们更少依赖某些特定的认知捷径。通过 20 世纪 80 年代和 90 年代的研究，西蒙松论证了妥协效应，即人们倾向于在一系列选项中选择中间项。在一项著名的实验中，17 名参与者在同一条件下被要求在一台售价 170 美元的美能达相机和一台配置更高、售价 240 美元的相机之间做出选择。两者都获得了 50% 的选择份额。然而，当第二种情况的参与者被要求在 170 美元、240 美元和第三种配置更高的售价 470 美元的相机之间做出选择时，选择 170 美元的相机的比例下降到 27%，而选择 240 美元的相机的比例上升到 52%，昂贵的 470 美元的相机的选择比例是 21%。对于这种对中间选项的偏好，一种解释是，这是一个更容易、更安全的选择。在缺乏比较选择和他人意见的情况下，我们做决定的本能是在中间选择看起来风险较小的选项。

有趣的是，西蒙松开始质疑他早期研究的发现在这个信息丰富且容易获取的时代，是否仍然成立。2012年，西蒙松和研究人员塔利·赖希做了一项新研究，这是对美能达最初研究的更新。更新的部分内容是使用佳能PowerShot系列的相机，而不是美能达（美能达已于2006年退出相机业务）。这项新研究的第一个实验的设计几乎复制了此前的研究，而结果也与之一致。在进一步的更新中，另外两组参与者看到的页面上有所有PowerShot系列相机——不同相机的不同价位的客户评论——这是他们通常在亚马逊上购买相机时看到的。然后要求其中一组把选择范围缩小到两个，另一组则在这两个的基础上再加入一个更高配置的相机，把选择范围变成三个。你可能认为妥协效应会发挥作用，有三个选项的人会倾向于中间项。

但这并没有发生，[①]有了更多的信息进行比较，并且有了批判性的评论指导选择者，妥协效应消失了。评论让我们更

[①] 对于发现了心理效应的学者来说，专注于为自己的发现辩护更为正常。西蒙森是一个例外，他没有试图支持妥协效应的普遍性，而是做了相反的事情。我认为这是非常令人钦佩的。

容易从他人那里获得线索，而像星级评分和评论者数量这样容易处理的信号让我们感觉是应该点击还是划走。很多人都会忍不住把社会认同看成大规模市场营销的万能工具，它也应该被那些销售奢侈品甚至是独家产品和品牌的人所接受。

拉古那珍珠是美国领先的网上珍珠零售商之一。访问他们有品位的网站，你会发现，在珍珠和佩戴珍珠的女性的优雅图片的突出位置，有一个"最受欢迎的产品"和客户语录，信任飞行员（Trustpilot，消费者评价网站）的信息告诉你（截至 2020 年 1 月），拉古那珍珠 892 条评论的平均评分是五星。

Trustpilot 称，在实施该计划的 30 天内，拉古那珍珠发现"网站的点击率增加了 38%，购物车清空率下降了 9.5%"，而且"点击网站的人中有 5% 在未来 30 天内继续购买，超过了电子商务会话中 3.3% 的成交率基准"。

葡萄酒协会就是一个非常成功的案例。这家俱乐部于 1874 年在伦敦成立，是世界上最古老的葡萄酒俱乐部，它非常有名，并且只有通过邀请才能加入。葡萄酒协会通过在官网上设立"畅销"葡萄酒专栏管理独特性和受欢迎程度之间的矛盾，专栏列明了选择这些"畅销"葡萄酒的人数，对于葡萄酒这种分类复杂的产品，这样的信息提供了客观的保证。

社会认同甚至会"规范化"个人的社会行为，就像呼吁父母跟自己的孩子讨论性知识，父母就会更多地这样做。一项研究利用公益广告呼吁家长"跟你的孩子聊聊性知识，其他人都在这么做"。他们在广告牌、电视和广播中同时登出了广告。这项研究运用社会规范改变个体交流，特别是父母和孩子之间的一对一谈话。要影响行为变化，社会规范在使用上就要更多地和行为相关。社会媒体提供了扩大个性化沟通的方法，无论是自定义消息（还记得"住在这个房间里"比"住在这家酒店里"效果更好吗？），还是人们在自己的社交网络上炫耀自己的行为。

流行很重要（在大多数情况下）。表现出很多人都在做你想让他们做的事情，已经被证明能够改变他人的行为，比如多次使用酒店毛巾和选择航空公司。这个快捷方式是我们观察别人之后的一个直观反应，它在远古时代适用，在今天也适用。我们的祖先看到很多人都从一个水坑里饮水，就可以得知这是一个相对安全的水源，而祖先的经验成了我们的本能。但是使用从众效应时也需要谨慎，它通常在人们寻求安全和规避风险时比较管用，在吸引眼球方面并不灵（我们会在第 12 章讨论这一话题）。

告诉人们其他人（尤其是跟他们相似的人群）都在做某件事情，是一种非常具有说服力的方式。即使只是一个简单的声明，"大多数同龄人 / 同地区的人都在做……"或者"越来越多的人都开始做……"也非常有效。

罗伯特·西奥迪尼是如此解释这种说服力的：

> 如果我们不确定该怎么做，一个最基本的方法就是看看身边跟我们一样的人正在做什么。我曾读到过一篇中国杂志上的文章，说餐厅经理在一些菜品上标明"本餐厅最受欢迎"就会瞬间提升 17%～20% 的点单率。你不需要花费任何金钱，也不用去说服别人，只要点出"很受别人欢迎"就能驱动人们，并立即提升 17%～20%。

菜单的效果证明了西奥迪尼的一个准则，即我们的直觉"告诉我们，如果我们看到一种行为别人正在做，那么这种行为就是正确的"。

正如研究案例显示的，社会认同能达到的效果不仅仅是增加销售。想一想你可以用它来改变行为，改善你的事业。在酒店毛巾的研究中，研究者使用社会认同让更多的酒店宾客重复使用毛巾，方法仅仅是用一张卡片告诉客人别人都是这么做的。鼓励酒店宾客重复使用毛巾不仅可以提高酒店利润，也更加环保。跟我们合作的电子商务部门发现，他们产品的退货率在不断上升，虽然比率不大。我认为，这是因为美捷步之类的网络零售商正把退货变成一种社会规范。于是建议他们进行一个小测试，在盒子里放上一张感谢卡片，写上"大多数客户第一眼就爱上了我们的产品"（当然也清楚地写明如果他们不满意，可以无条件退货）。

营销人员也会错误使用社会认同而不自知。有时，我们很想让人们为某些事情产生愧疚感，但是却错误地认为"如果能证明他们的不理智，就可以让人们摆脱非理性或懒惰的状态"。不幸的是，这么做比不施加影响效果更糟。如果你不停地强调他们在做什么，或者他们不做什么，只会让人们做出相反的行为。几年前，我在旧金山的家中收到过一封邮件，里面是这样写的：

加利福尼亚州只有12%的家庭购买了地震险。然而在未来的 20 年中，你的房子受到地震影响的概率达 60%。

这条信息[①]让我觉得，我是大多数没有地震险的家庭。尽管地震的风险显而易见，但如果社会规范是没有买保险，那么我就会觉得没什么大不了的，甚至觉得没有保险也是安全的（其中也受到另一种偏见的影响——乐观主义偏见。我们内心总是倾向于认为不好的事情不太可能发生在自己身上。也许我们小区的房子会在地震中损毁，但我的房子说不定会奇迹般地毫无损坏）。我们有一位金融服务领域的客户，他意识到如果鼓励人们做财务计划，他们的业务可能会受益。他想通过强调只有 17% 的人在做财务计划做宣传。定性研究中消费者的反应甚至表明，这样说会激励人们做财务计划。但我们的建议是，这是他最不应该做的一件事，因为这样就让没有财务计划成为一种社会规范，让消费者感觉没有计划看上去是一个好计划。我们建议他应该聚焦于制订财务计划

[①] 从那以后，加州地震局从行为学的角度得到了更好的建议（不是来自我）。他们网站上的标题现在是"今天可能发生地震"，这一信息可能会克服一些认知偏见。

的第一步是非常容易的事情。

2016 年,我在名为"以人为本的设计"项目中担任行为洞察顾问,该项目由好奇公司为非政府组织国际人口服务(PSI)主导。该项目的目的是设计干预措施,帮助减少坦桑尼亚青少年的意外怀孕。在坦桑尼亚的农村地区(以及许多撒哈拉以南的非洲国家[①]),处理意外怀孕最常见的方法是不安全的堕胎,由缺乏必要技能的人在极有可能不卫生的环境中实施。不安全堕胎是许多人死亡、未来怀孕出现问题甚至不孕的直接原因。坦桑尼亚卫生部的一名代表出席了讲习班,并发布公告,其中强调坦桑尼亚年轻妇女进行不安全堕胎的人数众多。我们的建议是,这可能会适得其反,因为指出很多人在做某件事,即使这件事是有风险的,也可以使它看起来安全,或者就像西奥迪尼说的,甚至使它看起来"正确"。信息被修改了,重点从有多少年轻女性进行不安全的堕胎,转变为有多少年轻女性会出现并发症并可能死亡。社会认同之所以有效,是因为似乎很多人都在做某件事。

但还有另一种效应,一个人的榜样,而不是几百个、几

[①] 2008 年,世界卫生组织估计在东非每 1000 名育龄妇女中有 36 例不安全流产。

千个或几百万个的榜样，会对我们的行为产生更大的影响。

2015年7月，美国牙医沃尔特·帕尔默（Walter Palmer）杀死了一头13岁的雄狮塞西尔，据传其给向导支付了5万美元。塞西尔是万基国家公园一个狮群的首领，也是游猎游客的最爱。它的活动和位置被牛津大学野生动物保护研究小组通过GPS项圈跟踪，作为一项长期研究的一部分。塞西尔是在公园外被杀的，可能是被猎人从保护区引诱出来的。

这一事件在社交媒体上引发了强烈抗议，在谷歌趋势（Google Trends）上，"塞西尔"甚至连续5天超过了"卡戴珊"和"奥巴马"。吉米·坎摩尔在《吉米·坎摩尔现场秀》上因为此事而哽咽。坎摩尔的呼吁在不到24小时内就为野生动物保护研究单位筹集了15万美元的捐款。坎摩尔和瑞奇·热维斯等名人对帕尔默嗤之以鼻，数百万人通过社交媒体发泄他们的愤怒。猎人变成了猎物，一些人要取帕尔默的人头（并非隐喻），还有许多人要起诉他。结果，他放弃了在明尼苏达州的牙科诊所，几周后在佛罗里达州露面时，他雇用了武装警卫。改变网（Change.org，公益请愿平台）上的一份在线请愿书导致美国航空公司改变了运输被猎杀的大型猎物的政策。

然而，不幸的是，塞西尔的命运并不像它所引发的舆论风暴那样特殊。每年被非法杀害的濒危动物即使没有数百万，也有数十万。根据美国国际开发署的报告：

> 据估计，在 2010 年至 2012 年期间，有 12.2 万头非洲象因象牙被屠杀，2014 年仅在南非就有 1,200 多头犀牛因犀牛角被偷猎。

然而，这些杀戮事件很少出现在大众的社交媒体上，也很少出现在报纸的头版或晚间新闻的头条。

塞西尔有什么不同？虽然有许多因素造成了不同，但有两个因素对我来说最为突出。第一种现象被称为"可识别受害者效应"。几年前我采访丹·艾瑞里时，他谈到了这是如何运作的。

> 可识别受害者效应指的是你对一个小孩的关心远比对一百万个孩子的多。关怀并没有随着受害者数量的增加而增加，反而减少了。这是特蕾莎修女和约瑟夫·斯大林达成一致的一件事。斯大林说："一个人死亡是悲

剧，一百万人死亡只是统计数据。"特蕾莎修女说："如果我看到的是人群，我绝不会行动。如果我看到的是个人，我就会行动。"

塞西尔身上真的有一个可识别受害者的标记——它的黑色鬃毛就是独特的、可识别的标记。但可能更重要的是，它有名字——这是我们人类每天使用的最简单、最可记录的标识符。名字不仅能让我们给某人附加一个身份，还能让我们轻易地传播这个身份。伊拉斯姆斯大学鹿特丹人力管理学院市场营销学助理教授亚力克斯·热那韦斯基（Alex Genevsky），从行为和神经层面探索了可识别受害者效应。他给我举了一个例子，说明纽约人对住在第五大道的红尾鹰（又被称为"苍白雄鹰"）的喜爱之情日益增加。

一个可识别的受害者会让人产生深刻的同理心，就像艾瑞里说的那样，促使人们采取行动。但如果行凶者也能被识别出来，会发生什么呢？判断和决策研究领域非常有影响力的思想家、卡内基·梅隆大学的乔治·罗文斯坦（George Loewenstein）和沃顿商学院的德博拉·斯莫尔（Deborah Small）对可识别受害者效应做了大量研究。他们还观察了人们对可识别犯罪者的反应。他们的研究表明，当人们有机会处罚犯罪者时，哪怕要付出一些代价，他们对可识别犯罪者的惩罚会比对同样有罪但无法识别的犯罪者的惩罚更严厉。

暴露在数据追踪和社交媒体的众包效应之下，帕尔默从一个匿名的猎人变成了一个牙医，他的名字、地址和脸都被贴满了互联网、报纸和电视。

一头狮子被猎人或偷猎者非法捕杀不会引起人们多大的兴趣。但如果给狮子一个名字，给杀手一个身份，我们会本能地为受害者感到难过，并加强我们惩罚恶棍的欲望。

不公平也驱使我们想要惩罚那些我们认为行为不公平的人。当我们觉得某事不公平时，我们会有本能反应。在实验室中，我们采用最后通牒博弈研究不公平。第一个玩家跟第二个玩家分钱，例如他们俩要分 10 美元，第一个玩家准备把 3 美元给第二个玩家，自己拿 7 美元。如果这么分被第二个玩家接受，那么双方都可以拿到钱，如果被拒绝，两个玩家都拿不到钱。前脑岛是响应不公平的大脑区域之一。脑岛是一个复杂的大脑区域，至少可以这么说，脑岛的前部区域与愤怒、厌恶、痛苦、烦躁等负面情绪有关。对某件事情不公平的认知会一直徘徊在脑海中，直到我们解决这个问题。

这种现象被称为不公平厌恶（inequality aversion），该术语由恩斯特·费尔（Ernst Fehr）和克劳斯·施密特（Klaus Schmidt）创造，内涵差不多就是它的字面意思。不公平感促使我们采取行动，并产生愤怒和厌恶的感觉，这种不安会让我们做出一些平时不会做的事情。它克服拖延和习惯，促使我们行动。就在几年前，数十万美国人更换了银行。这似乎不是什么大事，但是零售金融服务行业的营销人员认为这是一件大事，因为人一生中很少更换银行，一般都是搬迁或者结婚才会更换。但是，在2011年，美国的主要大银行，如美国银行开始向借记卡用户收取5美元的手续费，人们顿时觉得银行是在欺诈，于是纷纷转向别的银行。2011年的一份调查表明，将储蓄账户挪出大型银行的人数在90天内增加了3倍。2011年第三季度，在线DVD（Digital Video Disc，数字化视频光盘）租赁商网飞公司也遭遇了类似的问题，3个月内60万订户取消了订阅，起因是该公司分离了流媒体计划，并将DVD租赁费提高了一倍（有些人可能已经忘记了，或者太年轻了，根本不知道网飞最初是通过邮递提供DVD租赁服务的）。客户认为这是不公平的做法。

毫无疑问，社交媒体放大了人们对银行和网飞不公平的响应。"别人在做什么"可能是一把双刃剑，它能削弱你的竞争对手，也能减少你自己的利润。

社会认同非常强大，但不要以为在任何情况下它都能发挥最大效力。罗伯特·西奥迪尼谈到这一点时说，营销人员应该像侦探一样。正如大多数侦探小说一样，你在阅读过程中碰到的第一个嫌疑人很少是真正的凶手，你也应该意识到第一个进入脑海的行为准则不一定会产生最大的影响。就像一个优秀的侦探一样，你需要继续进行调查。

在这方面有一个很好的例子，来自一组科学家在现实世界的实验。2010 年，英国政府的内阁办公室成立了一个名叫行为观察团队（Behavioral Insights Team，BIT）的政策部门。他们在公共政策，特别是与环保、慈善、健康福利有关的政策中使用了行为经济学。

如果你是英国居民，想在身故后捐赠器官，就要进行器官捐赠登记，因为他们将在你去世后，迅速用你的器官帮助需要的人。在英国，你必须明确地选择"同意器官捐献"（关于这一点我们在第 10 章中还会详细讲到），虽然 10 个英国人中有 9 个支持器官捐献，但只有不到 1/3 的人进行了器官捐赠登记。鼓励人们加入器官捐献的一个主要途径，是在驾照和车辆牌照管理局（DVLA）的网站上加一个广告链接，让人们在申领驾照和更新车险时顺便加入器官捐献登记。

行为观察团队于是进行了一个随机对照测试，访问DVLA网站的人可以看到8种广告中的一种，这些广告都是鼓励他们在申请驾照和更新车险时登记器官捐赠。

第一则广告是对照组。它只是简单地倡议人们加入器官捐献登记。第二、第三和第四则广告采用了经典的社会认同呼吁："每天有成千上万的人看到这个倡议，他们都决定加入器官捐献登记。"其中，第二则广告是文本信息，第三则广告在文本下面加入了20张照片，照片上的人物是登记器官捐献的人，第四则广告在文本旁边加上了器官捐赠组织的标志。

第五则广告采用损失原则，消极地写道："每天有3个人因为没有足够的器官捐献而死亡。"（我们将在第8章研究这种写法的意义。）第六则广告使用了积极的说法："作为器官捐献者，你可以拯救9条生命。"

第七则广告采用了互惠原则："当你需要器官移植时，会及时获得吗？如果是这样，请帮助别人。"第八则广告突出了意图（多数人支持器官捐赠）和行动（大多数人没有登记为捐赠者）之间的不协调，这一途径在运动、性健康、戒烟等领域效果甚佳。

英国《独立报》(*The Independent*)的一篇报道认为行为观察团队采用社会认同的方法效果显著（我也肯定会赌这一结果，毕竟社会认同具有改变人们行为的强大力量）。

但是，结果却出乎意料。有两则广告与对照组相比效果明显，但这两则广告都没有使用社会认同。事实上，使用照片的那则社会认同广告效果比对照组还差。行为观察团队的结果显示，第二成功的广告采用的是损失原则（"每天有3个人……"），但最终的赢家采用的是互惠原则（"当你需要器官移植时……"）。行为观察团队在文章中写道：

最成功的广告（互惠原则）显著提高了登记率。结果表明，这种表述可以每年增加10万左右的登记人数。

社会认同和社会规范的力量强大到令人难以置信，但是就像任何其他行为准则一样，你不能想当然地认为它适用于每一种情况。对于人类来说，没有战无不胜的真理。

营销者的工具箱

- 社会认同是非常强大和直观的认知机制之一。想要使用这一机制有一个简单的方法，那就是通过展示你的客户或用户数量让人们感觉到你的流行度。

- 注意：不要无意间表达出很多人都在做你并不希望他们做的事，或者不在做你希望他们做的事情。这可能会适得其反！

- 我们从别人的面部表情中得到的信号可能非常微妙，但它们能直接影响我们的直觉。正如本章讨论的那样，人的面部表情是天生的，而且反应特别迅速。当然它们也很容易出错。（动画电影《极地特快》就是弄错面部表情的一个例子，美国有线电视新闻网的一篇影评写道，不管科技有多么辉煌，电影似乎有点"令人毛骨悚然"，因为他们的技术无法捕捉眼睛和嘴角所要表达的情感。）即使是2019年的电影《爱尔兰人》的特效团队，在使用了最新的技术并有1.59亿美元预算的情况下，也难以让老演员保持自然的面部表情。如果你的广告或视频需要演员传达情感，确保导演、天才演员能够精准地抓住表情。不幸的是，那些能做到这一点的导演和演员的报酬并不便宜。

专业人士的读后感言

- 我一直认为，别人在做的事情我也跟着做，是一种软弱的表现。现在我知道这是在遵循一个高效、明智的策略！
- 我刚刚制作完一些教学视频。我们花了很多时间讨论演员、服装和灯光，以及演员应该如何走动。但我们一次都没有谈到演员应该有什么样的表情！

畅销的原理

THE BUSINESS OF CHOICE

第 7 章　现在还是未来？时间点不同，选择不同

未来会发生的事，连续发生的事，以及人们刚刚经历的事，如何决定人们的选择和他们的感受？

试想一下，大约 20,000 年前，你的祖先 20 岁，他和同伴要养活整个部落。部落里的男性要外出狩猎，寻找维持生命的蛋白质，他们遵循原始人的饮食法（少谷物，少盐，主要以鱼、肉等蛋白质，不饱和脂肪酸和新鲜蔬菜水果为主）。狩猎是常规又危险的活动，你的祖先要运用智慧。如果他做出了正确的选择，就可以避开危险，得到食物，让自己和部落生存下去。如果他做出了错误的选择，那么他有可能就会被打死或受伤，也可能得不到食物。他将无法生存，你也会消失。

追踪驯鹿的踪迹时，两米高的草丛中沙沙作响，他顿时停住，感到血液涌上额头的刺痛。他以驯鹿为目标的追踪被中断了，所有的注意力都集中在草丛里的杂音上。在那一刻，他最重要的行动是判断发出这个声音的东西是不是威胁。是对方将成为他的下一顿大餐还是他自己将成为对方的下一顿大餐？因为你的存在，而且正在阅读这本书，我们知道他做出了正确的选择。虽然他中断了原本的猎鹿任务，但是直觉还是给他也给几万年之后的你带来了好处。

这种中断就像 20,000 年后，你和你的配偶谈心、和你的老板讨论职业生涯，或者正在高速公路上开车时，手机突然振动或提示你收到了一封新的电子邮件。也许是公司人事部门转发的一封关于两个月内新增支出报告的邮件，也许是公司附近的一家三明治店推送了一款新的三明治（很多店可以给邮件订阅者提供一定的优惠，而过去的 6 个月你一直忘了取消订阅）。尽管如此，你觉得非常想停下手头的事，甚至不想紧盯着眼前的路，而是想拿起手机看看到底是什么信息。你真的不应该这么做，特别是在开车时。

我们禁不住新鲜事物的诱惑。在处理事情方面，最新的往往是最吸引人的。我们会被最新的信息吸引而分心，我们也更容易记住新信息，会过度高估它的重要性。一段经历的最后一部分，不仅会改变我们对整个经历的记忆，还会改变我们未来的行为。

让我们看一下记忆。从 1885 年赫尔曼·艾宾浩斯（Hermann Ebbinghaus）的研究开始，在广泛的心理学研究中都发现了系列位置效应（serial position effect）。它解释了为什么我们背单词时最容易记住列表底部的单词（近因偏差），也非常容易记住开头的单词（首因偏差），最难记住列表中间的单词。系列位置效应的一种解释是，我们更注重开头的单词，会花足够的时间把它们变成长期记忆，最后的单词则进入了对认知要求较低的短期记忆。中间的单词跨越记忆系统，没有被任何系统收录。被夹在中间，可能就无法突显出来。

　　成为投标的第一个或最后一个广告代理公司，或者成为广告时段第一个或最后一个广告是有好处的。对认知比较有挑战的任务，你最好能够第一个出场，对于参与度不是特别高的活动，最后一个出场可能反而会具有特殊优势。我曾在泰国工作，当时有一个客户的宣传战略就是买下主要竞争对手的广告牌。被动地接受广告牌信息对认知来说很容易，近因效应也会起作用，此时最后一个登上广告牌也许比第一个的效果更好。如果我当时知道这个效应的话，肯定会建议这个客户做相反的策略，让他的广告宣传更有效。

　　除了容易回想起来，最新获取的信息还会鸠占鹊巢，取代以前的信息。行为金融学领域提到最多的一招就是近因偏差。近因偏差让业余和专业的投资人都更加关注最近和最新的信息，忽视可能更重要的旧信息。正是这种偏见使得投资者和商业决策者根据最新的事态发展做出下意识的反应，而不是根据长期目睹的更稳定的因素做出反应。

贾森·茨威格（Jason Zweig）在《当大脑遇到金钱》（*Your Money and Your Brain*）一书中写道："对概率的估算不是根据长期的经验，而是依据极少数的最新数据，这是人类的本能倾向。"最后发生的事情会影响整体，不管是交响乐的最后一个乐章、电影扣人心弦的结局、销售人员的最后一场介绍，还是医疗流程的最后一步，都是如此。

例如，多亏了镇静剂异丙酚的广泛使用，如今的结肠镜检查不再是痛苦和不舒服的过程了。1994年，丹尼尔·卡尼曼、唐纳德·雷德梅尔（Donald Redelmeier）和乔尔·卡茨（Joel Katz）做过一个著名的实验。

雷德梅尔和卡茨两人都是医生，他们对卫生政策、筛查程序和麻醉都很感兴趣。他们招募了682位要做结肠镜检查的对象。在实际过程中，每位参与者被要求做三件事情：

- 每隔60秒，用1～10的数字评价一下疼痛的等级。

- 结肠镜检查结束后，评价一下总体不舒服的等级。
- 与不愉快的经历做比较，例如"看牙医"或"得了流感"。

结肠镜检查需要医生在整个结肠中移动结肠镜。要摆动、探测、拉扯，医生会尽量减少操作中的不适。操作结束时，结肠镜会被立即抽出来。研究中，有一半的参与者使用了当时的标准程序。另一半参与者使用的程序则被稍稍地修改了一下：医生在结肠中检查完之后，结肠镜会在患者的直肠口停留几分钟。研究人员表示，这样的变化可以让"最后的时刻不那么痛苦"。对于参与者来说，这样的变化会带来什么区别呢？

用1～10评价疼痛等级时，两个组的疼痛水平几乎相同。但是，当他们评价整个过程时，使用改进程序的患者感到痛苦的概率减少了10%。修改检查程序的最后一步也影响了被调查对象未来的行为。随后几年的跟踪调查显示，使用改进程序的参与者回医院做检查的概率增加了10%。

对于营销人员来说，从这项研究中可以得到明确的启示：无论做什么，最后一步一定要做好。如何跟别人道别比如何欢迎他们更重要。电子商务的购物经历会终止于确认页面，这个页面会激起客户对收货的期待。在我们赢得交易、获得销售时，不要忘记为客户提供情感上的满足。一位具有传奇色彩的汽车推销员说过一句很好的话："当我卖出一辆新车时，我也卖给了他们一辆5年后的新车，因为他们肯定会回来买我的车。"

储藏食物以备不时之需，像这样规划未来的行为极具先见之明，这也为它们提供了一种进化优势。但是，决策中过于注重未来也可能会为现在带来灾难性的后果。伦敦大学学院神经学家塔利·沙罗特（Tali Sharot）在《乐观偏见》（*The Optimism Bias*）中提出了一个令人信服的理由，解释人类为什么存在乐观偏见（optimism bias）这种认知偏差。很多人会使用乐观偏见论证人类的不理性。在预估结果给自己带来的影响时，乐观偏见促使人们高估好结果，低估坏结果。相反，与此同时，人们在预测结果如何影响其他人时会更加准确。在人类进化的过程中，乐观偏见让人类能够憧憬美好的未来，而不被灰暗的一面压垮。沙罗特在书中写道："……憧憬未来的能力与乐观偏见同时进化。人类终将走向死亡的认知则与非理性拒绝一起成长……有意识的展望和乐观,这种组合使人类成为一个非凡的物种。"

简而言之,对未来的规划是可以接受的,但是不要让规划的后果拖累我们。除了乐观偏见,认知机制还进化出了几个其他的技巧,以确保对未来与决策的不确定性考虑不会在需要立即决策时阻碍我们快速决策。

反过来,那些在现在没有很好的卖点,但未来却存在价值的产品,对它们进行营销时,这样的认知机制和偏见并不利于营销人员。

未来价值是一种滞销品,行为经济学的基本原则时间贴现(temporal discounting)或双曲贴现(hyperbolic discounting)证实了这一点。双曲贴现是指人们宁愿接受眼前金额较小的报酬,也不要未来金额较大的报酬。我曾经在各类会议上测试这种现象。我会挥舞 50 美元和 100 美元,让观众选择是现在拿到 50 美元,还是一年之后拿 100 美元。虽然我的实验可能不怎么科学,但是约四分之三的观众都会选择立即获得 50 美元。这个结果大致与行为实验的结果——人们宁愿要眼前金额较小的报酬,也不要未来金额较大的报酬——一致。

时间发生改变,结果也会出现有趣的变化。如果测试变成：是选择一个月之后获得 50 美元，还是一年零一个月之后获得 100 美元？行为结果完全逆转，大多数人说他们宁愿选择 100 美元，而不是 50 美元，尽管这两个测试的时间间隔保持不变，都是 12 个月。

如何依据时间跨度解释或诠释不同的事情会影响我们对未来的判断？解释水平理论（Construal Level Theory, CLT）阐明了距离感对选择的影响，无论是物理距离、时间距离还是社会距离。我认为解释水平理论就像 1976 年索尔·斯坦伯格（Saul Steinberg）为《纽约客》绘制的著名封面《从第九大道看世界》，我们看到作为前景的曼哈顿第九大道的细节，但一旦我们的视野穿过哈得孙河，我们看到泽西、中西部、西海岸、太平洋，最后是中国、日本和俄罗斯，每个依次模糊和不确定。解释水平理论以目前的"心理距离"（从时间的角度即现在的自我）作为参考点，将思维分类成抽象和具体两种。

在时间如何改变人们喜好的研究中，研究人员问参与者未来一周内会不会在一个工具属性更好的银行新开账户（例如"交易费用更低"和"信用卡利率更合适"）。此外，研究人员还问参与者未来一年内会不会在一个身份属性更好的银行新开账户（例如"客户更受到尊重"和"客户意见会被仔细考虑"）。

与现在相比，未来的事物比较抽象，不如现实事物具体。比如婚礼筹备。当一对幸福的准夫妇选择在一年后结婚，他们的关注点是希望一年的时间能够带来理想中的完美一天（也许是夏末夜晚的室外婚礼）。随着时间的临近，重点则转移到更加具体和详细的婚礼安排上去，例如控制预算、制定座位图等。

我确信，如果你已经接受了一项几个月后的繁重任务，当这一天临近时，你会咒骂自己这么做是愚蠢的。丹·艾瑞里有一个"窍门"，用来对付在同意将来做某事时忽视不愉快方面的倾向。丹·艾瑞里认为对于这种倾向应该仔细考虑。当有人让你以后去做演讲、写文章或者做其他事情时，如果时间间隔超过4周，你应该仔细想想到底要不要答应。当我们思考未来的自己时，他/她是美德的典范，能够轻易地克服当下的自己所遭受的短期诱惑。我们的良好意图往往是为未来的自己"量身定做"的，而不是为了容易犯错的现在的自己。

解释水平理论也适用于借债。当你借钱时，会建构一个很具体的层面,而还款日期则在很远的未来、很抽象,所以借款时感觉还款日永远不会到来。

在《荷马经济还是荷马智人?〈辛普森一家〉中的行为经济学》一文中,乔迪·贝格斯写到未来的临近让荷马痛苦不已。在《自然而然,不再贷款》这一集中,荷马向他的抵押贷款经纪人吉尔·冈德森抱怨说:

你借钱给我的时候,说可以未来再还。如今未来变成了糟糕的现在。

根据解释水平理论和双曲贴现,不只是荷马·辛普森对未来的思考是含糊的,我们所有人都是这样。那么销售退休储蓄金和长期医疗保险还有希望吗?这些都需要现在就把现金交出来,利益的享受则在未来。幸运的是,加利福尼亚大学洛杉矶分校安德森商学院的助理教授哈尔·赫什菲尔德(Hal Hershfield)通过一个神经经济学和行为经济学的实验提出,对抗人性最好的办法就是利用人性。

赫什菲尔德还在斯坦福大学读研究生时,就研究了人们对时间贴现的认知。在一个具有里程碑意义的实验中,赫什菲尔德及其同事要求被调查对象想象现在和未来两种情况下的自己和别人，并使用功能性磁共振成像测量被调查对象的大脑。引人注目的是，当人们想象未来的自己时，他们的大脑反应没有想象别人时那么大。而想象现在和未来的自己时，大脑反应的差异与时间贴现吻合。今天得到50美元或一年后得到100美元的例子中，对未来的自己和别人的反应更强的大脑倾向于选择50美元而不是100美元。这项研究的意义在于，大脑把未来的自己想象成别人，甚至是一个陌生人。这就会使与未来收益相关的活动，如退休储蓄、坚持锻炼或健康饮食等，具有相当大的挑战性。

在后续的研究中，赫什菲尔德和他的同事发现，大脑会受到"蒙骗"，将未来的自己错当为现在的自己。研究人员给每个参与者拍摄了一张脸部照片，并利用计算机软件将面部修改为他们70岁左右的样子。在完成时间贴现任务之前，参加者利用虚拟现实技术与未来的自己进行"互动"。与年老的自己进行互动后，参与者改变了他们的时间贴现，更多地选择在未来获得大额报酬，而不是现在就获取较小的报酬。赫什菲尔德和他的同事发现，有效地将未来概念化可以提高储蓄率。

隶属于美国银行的投资公司美林（Merrill Edge）为一个名为"面对退休"（Face Retirement）的项目借用了这种技术，该项目在 2012 年至 2016 年期间运行。在那段时间里，我尝试了很多次。在访问完网站后，我被邀请"遇见未来的我"，用电脑上的相机给自己拍一张照片，然后输入我的年龄和性别。在点击了一个写着"开始变老"的方框几秒钟后，就出现了一个我的照片的数字老年版，旁边还有一些关于 2030 年日常用品价格的事实，还有一行文字："你不是在为一个陌生人存钱，而是在为未来的你存钱。"

加州大学洛杉矶分校安德森学院的另一位教授什洛莫·贝纳茨（Shlomo Benartzi）在他的书《明天存更多的钱》中，将这些方法称为行为时间机器。好消息是，创造和使用行为时间机器不需要改装时光机甚至面部老化软件。当我告诉研讨会参与者我们将使用行为时间机器，然后解释我们将通过前瞻性练习来做这件事，这将帮助他们摆脱今天的视角，让他们想象未来的自己和未来的结果时，他们常常显得很失望。

除了早期实验中的高科技方法外，赫什菲尔德还与美国、荷兰和墨西哥的研究人员合作，使用低技术前瞻性练习进行研究。墨西哥的一项同类研究着眼于如何解决退休账户自愿缴费水平低的问题——尽管 4050 万墨西哥人拥有退休账户，但其中只有不到 0.5% 的人每年至少缴费一次。2017 年有一项旨在设计干预措施以增加这项缴费的实验，在这项实验中，8000 名没有注册自动缴费的退休账户持有人被分成三组。第一组用控制法，简单地告诉他们自动缴费的好处；第二组用"疯狂即兴"（Mad Libs）式的练习，让参与者想象一个关于他们未来的生动故事；第三组是促使他们思考他们过去的决定如何影响他们的生活，以及现在的决定如何影响他们的未来。

在第一组控制互动的人当中，0.11% 的人开通了自动缴费。在第三组考虑过去的决定的人当中，1.36% 的参与者报名，而第二组想象未来生活的人当中，2.2% 的人报名。

另一项研究观察了参与者写信给"不久的将来的自己"（3 个月后）或"遥远的将来的自己"（20 年后）对他们在写信后 10 天内锻炼的影响。平均而言，那些给"不久的将来的自己"写信的人每天要花 9.26 分钟，而那些给"遥远的未来的自己"写信的人每天要多花 40% 的时间，估计每天要花 12.92 分钟。

有一则广告成功地将未来和现在的自己紧密结合在一起

（尽管他们也许不知道这背后的科学研究）。这家公司名叫美蒂芬（Medifast），是一家坐落于马里兰州奥因斯米尔斯的减肥公司。它的广告代理商 Solve 巧妙地拍摄了一群体重超重的人跟减肥后的自己交流，谈论超重是什么样的感受。几个月后，他们又拍摄了同一批人（现在瘦下去一点）鼓励之前的自己，告诉他们减肥成功之后的感觉是多么好。广告中最棒的部分是一位名叫金伯利的女士，她说这种感觉很真实、很感人。减肥前的金伯利对减肥后的金伯利说："看到这样的自己，我知道减肥是可能的。"

也许广告的真实性有待确认。金伯利真名叫金伯利·范德伦（Kimberley Vandlen），她在接受《纽约时报》的采访时说，看到减肥前的自己：

> 我泣不成声。因为我记得"那个"姑娘，我记得她当时的感觉是多么糟糕，不想从沙发上站起来，不想和自己的女儿玩，因为她站着的时候膝盖和脚踝会很疼。

许多与健康有关的问题都受到人类固有的倾向的影响，即更容易被当前较小的，而不是未来较大的回报或后果所左右，特别是与心脏健康有关的问题。2019 年 4 月，我与著名心脏病学家和数字健康先驱尼古拉斯·彼得斯（Nicholas Peters）教授[①]合作，为世界经济论坛的"健康和医疗保健的未来"网站撰写了一篇文章。

我们所触及的人性领域是享乐效用（来自行动或选择的愉悦奖励）和双曲贴现（喜欢尽早获得较小而不是稍后获得较大的奖励）。这两者的结合是不健康行为的"烈酒"。一般来说，人类本能地更倾向于给他们带来即时快乐的行为，而不是能提供长期功能性利益的行为——即使他们知道长期收益有更大价值。

健康传播加剧了这种情况，无论是个人医疗保健提供者、政府，甚至是制药公司，通常都倾向于从理性和长期的角度来看具有说服力的叙述："如果你现在戒烟，你可能在 30 年的时间里不会失去一条腿"或"如果你摄入较少的糖，你不会超重和得糖尿病"。

关注未来的重要结果，本质上是要求人们放弃快乐的事情或开始做他们现在觉得困难的事情，以获得更长寿、更健

[①] 彼得斯教授是伦敦帝国理工学院心脏病学教授和心脏电生理学主任，也是帝国理工学院医疗保健 NHS 信托的顾问心脏病学家。他还担任谷歌 Fit & Health @Google-London 的临床顾问。

康的生活。这听起来是正确的，有时也会奏效，尽管这与人类的本性不太一致。但我和彼得斯教授的问题是：是否有基于更直接利益的、既有效又令人愉快的方法鼓励更健康的生活方式？

这样的例子已经存在了。我们每天早上刷牙真的是为了避免20年后失去牙齿吗？虽然对我们大多数人来说，刷牙已经成为一种习惯，但如果因为某种原因我们不刷牙，困扰我们的不是蛀牙或牙龈炎的威胁，而是牙齿和牙龈上菌斑的积聚。一个世纪以前，当刷牙还没有成为一种主流行为时，白速得牙膏公司（Pepsodent）通过鼓励人们用舌头舔牙齿感受牙菌斑的薄膜来销售他们的牙膏。他们关注的不是长期的口腔健康，甚至不是避免未来的疼痛。它讲的是一些不那么戏剧化，但可以在当下感受到的东西。我在研讨会和演讲中使用了这个例子，我发誓每次我这样做时，我都看到有人无意识地用舌头舔着牙齿。

我在旧金山的牙医，罗伯特·何（Robert Ho）医生，是我看过的最好的牙医。他不仅非常了解牙齿，还了解人性。他的建议是，在你吃东西后，不管是正餐还是零食，喝一口水，在嘴里漱口15秒。当然，理想情况下，你应该找个洗手间，然后晚一点刷牙。但我喜欢何博士的建议是因为它很简单，通常你可以马上做到。一个简单的、立即的行动比一个更困难的、延迟的行动更有机会被执行。有人曾经对我说过："两秒钟两步就能让你忘记做某件事。"

在设计改善人口健康的策略时，关注长期"有益处"和眼前"感觉好"并不是割裂和互斥的，理想的模式是为长期有益的健康行动提供即时奖励，使这些行动容易，甚至令人愉快。坐标图（图7.1）说明了这一点。

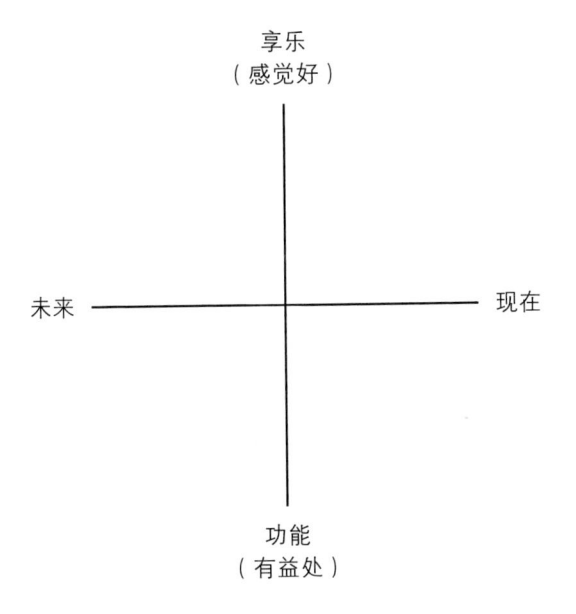

图 7.1　感觉好 / 有益处 / 现在 / 未来

传统上，健康话题都集中在代表长期有益的左下象限。但在大多数情况下，如果干预措施在设计时考虑到右上象限，那么改变到健康行为的努力就更有可能成功。

好消息是这种情况正越来越多。直到现在，在旧的模拟世界中，传统的关爱传递模式没有工具助力传递——因此甚至没有理由去考虑"感觉好"的体验是否能够在正确的时间传递，从而塑造行为。当然，时机至关重要。心脏病发作6个月后，你的心脏病专家表扬你的低胆固醇水平，这是令人愉快的。但它与让你达到这种状态的实际行为（锻炼、健康饮食、服用他汀类药物）是如此脱节，所以这个精神调节剂可能对强化这些行为几乎没有帮助。

技术，尤其是移动设备和可穿戴设备，可以及时实现这些强化。及时是指在适当的时间获得奖励，同时也指在最佳时间激励行为以获得更好的健康结果，从而建立一个行为-奖励的良性循环。这方面的例子包括广泛使用的应用程序，以及智能手机和周边传感器，以提示和奖励促进活动、睡眠和营养。

彼得斯教授特别感兴趣的一个领域是，改变那些风险最大的人的行为往往更为困难。在我们的文章中，他谈到了适时享乐干预如何帮助受益最多的人更好地接受有益的行为：

> 许多现在用到的例子中的奖励部分往往只是对用户的信息反馈，更多的是"有益处"而不是"感觉好"，因此容易受到批评，批评者认为那些最需要改变自己行为的人采用得最少。但最近出现了一些令人鼓舞的成功的快乐良性循环的例子，这种良性循环可能会应用到医疗保健中。国际健康保险公司探索健康（Discovery Health）一直在补贴健身房会员资格。最近报告称，他们在三个国家的40多万名投保患者以最低价格获得了苹果手表，如果他们的步数（被统一监控）达到指定的阈值，他们就可以保留苹果手表。强化和奖励的结果是活动量增加了30%，重要的是，在那些风险最高的患者中甚至更高（50%）。

许多行为很容易因为各种各样的实际和情感原因而延迟，更不用说行为改变了。总的来说，人们会欣然同意要在未来做出改变，但是在现实中，人们很少或几乎不会在眼下做出改变。对此你应该不会感到陌生，不只是你，我们所有人都这样，这就是所谓的人性。

双曲贴现和时间贴现的实验表明，未来的价值低于现在。但这并不意味着人们在当下无法做出有利于未来的决策。行为经济学家理查德·塞勒和什洛莫·贝纳茨开发了一个名为"明天储蓄更多"的项目，这个项目让退休储蓄毫不费力。只要参与者获得加薪，增加的工资中有一部分就会直接进入他们每月的养老基金（401K）。这一过程被称为自动升级，这种方式的退休储蓄再也不需要参与者去费时费力了。

"明天储蓄更多"在所有正确的时间点，推动不同的倾向。这个项目不仅利用自动升级（这种做法使参与者毫不费力）在不同层级发挥作用，还首先在提前储蓄上达成共识，让它成为一种有价值的想法，而不是一种实际的选择。不过这种设计确保了项目能够得到具体实施，通过把储蓄的痛苦转移到未来，让参与者痛苦更少，也抵消了时间贴现的作用。"明天储蓄更多"能够成功的原因是它所拿走的是你增加的薪酬中的一部分。这部分钱在进入你的银行账户、成为你可支配的收入之前，就先划到了你的储蓄账户上。只要你心理上可支配的金钱数额没有变化，扣除的存款额就不会让你觉得遭受了损失。

我对这个项目如此赞赏有加，是因为"明天储蓄更多"确实是一个很好的储蓄计划。

据塞勒介绍，"明天储蓄更多"项目一直运作良好，并有潜力做得更好。在第一个阶段中，"明天储蓄更多"在短短三年半时间内让参与者的养老基金从平均储蓄率3.5%提高到了13.6%。与此同时，听取各种理财建议的人，储蓄率仅从4.4%上升至8.8%。

2004年，塞勒认为如果"明天储蓄更多"能够得到广泛采用，它可以让美国的储蓄增加1,250亿美元。根据什洛莫·贝纳茨网站的数据，截至2020年1月，超过1500万美国人通过"明天储蓄更多"计划轻松地为退休存钱。

营销者的工具箱

- 解释水平理论意味着我们思考未来的方式与思考现在的方式完全不同。让别人同意做一件事情，可以给他一个遥远的结果；但是要让别人做一件事情，就应该给他一个近期的结果。记住，找人办事，这件事情一定要能够达到短期的目标。

- 强势结尾——不要忘了，最终的结局定义整个过程。

- 双曲贴现和时间贴现意味着相比于未来所能得到的奖励，我们更重视现在能得到的东西。我们偏好近处的小收益，而不是远处的大收益。

- 思考自己在未来需要动手做事时，几乎相当于是在考虑别人的事。要鼓励一种在未来而非现在获得收益的行为，应该缩小未来和现在的差距。

- 乐观偏见意味着我们认为与别人相比，不好的事情不太可能发生在自己身上。恐惧和厄运的消息会引发情绪反应，但并不一定会引起行为变化。这就像我们觉得"哇！这太可怕了，但它会发生在别人身上，而不是我身上"。

- 人们越是觉得自己可以延迟做决策，就越是不太可能做出最终决策。要让人们立刻采取行动，应该提供一些有时间限制的信息和报价，让他们没有过多的时间考虑其他选择。

专业人士的读后感言

- 作为房地产经纪人，需要面对一些长期而复杂的交易，其中有好时候，也有坏时候。强势结尾也许是最容易接受的赢得回头客的营销技巧了。
- 这解释了为什么每次度假，我都会买一些不会再穿的衣服。因为现在的我和未来的我是完全陌生的，这"两个人"的需求不一样，对衣服的品位也不同。

畅销的原理
THE BUSINESS OF CHOICE

第 8 章 "曾经拥有"带来的损失更大

在很多方面，人们会不自觉地避免损失，这影响到他们的选择。

19 世纪 90 年代，来自利物浦的罗素制造了一块金怀表。根据题词，罗素是一名为海军部和女王服务的钟表匠。这块怀表精美、透亮，指针精确。它的直径约 1.5 英寸[①]，重量大约为 4.75 盎司[②]。我能知道这些参数是因为一两个月前，我把它放进保险箱之前用厨房的秤称过。

我从一个几乎不认识的曾伯父那里继承了这块怀表。他在 20 世纪 20 年代的时候从爱尔兰的多尼戈尔郡移民到英国。这位曾伯父在工厂打拼多年，收入少、花费少，晚年又疾病缠身。我们家中没有人知道他是如何获得这块怀表的。浪漫的人会想象他是从爱尔兰到利物浦的轮船上下来后，在一局桌牌游戏上赢来的，甚至是巧妙地从某个花花公子身上偷来的。虽然有这样的猜测，但是曾伯父凯里作风清白诚实，肯

---

① 1 英寸 = 2.54 厘米。
② 1 盎司 = 28.35 克。

定花了很多钱购买这块怀表，甚至为此长时间艰苦工作。鉴于他过着俭朴的生活，从来没有买过任何奢侈品，一定在困难的时候，也曾想过卖掉或典当这块怀表，但他没有这么做。不管他付出了什么样的代价获得这块怀表，这一定对他很重要，所以才会一直保存着。他在走到生命终点时，把怀表给了我姑姑，并告诉她，这块表要在家族中传下去。最后，姑姑把表给了我。

如今我们生活在一个购买任何物品都非常快速方便的时代，只要在亚马逊网站上点一点鼠标，货物就到家了。但是，就在两代人之前，曾伯父凯里生活的那个年代（你肯定也有这样的亲戚），购买了一样东西，会一直保存下去并传给下一代。

如果再往前追溯几代人，在 18 世纪中叶，你的亲戚肯定会惊讶于我们如今获得新东西的快捷。在他们的时代，工业革命还没有开始，人们每天都要制造商品，而不是机器，其中就包括像衣服这样的必需品。并且工匠制作的商品不是一种时髦的选择，而是他们的唯一选择。一百多年后缝纫机才被发明出来，因此那个时候的衣服全部是手工缝制的，从纺纱线到最终产品的缝制都是手工的。

拥有一样东西也就拥有了付出大量劳动和时间的成果。于是获得一样东西之后，人们会很精心地保存它、珍惜它——甚至别人出大价钱也不会卖。

让我们再往前看，大概 10,000 年前，我们的祖先尚生活在地球文明的曙光中。他们几乎不会有什么盈余，所以对他们来说，失去任何东西都有可能是毁灭性的。对于大部分远古人来说，在获得新东西之前，专注于已有的东西才是生存和发展的最佳策略。

你可能会想："这都是陈年旧事，世道已经变了。"你也可能会指出这样一个事实，我们都等不及扔掉旧版的 iPhone，或者说我们生活在一个一次性的社会（我们似乎喜欢剃须刀片、纸尿裤和产品包装这些用一次就丢掉的东西），我们扔掉了大量材料。但是你还记不记得发现"霍比特人"的人类学家迪安·福尔克说过，6,000 年前人类的大脑跟今天人类的大脑几乎没有差别。我们祖先的行为仍然残留在我们的身体里。虽然我们似乎抛弃了很多东西，但是仍然有很多是扔不掉的。

20 年前，我和妻子第一次来到美国，第一件事就是寻找住处，我们惊奇于每个公寓里面的大量存储空间，这里毕竟是在旧金山，全美最拥挤的城市之一。和我们之前在欧洲与亚洲生活了几十年的那些城市相比，美国简直就是储物天堂。除了家里所有的储藏空间，美国人的个人存储空间还延伸出了家的范围。在美国，几乎每个镇的边缘都有自助仓储设施。根据自助仓储协会（Self Storage Association）的数据，美国各地有 52,500 家门店，比星巴克和麦当劳的门店加起来还要多（我也不相信，但我查了一下，星巴克和麦当劳在美国各有大约 1.5 万家门店）。2018 年，美国的自助存储市场价值约 380 亿美元。华尔街分析师称该行业"抗衰退"。

随着物理存储和数据存储的不断增长，你可以说如今我们生活在一个"存储社会"。从 2007 年到 2017 年，全球数据存储增长了 10 倍（2017 年，有足够的存储空间允许全球每个人存储 400GB）。

对存储的需求——尤其是安全存储的需求——有着深层次的自然原因。不仅仅是人类，松鼠、蚂蚁和啄木鸟也有这样的需求。避免损失和保存所得是一种本能，它驱动我们的各种行为。理解了人类对失去所得的厌恶，你就能逐渐看懂一些奇怪决定背后的原因，不管这些决定来自体育教练、裁判员、投资者、医生、消费者，还是你自己的选择。

前景理论（prospect theory）概述了损失规避和其他一些偏见背后的认知机制，这一理论出自行为经济学领域的开创性研究成果，研究先驱包括心理学家丹尼尔·卡尼曼和阿莫斯·特沃斯基以及经济学家理查德·塞勒。

卡尼曼凭借前景理论获得了2002年诺贝尔经济学奖（他的合作者特沃斯基在1996年去世，而诺贝尔奖不追授逝者）。著名经济学家詹姆斯·蒙蒂尔（James Montier）对卡尼曼和特沃斯基开创性的研究给予了非常高的评价："比起其他方式，前景理论把心理学引入经济学领域，并在这个过程中做出了巨大的贡献。"

心理学和经济学的交叉点就像是营销的中央车站。前景理论应该永远记在我们的心中。

什么是前景理论呢？前景理论通过考虑损失和获得如何影响人的决策，生动地描述了人类的决策行为。卡尼曼和特沃斯基的研究表明，在做决策的时候，人们对最终结果的权衡，与潜在收益或损失的关系非常密切，这与选择的理性经济模式正好相反。前景理论还为一些认知的偏见提供了合理性，比如损失厌恶、禀赋效应及其相关延展，还有现状偏见、忽略偏见等。本章中，我的目标是解释这些偏见将如何影响人们做出选择。

第一种现象是损失厌恶（loss aversion），它是卡尼曼和特沃斯基研究的第一类也是最著名的偏见之一。理性地讲，获得100美元和损失100美元，我们的感受应该是差不多强烈的，但实验结果并不是这样。在很多实验中，失去一定数量的心理影响是获得同样数量的两倍。棒球教练斯帕齐·安德森（Sparky Anderson）曾经说过："输掉的感觉比获胜要强两倍。"

在《积分牌》（*Scorecasting*）一书中，托比阿斯·J. 莫斯科维茨（Tobias J. Moskowitz）和L. 乔恩·沃特海姆（L. Jon Wertheim）引用了《纽约时报》的一个采访。在采访中，泰格·伍兹（Tiger Woods）承认自己会受到损失厌恶心理的影响：

> 每一次的大推杆都比小鸟推要重要。你不想漏掉任何一个球。漏掉一个球和做一个小鸟推之间的心理差异比一个推杆还要大。

当然，漏掉那个球的代价很大。在 2019 年的美国公开赛上获得第二名，你将获得 135 万美元，而冠军的奖金是 225 万美元。仅就奖金而言，漏掉一个球可能意味着 90 万美元的损失。

但不是只有大奖才让我们厌恶损失，从而影响我们的行为。损失或者获得 5 美分的区别也会对我们行为产生巨大的影响。塔蒂阿娜·霍默诺夫（Tatiana Homonoff）的一项研究表明，小奖励能起大作用。

霍默诺夫观察了华盛顿特区内外几家不同的杂货店购物者的行为和使用购物袋的情况。她把研究的时间安排在马里兰州蒙哥马利县（毗邻华盛顿特区）对一次性塑料袋征收 5 美分税的法律实施前后。霍默诺夫收集了该法律实施前两个月和实施后两个月的购物袋使用情况，与征税两年的华盛顿特区和没有征税的弗吉尼亚州的情况做比较。在她的研究中，许多商店为携带可重复使用塑料袋的顾客提供 5 美分的奖励，其中一些商店位于征税地区，一些位于不征税地区。在观察了 16,000 名购物者和他们的袋子使用行为后，霍默诺夫发现了什么？

在不提供奖金和不征税的商店中，只有 13.1% 的购物者使用可重复使用的袋子。在她的研究中,霍默诺夫将这种没有税收、没有奖金的情况称为"没有激励"。在提供5美分奖励的商店里,消费者使用可重复使用袋的可能性略高,15.4%的人这样做了。但是,在有5美分税(损失)的商店购物的顾客中,使用可重复使用袋的人不少于44.2%。在提供"胡萝卜加大棒"激励方案的商店中,使用一次性塑料袋征收5美分税,使用可重复使用塑料袋奖励5美分,47.8%的购物者使用可重复使用塑料袋,比只征收5美分税的商店略有增加(图8.1)。

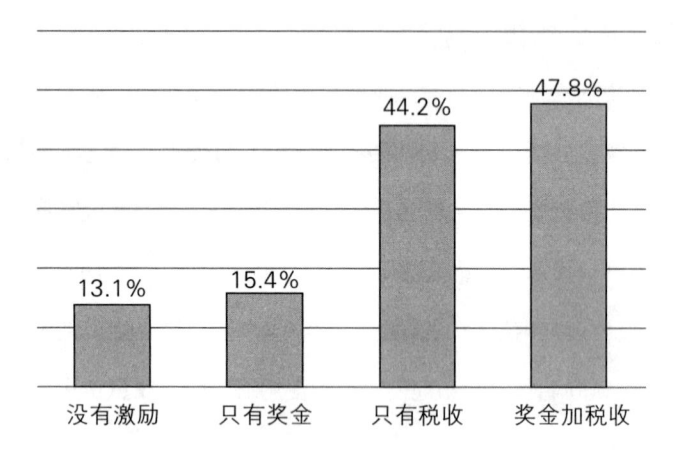

图 8.1 使用可重复使用袋的顾客百分比

在这项研究中,[1] 损失框架似乎比收益框架有更强的影响。实际上,霍默诺夫估计损失厌恶系数在 5 左右,这意味着 25 美分的奖金(收益)与 5 美分的税收(损失)具有相同的行为效果。造成这种巨大影响的原因之一可能是,对一次性塑料袋征税意味着你现在在为以前免费的东西付费(不像苏打水税,它只会让你支付的金额稍微高一些)。

损失厌恶效应不仅指财务损失,我清楚地记得多年前损失厌恶引起的感觉。我们刚刚买了一辆红白相间的宝马 MINI Cooper 来取代六年前买的红白相间的 MINI Cooper。我们原来的 MINI 是在工厂下单的(因此付的是全款),它有两个附件包,配置相当齐全。新车是从代理商处买的,它带有一个附件包和一些其他的配件,并打了 2,500 美元的折扣。

新车有一些很酷的功能是老车没有的。比如更好的音响系统、可加热的前排座椅、可加热的后视镜、更好的车头灯、有六挡而不是五挡,而且都是全新的。

所有的这些附加功能虽好,但是有一样东西是原来的车有而现在没有的——自动感应雨刷,当挡风玻璃感应到雨水

---

[1] 在霍默诺夫的研究完成几年后,芝加哥市废除了一项有缺陷的塑料袋禁令,并于 2017 年对所有一次性塑料袋征收 7 美分的税。这一举动对行为的影响与霍默诺夫在华盛顿特区的研究中报告的相同。

时，雨刷就会自动启动。关于这个创意，英国广播公司全球著名节目《英国疯狂汽车秀》(*Top Gear*) 以及最近的亚马逊的《大世界之旅》(*The Grand Tour*) 的主持人詹姆斯·梅（James May）曾这样评价：

> 没有人吵着一定要这项科技。一些电子产品呆子发明这项功能以来，没有人因此变得更高兴。

我拿到新车的几天后，正愉快地开着车，突然下起了雨。经历了几秒钟的狼狈后，我发现雨刷没有自动打开，于是只好手动打开了雨刷。这个动作本身在认知或身体上都不费力，但直觉上我却不是很开心。尽管詹姆斯·梅对自动感应雨刷的评论并不友好，而且我们的新车也有很多老车没有的功能，但是发自肺腑地，我突然觉得这辆车不是一个好选择。我开始质疑整辆汽车。这真的是我们需要的汽车吗？我们是不是应该再开几年老车？我们是否犯了一个严重的错误？我花了几分钟才意识到，当时我正在经历损失厌恶，因为我损失了自动感应雨刷。认识到这种感觉来自认知偏差，我就能够克服它并享受起自动加热的前排座椅带来的舒适感了。

与生俱来的损失厌恶也可以解释为什么我们喜欢保存物件，就像抽屉里占着空间的第一代iPhone，虽然它已经不能再用了。

直到《怦然心动的人生整理魔法》作者、《和近藤麻理惠一起整理》主持人、第一个因叠袜子和内裤而成为全球超级明星的人——近藤麻理惠——出现在我们的生活中。她是这样描述启发麻理惠方法的顿悟的：

> 我痴迷于我能扔掉的东西。有一天，我精神崩溃了，晕倒了。我昏迷了两个小时。当我醒来的时候，我听到一个神秘的声音，好像是某个整理神在告诉我要更仔细地看我的东西。我意识到我的错误：我只是在找可以扔掉的东西。

近藤的顿悟时刻对任何试图改变行为的人都有启发意义。近藤将整理从"我想扔掉的东西"重新定义为"我想保留的东西"，巧妙地（或许是整齐地）让我们避开了把丢弃东西理解为一种损失的自然倾向，并消除了整理生活所必需的行为改变的障碍。

在本书之后的章节，我们将发掘她如何压制顽固的先天倾向的其他方法。

损失厌恶不只促使我们保存东西，而且让我们坚持服务计划。一位在品牌咨询公司工作的朋友告诉我，他的客户有一种订阅模式——客户注册并获得一个月的交互服务。如果不使用，服务会延长，但如果客户取消，就会失去所有未使用的服务。这种做法其实非常聪明。从逻辑上讲，如果你很少需要这样的服务，就会积累很多未使用的服务，可能一开始就会问自己是否真的需要订阅。但是如果取消订阅，意味着你将失去累积的所有积分，直觉会让取消订阅变得不舒服。毫不奇怪，这家公司被取消订阅的概率非常低。

从避免损失可以自然推论出我们会高估已经拥有的东西。前景理论的另一种现象也可以证明这种高估，那就是禀赋效应（endowment effect）。经济学家理查德·塞勒首先使用"禀赋效应"这个词形容同样的物体，人们会觉得自己拥有某物时的价值比不拥有时的价值更高。在一个非常著名的实验中，塞勒和他的同事研究了康奈尔大学的学生和咖啡杯来证明禀赋效应。一群学生从大学书店拿到了咖啡杯，而另外一群学生则什么也没有拿到。研究人员问没有拿到咖啡杯的学生，愿意付多少钱来买这样一个杯子，另外又问拿到杯子的学生，多少钱愿意卖这个杯子。这个实验引人注目的发现是，学生愿意卖掉杯子的金额大概是愿意买这个杯子的两倍。

禀赋效应在杜克大学进行的一项实验中也得到了验证。在杜克大学，篮球比赛的门票十分抢手。供不应求时，学生票是通过抽奖的形式派出的。齐夫·卡蒙（Ziv Carmon）和艾瑞里问抽中篮球票的学生，什么样的价格他们愿意出售，并问没有抽中篮球票的学生，愿意花什么价格去买？愿买和愿卖的价格差异是惊人的：篮球票中奖者想卖2,400美元，而无票的学生只愿意支付170美元！

关于禀赋效应（也许是损失厌恶），我最喜欢的一个例子是简·里森（Jane Risen）和托马斯·吉洛维奇（Thomas Gilovich）的一项研究。他们的研究证明了人们不愿意交换自己买到的彩票。研究人员还发现，46%的参与者认为"交换会让我感觉旧号码更容易中奖"，只有4%的人认为"交换让我觉得旧号码不太可能中奖"。

物体的所有权让我们在经济上和感情上的珍视程度出现差异。塞勒有一些昂贵的葡萄酒曾经被盗，他告诉《经济学人》：

如今我恰恰面临了自己的一个实验，这些酒我不打算卖，但现在我要去保险公司给酒买保险，而大部分葡萄酒其实我是不会买的。我是一名不错的经济学家，但我知道自己也存在着矛盾。

禀赋效应显然是强大的，它可以通过不同的方式被激活。语言会有所帮助。在电子商务中，给购物车贴上"你的购物车"或者更好的"我的购物车"的标签，可以让购物者更看重里面的东西，从而减少购物车商品被丢弃的情况。在实体零售中，让人们触摸、拿住或试穿商品似乎会产生影响。我有一位客户曾经就职于全球最大的服装零售商，她告诉我，去更衣室试穿的顾客中，有50%的人最终会进行购买。她现在任职于一家男装品牌，这个数字能达到70%。

威斯康星大学的琼·佩克（Joann Peck）和加利福尼亚大学洛杉矶分校的苏珊娜·舒（Suzanne Shu）做过一项研究，结果表明仅仅让人们触摸产品就可以提升他们对产品的估值，加深人们对产品的感情，增强他们的所有权意识。另一项最新的研究显示，身体接触越多（这让人想起轻抚和拥抱），与产品的情感联系就越强烈。来自波士顿学院的研究人员发现，使用触摸屏设备进行网购会比使用键盘和鼠标网购产生更多的感情。这个研究认为，只是简单地触碰产品的图像或触摸产品本身就会产生类似的效果。研究结果还显示，对于那些你在购买之前想要有触感的产品，即触觉更重要的产品，这种现象更为明显。

本书前文曾提到乔迪·贝格斯研究分析了认知偏差是如何影响荷马·辛普森做出决策的。《辛普森一家》有一集叫《小大妈妈》，这一集中荷马受到了禀赋效应的影响，贝格斯是这么分析的：

> （禀赋效应）可能会导致非理性的行为，比如荷马疯狂地跑上街追赶慈善卡车，就因为玛吉捐赠了阁楼上的一些旧东西：
> "太可怕了，我们差点就失去备用的圣诞树底座。"
> 如果荷马不曾拥有这个备用圣诞树底座，就不太可能会花费精力去追赶卡车。

损失厌恶不仅仅适用于经济损失和收益，它也被看作阻碍人们脱离现状的主要原因。

我们对保持现状的偏好被称为维持现状偏见（status quo bias）。

这种偏见在涉及咖啡杯的行为实验中也有表现。第一组学生可以选择一个杯子或一块瑞士巧克力棒。第二组学生则获得了一个咖啡杯，并有机会换成一块瑞士巧克力棒。第三组学生只获得了一块瑞士巧克力棒，但允许换成杯子。对照组（第一组）中，56%的人选择了杯子，另外44%的人选择了巧克力棒。虽然这显示了偏爱咖啡杯的人多一些，但是两种选择之间的差距并不大。所以你可能会认为，如果有机会的话，一开始拿到咖啡杯的人中大约有一半的人会换成巧克力棒，一开始拿到巧克力棒的人中也有一半会想换成杯子。但事实并非如此。一开始拿到杯子的人中只有11%的人愿意换成巧克力棒，一开始拿到巧克力棒的人中只有10%的人想把它换成杯子。

几年前，美国医疗卫生机构邀请我和塔尔拉·米龙-沙茨（Talya Miron-Shatz）参加一家大型制药公司的战略和战术思维研讨会。塔尔拉·米龙-沙茨是一名行为学家，同时也是阿挪学术学院医疗决策中心的创始人。研讨会中讨论了决策的关键原则。

10年前，这家制药公司研发出一种革命性药物，可以用来治疗一种重大疾病。这家制药公司如今又推出了另一种药物，可以用来治疗相同的疾病，并且效果更好，适应人群也更广泛。尽管如此，医生们都非常小心，不怎么给病人开新药，而是继续沿用旧药。通过对焦点小组和公司其他研究的评估，我们的结论是，医生已经在使用旧药上出现了禀赋效应（毕竟多年来，旧药让他们治愈了很多患者）。我们需要克服的是维持现状偏见，这种偏见导致医生偏好已有的选择，而不是新的选择。我们给这家制药公司的建议是，不要过度强调新旧两种药物的差别来突显新药物更新、更好，要让医生改变自己的选择，我们应该将重点放在如何使医生觉得开新药的选择与开旧药没有太大的区别。

医生不愿意改变而开新药是典型的维持现状偏见，它可以追溯到卡尼曼和特沃斯基的前景理论。经常和医疗行业打交道的米龙-沙茨是这样描述的：

> 医生也是人，所以在许多情况下，他们跟其他人一样受到偏见的影响，这一点不需要惊奇。我曾经看过一项研究，结论是当接收信息过多时，医生的选择会变得

不理想。另一项研究中发现,当知道一名妇女是通过试管婴儿才怀孕时,妇科医生建议进行羊膜穿刺术的概率大大降低。他们会考虑这个程序带来的风险,虽然说这种风险一直存在。但是一般情况下,他们不会去考虑这个风险,除非遇到这样"珍贵"的怀孕。

米龙-沙茨认为,就像其他人一样,维持现状的认知偏见也驱动了医生的决定,尽管他们不一定会意识到。她说:

> 很少有医生会说:"如果我不开当时常用的药物,患者和其他同事可能会用怀疑的眼神看着我,所以我为什么要开新药呢?"或者:"我比较保守,喜欢做别人都在做的事情。"甚至是:"这种药效果不是特别好,但是我已经习惯了,我知道吃了会有什么作用。这种确定性对我来说很重要,它也可以帮助我安抚患者。我知道新药物带来了更多的希望,但我不熟悉它,我觉得确定性较少,所以一般不怎么用它。"只要你谋求改变行为或影响行为,就需要知道这种行为存在的根本原因。否则,即使你给医生看大量可观的数据,直到太阳落山你都无法

说服他们，因为你没有针对他们的偏见和情绪偏好。

优秀论文《创新的诅咒》（"The Curse of Innovation"）的作者约翰·古维尔（John Gourville）是哈佛大学教授，他可能会同意米龙-沙茨的看法。他指出，营销人员在试图改变人们的行为，让人们去尝试新产品时，通常是强调人们能够从中获得什么，或是产品如何与众不同、富有创新，却从来没有考虑过人们改变现有习惯之后可能会失去什么。

古维尔的论文非常优美，分别从开发新产品的角度以及人们做出选择的角度解释了损失厌恶对于创新发展的影响。

古维尔的论文是市场营销人员的必读文章，创新人员也必须读一读。新产品的失败率一般都很高（不同的类别大概在40%～90%不等），对于新产品失败率为何这么高，古维尔具有独特的观点。通常情况下，创新的重点是人们将从新产品中获得什么，产品开发商则痴迷于介绍新产品与以往的产品相比有什么区别。但是创新带来的许多差异要求用户更改当前的行为，这意味着用户要放弃现有的行为才能感受可能会得到的新收益。创新可能是"好"的，但也可能会带来"损失"的直觉感受，并出现抵抗新产品的心理。我们在前面描述过的医生就出现了这种情况。如果想要人们采用一种创新产品，让他们摆脱现状，你必须了解人们要怎样改变，尤其是要求别人放弃什么。这是一个关键问题，但经常不被重视。

古维尔认为，在创新上投入大量时间、金钱和精力后，开发者往往只看到新产品的现状。因此，他们对成功总是过于乐观，不去考虑一个关键问题——与其只注重自己产品的优势，他们也应该考虑创新产品如何兼容现有的行为和选择。

卡夫通心粉和奶酪注意到了这一点。作为许多北美人童年时代的标志性食品，[①] 卡夫通心粉和奶酪诞生于1937年，在食品匮乏时期站稳了脚跟（大萧条结束时因为价格便宜，二战期间因为蛋白质难以获取）。快进到75年后，卡夫食品开始了一项从其产品中去除人工添加剂的计划，他们决定从卡夫通心粉和奶酪中去除人工香精、防腐剂和色素。值得注意的是，卡夫食品科学家和创新团队证明，该产品的外观和口感与添加人工香精、色素时一样，并且保留了原始风味。

他们克服了视觉吸引力和味觉的障碍，但一个非常重要的障碍仍然存在，那就是人性。虽然卡夫可能想在屋顶上高唱他们的通心粉和奶酪有一个没有人工添加剂的新配方（这

---

① 卡夫通心粉和奶酪在加拿大甚至比在美国更受欢迎，加拿大人的人均消费量大约比美国人多一半。

在表面上听起来是一个非常积极的广告宣传），但他们从定性研究中知道，对这种传统和受人喜爱的安慰食品的任何改变都必须小心处理。卡夫的广告公司 Crispin Porter + Bogusky (CP+B) 在提交给美国广告公司协会（4As）的杰伊·恰特（Jay Chiat）战略卓越奖的文件中这样描述了这一挑战：

> 在对去除人工添加剂的积极反应之下，还有一股潜流：担忧。为这一改变鼓掌的人也表示怀疑："它会是什么味道？""我的孩子们还想吃吗？"

在我看来，CP+B 团队正确地指出了损失厌恶是一个关键因素：

> 损失厌恶意味着，那些本该对卡夫淘汰人工添加剂感到兴奋的人，更关注的是他们可能放弃的东西。他们说他们赞成改进配方，但他们内心的反应却告诉他们：别乱动我的卡夫芝士通心粉。

卡夫和 CP+B 想出了一个独特的解决方案。他们在 2015

年12月推出了新产品，但三个月内没有以任何方式宣传成分的变化。他们没有在盒子上展示"新食谱！"或"现在更健康了！"，但他们确实在包装上做了一个改动：盒子侧面的成分列表更新。卡夫只是让公众继续吃他们喜欢的芝士通心粉，而没有公开表明配料的变化。他们没有告诉公众味道没有变化（这会在公众的意识中引起味道变化的概念[①]），而是让人们自己得出结论。在被卡夫称为"世界上最大规模的盲测"的三个月里，新配方共售出 5,000 万盒，只有不到 40 人通过社交媒体和消费者热线联系卡夫，反映口味发生了变化。

2016 年 3 月，卡夫打破沉默，在电视、印刷品和社交媒体上公布了配方的变化，标题是"我们想邀请您尝试，但您已经尝试过了"。卡夫和 CP+B 的出色之处在于，他们让新配方成为现状，而不是旧配方。当他们宣布这些改变时，他们只是让现状成为一个更好的选择，而不是让人觉得他们在改变现状。

所有人都说，这次活动非常成功，产生了大量的口碑媒体（包括史蒂芬·科尔伯特在他的《深夜秀》中围绕这次活动做了一个专题），最重要的是创造了"令人印象深刻的销

[①] 正如乔治·拉科夫所说，说"不要想大象"是让人们想到大象的一种有效方式。

量上升，扭转了之前的下滑"。

人们很容易将损失厌恶视为一种简单的营销策略，提供潜在的损失而非收益（例如，不要说"改用我们的手机套餐每月节省 20 美元"，而要说"不改用我们的手机套餐每月将损失 20 美元"）。我认为这低估了损失厌恶对行为改变的影响。比起理解损失如何迫使人们采取行动，也许更重要的是理解损失的前景会如何迫使他们不接受你希望他们做出的行为或选择。这正是卡夫和 CP+B 所做的，也是我在工作室中深入研究的内容。在每个项目中，我都要求参与者考虑到组织要求他们采取的任何行为可能导致的损失。累积列表现在已超过 100 个单词或短语——表 8.1 包含一个代表性样本：

表 8.1 "人们会失去什么？"从作者举办的研讨会中
选择的输出结果

人们会失去什么？
时间 金钱 地位 便利 归属感 个性
不用思考 控制 信任 独立 选择
过去的辉煌 领地 身份 健康感
不朽感 乐趣 自我效能 知名度 不受关注
隐私 身份 结构 灵活性 代理 安全
出路 入口 舒适 礼节 乐观 力量 青春
友情 娱乐 责任 缺乏责任感
掌握 优势 自负 简单 傲慢
拒绝 坚定 平和 浪漫 男子气概

无论你是要求人们开始、停止，还是继续做某件事，总是应该考虑潜藏在背后的失去的前景。让在另一个州上大学的大学生注册为选民的一个障碍，可能是他们不愿在家乡以外的州注册，因为他们觉得这样做会失去他们的一部分身份。从苹果操作系统（iOS）切换到安卓系统，或者反过来，这不仅浪费时间，而且会让你感觉不那么自信，可能会失去掌控感（我知道——我从一个系统切换到另一个系统，四个月后又痛苦地切换回来）。有一家制药公司生产了一种药物，可以缓解疾病晚期患者的症状，但我们发现，医生不给病人开这种药，因为他们不愿意诊断病人处于疾病晚期。

对他们进行这样的诊断，并开处方，对医生和病人来说都意味着否定的损失。

考虑损失会如何影响你希望人们做出的选择，这是至关重要的。减少损失很可能不是解决方案的全部，但它通常是消除惯性的重要部分。缓和是关键词。为了让失去的感觉不那么严重，值得考虑的是让你需要的改变感觉像是部分改变，而不是整体改变。

部分改变或者不必完全放弃的想法，可以帮助人们少吃肉，接受更多素食。"弹性素食者"（主要吃素食，但仍然吃一些肉或鱼）的标签正变得越来越受欢迎，一项民意调查（由一家名为 OnePoll 的线上市场调查站开展的）报告称，2019 年有 31% 的美国人认为自己是弹性素食者。弹性素食的想法很有吸引力，因为它不需要完全放弃肉类。也许同样重要的是，这是一种较小的身份转变，而不是认为自己是纯素食者。

2014 年，阿莫斯·舒尔（Amos Schurr）和伊兰娜·里托夫（Ilana Ritov）在一篇论文中提出，当提供部分交换时，损失厌恶效应和禀赋效应的影响可以减小。禀赋效应是用卖方愿意接受的价格（WTA）和买方愿意支付的价格（WTP）之差来衡量的。当给参与者一支笔，然后问他们需要多少报酬才能放弃这支笔时，差异很大，因此可以观察到一个稳健的禀赋效应。当参与者得到三支笔，并被问及要多少钱才能全部卖掉这三支笔时，WTA 和 WTP 之间的差异几乎一样大。然而，当他们得到两支笔，被要求放弃一支，或者得到三支笔，被要求放弃两支时，他们愿意接受的价格与买家愿意支付的价格之间的差异显著减少。这表明禀赋效应可能很强，也可能较弱甚至消失。在未来几年里，我们将看到越来越多的研究着眼于典型原则与更微妙的选择情境之间的契合程度。我认为这对从业者来说是一件好事，因为它将提供思考改变行为的新方法。对于有创造力的思考者来说，规则的例外是好消息。

损失厌恶，对决策研究者和大部分行为经济学的实践者来说，几乎成为一种规则。2011年，丹尼尔·卡尼曼写道：

> 损失厌恶的概念无疑是心理学对行为经济学最重要的贡献。

虽然我的观点是，损失在某种程度上会影响许多行为，但从业者不应该假设损失的前景对行为的影响总是比同等规模的收益更大。舒尔和里托夫的研究表明，禀赋效应（通常与损失厌恶密切相关）可以被减小，甚至在放弃部分而不是全部时几乎被中和。情境和个体差异（例如皮质醇和去甲肾上腺素等激素水平和生活经历）都可以对调节损失厌恶产生影响。

2018年3月，大卫·盖尔（David Gal）和德里克·拉克（Derek Rucker）在《消费者心理学杂志》上发表了一篇题为《损失厌恶的损失：它会大于它的收益吗？》的文章，在行为经济学领域引起了轰动。这篇文章挑战了盲目地认为损失厌恶可以解释非理性行为的观点。例如，盖尔和拉克认为，损失厌恶并不是解释现状偏好的必要条件，惯性往往可以归结为缺乏心理动机。虽然具体到商品估值的损失可能不是驱动因素，但我认为另一个导致不作为的损失是精神或体力的消耗。也就是说，他们的论文结语指向了一个重要的调整。

> 我们的主要结论是，证据的分量并不支持损失比收益对心理影响更大的一般趋势（即损失厌恶）。相反，我们的综述建议需要一种更情境化的视角，即损失有时比收益更突出，有时损失和收益具有相似的心理影响，有时收益比损失更突出。

虽然这段结论仅为学术探讨，但它与从业者高度相关。与实验室的学者相比，从业者也更需要采取盖尔和拉克所说的"情境化视角"。在实验室里，你可以控制环境；在现实世界中，情境是不可控的。正如我们将在第12章中讨论的那样，情境几乎可以改变任何事情。

稀缺性

我们都感受过 FOMO，即 fear of missing out（害怕失去）。美国《城市词典》（Urban Dictionary）在词语释义中给出了这样一个例子：

> 当所有朋友都拿到了演唱会的门票，比利害怕失去的感觉愈发强烈！于是，虽然没有票，他依然不顾一切，去了现场！

事物比较稀缺时，人们害怕失去的感觉会更强烈。"罕见、少见或供应萎缩——稀缺性——会赋予物体，甚至关系一种价值。"罗伯特·西奥迪尼是这样说的。打客服电话时，如果对方在电话里说"马上就有人接听电话"，而不是"座席正忙"，那么人们继续等待的可能性就会下降。第一种说法给人的感觉是该服务并不受欢迎，而第二种说法让人觉得这种服务很稀有。

罗伯特·西奥迪尼提出的"影响力六原则"中就有一条是稀缺原则（scarcity principle）。根据这一原则，当机会越少时，人们赋予的价值就越多。稀缺性或是某种稀有的感觉应该隐含在每一个奢侈品牌之中。稀缺的线索可以来自对珍贵用料的描述，或是制作程序无法跟上需求的（例如"出自比利牛斯山的工作室里一个工匠之手"），甚至是赤裸裸的营销方法，如"限量版"，或者是有时间限制的优惠价格。我们虽然理性地知道这种稀缺是人为的，但直觉会最终胜出。法拉利就经常使用这种稀缺原则让人觉得他们的汽车很稀有。数字环境给稀缺性的应用提供了巨大的机会。如果你在网上预订机票，可能会注意到越来越多的航空公司会打出广告"这个价位的机票只剩两张了"。这极有可能是一种有效策略，让挑肥拣瘦的消费者马上选择这家航空公司。这个例子也证明你必须小心地处理稀缺性。过去，航空公司曾因为利用旅行高峰期的高需求导致的稀缺性来抬高价格而广受批评。因为这可能导致不公平厌恶，我们在第 5 章中曾经说过不公平厌恶可能会让人不再选择这个品牌。

高端酒市场也依赖产品内置的稀缺性。18 年珍藏的威士忌，顾名思义肯定就是限量供应的——你不能让时间倒流，再去一批又一批地制造 18 年珍藏威士忌。对于酿酒厂来说，预测需求几乎是不可能的，因为 18 年时间里会发生很多变化

［早在 2002 年，酿酒厂的预测主管可能还在用点按式转盘在第一代 ipod（苹果公司推出的便携式数字多媒体播放器）的 5GB 内存中寻找歌曲，以转移他们的注意力］。

不足为奇的是，有时酒厂会搞错，即使是像美格和诺不溪这些年份较短的威士忌，[①]也都受到了超出预期的需求的影响。诺不溪波本威士忌一般会封存 9 年（这显然超出法律规定的波本威士忌最少需要 2 年的封存时间）。他们对 2009 年销量的预测决定了其 2000 年的产量，而其 2000 年的产量远低于 2009 年的市场需求。

2007 年，美格正在为 6 年份的波本威士忌计划产量。但到了 2013 年就像诺不溪一样，美格当时的产量也没能满足后续市场的需求。

两个品牌采取了不同的方法处理这种供不应求。在没有产品可卖的情况下，大多数营销人员就不会再在营销和广告上花钱了。2009 年，诺不溪反其道而行，组织了一个活动庆祝他们的供应短缺。广告显示了一个空瓶子里滴出了最后一滴酒，广告词则写道："感谢这里空空如也。"他们还给品

---

① 当时这两个品牌都归 Beam, Inc 所有，它们现在是宾三得利的一部分：美格在"全球图标品牌"集团之中，而诺不溪是一个"新星"品牌。

牌最忠实的消费者送出了一件T恤和一封信。T恤上面写着"我在2009年的酒荒中幸存了下来",而信里则感谢他们让诺不溪脱销。这封精心撰写的信还向他们保证新的酒将很快开卖,而且没有任何质量上的打折:

我们的下一批波本威士忌也将完全成熟,请一定要关注!今年11月开卖(我们也想马上灌装酒瓶开卖,但是没有发酵9年就不是真正的诺不溪了)。

信的最后再次提到了稀缺性,并期待新的批次。

现在能做的就是等待,像珍惜最后一滴一样珍惜每一滴诺不溪酒,因为在11月之前,它有可能就是最后一滴了。

虽然没有获得最终的销售数额记录,但我猜测,当酒荒结束,供给和需求重新调整后,这种方法能帮助诺不溪成为一个更强大的品牌。

美格则使用了另一种方式。当意识到供不应求,他们想出了一个策略使酒的供应量提高了 6%。美格创始人的儿子小比尔·塞缪尔斯（Bill Samuels Jr.）在 2013 年 2 月 11 日宣布，他们将把酒精度从 45% 稀释到 42%。他们坚定地认为，消费者不会注意到这种变化，因为"连美格的专业试酒员也没法分辨其中的不同"。

美格的消费者一片哗然。一个星期后，塞缪尔斯宣布了完全相反的决定。他在网上发布了一封信，信中指出：

> 美格的快速增长在意料之外，但这个问题是积极的。我们很感激那些告诉我们愿意忍受暂时短缺的人。

> 即使对于品牌的忠实客户来说，等待也是比稀释更可取的选择。

这种明显的差异——宁缺毋滥——解释了稀缺性另一个有趣的方面。我们此前谈论过对"现在"的欲望，后文还将介绍人类很难鼓起自制力延迟获得可以立即享受的东西，即使延迟会有好处。当一个产品限量供应，人们接受了他们必须等待的事实，结果会出现令人惊讶的情绪优势。

期待是一股强大的力量。不过，对不好的事情的预期往往比事情本身更有压力，也更令人痛苦，对一些积极事件的预期相比于实际经历本身有更大的情绪影响。

来自荷兰的研究人员研究了这一现象，他们以休假者的幸福为样本，与好久没有休假的人做比较。

研究发现，休假者并没有比非休假者更快乐，但是在休假者期望休假的这个阶段，他们更加快乐。研究人员杰伦·纳维京（Jeroen Nawijn）在接受《纽约时报》记者采访时表示：

> 个人可以从中获得的实践知识是，大部分的幸福感觉都是从对度假的期待中获得的……你可以做的就是设法增加每年度假的次数。如果你有两周的假期，可以把它分成两个为期一周的假期。你也可以通过尝试更多地谈论度假，甚至在网上讨论这个问题来增加期待的快乐。

虽然每种产品带来的体验不会像期待度假一样充满乐趣，但营销人员也可以借鉴其中几个要点。正如纳维京建议的那样，可以通过讨论来增加期待，所以鼓励潜在买家讨论你的产品可以增加情感投入。还有一点是将体验分解。两个为期一周的假期比一个为期两周的假期产生的幸福感更多。那么，营销人员该如何将一个产品体验分解成许多较小或较短的多次体验呢？

我认为稀缺是影响力战略中的一种重要因素，它所起的作用非常广泛。它可以使产品显得更优越，因为它表明了产品的供不应求。它意味着社会认同，因为我们认为如果事物是稀缺的，需求就会一直居高不下。例如，我前面提到的诺不溪的信，开篇写着"您看，因为我们有这么多忠实的客户，诺不溪波本威士忌的需求终于超过了供应"。匮乏有力量让人们思考未来消费，并以积极的、有感情的方式去体验它。

营销者的工具箱

- 前景理论是行为经济学的一个关键组件,虽然我们不能把它当作永恒不变的法则,但损失的多种形式也被发现是人们做出各种选择背后的一股决定性力量。
- 现状偏见意味着我们偏爱保持事物的当前状态。
- 稀缺的力量是非常强大的。稀缺利用了生怕错过(触发损失厌恶)的人性,也暗示产品或服务是高品质的,并且需求很大(创建隐含的社会认同)。它也可以利用立即满足偏见,让人们等待,提高等待的情感收益。

专业人士的读后感言

- 卓越创新切忌和同类产品的领军者区别开来,这一概念是如此有悖常理,也会陷入困境……很可能无法经常得到贯彻。克服痛苦,尝试一下这一灵巧的柔术,可能会富有成效。
- 在我工作的第一周,他们教导我,最强大的营销工具是体验。当时我不知道禀赋效应,也不知道它让人们认为自己拥有的东西具有更大的价值。(作者语：虽然禀赋效应和所有权让体验具有感染力，但是出现这一情况也有可能是来自互动。)

畅销的原理

THE BUSINESS OF CHOICE

第 9 章　给人们带去聪明、好看和幸运的感觉

人们做选择时的感受，可以改变他们的选择结果以及做选择的方式和人们事后的感受。

几年前，一个曾经和我共事过的撰稿人告诉我，即使最聪明的人也容易受到奉承的影响，对此我很惊讶。接着他就开始恭维我，虽然我对他的诚意表示怀疑，但还是有点受宠若惊。

行为科学证实了我同事的观察。即使一个没有灵魂的声音也能够有效地奉承。研究人员用计算机赞美被调查对象。赞美的言语不仅让被调查对象的测试结果更好，他们的情绪、互动评价也更加积极，他们对于计算机的评价也是如此——即使人们知道这些来自计算机的奉承赞美话语是随机的，所有的测试结果还是很积极。

正如罗伯特·西奥迪尼所说："在奉承面前，我们都软弱无力。"

奉承可能不只让我们对自己感觉更好，而且让我们对奉承的人（或实体）感觉更好。因此可能会影响我们的决策。

计算机奉承研究表明，即使我们知道别人是言不由衷，奉承依然会产生影响。另一个名为"虚假奉承实际有效：一种双重态度视角"的行为科学调查发现，奉承在某种方式上也告诉我们，无意识状态下获得的一些信息拥有持久的动力。

在另一项实验中，被调查对象观看了一家虚构的时装零售商的广告，广告中这家时装零售商赞扬了他们的穿衣风格和时尚感。如果花点时间仔细思考一下这则广告，这样的奉承可能就会大打折扣。广告并不针对某个特定的人，所以它对于穿衣风格的赞扬怎么会真诚呢？难道这不显得别有用心吗？这家店显然只是想让顾客掏钱而已。

但研究人员除了考虑这些方面，还考虑了另外两个方面。首先，他们自问："如果参与者没有时间仔细考虑这则广告会怎么样（当人们接触广告时，这样的情况很常见）？"其次，他们又问："过一段时间后再看这则广告又会发生什么？"

研究人员调查后发现，尽管在理性层面上奉承已经打了折扣，但是却仍然存在巨大的影响。第一组参与者，研究者给了他们尽可能多的时间来说明他们如何看待商店，而另一组则需要在5秒钟内迅速做出反应。像这样通过测量响应速度，评估同意或反对的强度，是内隐联想（implicit association）

的一种形式（我们将在第 15 章中更详细地介绍这一技巧）。在隐性状态下的人，对商店的联想会更强大、更积极，而在明确状态下，人们有更多的时间考虑广告和自己的感受，就不会有这样的效果了。

研究人员重复了这个测试，并做了一些调整。作为一种感谢的回馈，两家店都给了参与者一张优惠券，其中一家奉承了参与者，另外一家则没有。第一组参与者需要立即做出选择，而另一组可以在三天后表明自己的选择。

两组参与者都选择了奉承他们的商店。这可能是奉承在起作用，但也可能是熟悉度产生了效果（在第一组测试中，被调查对象已经接触了这家奉承他们的商店），熟悉度我们已经在第 2 章中讨论过了。但是真正有趣的是，三天后选择奉承商店的人数从 64% 提高到了 80%。一个可能的解释是，理性可以减弱奉承的作用（"他们这么做只是为了让我掏钱"），但奉承本身的无意识吸引力更为持久。

当人们自我感觉有魅力时，他们的行为和选择会发生变化。在一篇题为《大胆而美丽》的论文中，研究人员列出了六项研究，这些研究都被设计成能增添被调查对象的魅力。每项研究还有一个没有做这些设计的对照组。

在其中一项试验中，研究人员给出了一个安全的度假地点（很平常，没有意外期待），和一个既有异景但也有遗憾的度假地点，让被调查对象进行选择。那些自我感觉更有魅力的人更有可能做出极端的选择。

在其他的试验中，那些自我感觉更有魅力的人同样也更有可能做出异于常人的选择（这表明他们更容易从现状中突围出来），对自己的未来也更乐观，对于何时能够完成任务持有更不现实的观点。

当人们感到自己有魅力，他们似乎会做出更大胆、更极端的选择。这表明，除了时尚品牌和护肤品，营销人员可以在更广泛的领域使用这个战术。

让人们觉得自己很聪明，觉得自己是某个领域的专家，能够影响他们的选择。类似地，让人们觉得自己有魅力，感觉自己聪明能干像一个专家，也可能导致他们做出更快、更大胆的决定。

增加人们的信心会使他们更迅速地采取行动，对自己的选择感觉也更好。而增加信心可以通过像小测验这样的简单机制，让人们觉得自己了解这个产品。

心理学家把这种感觉称为自我效能（self-efficacy）。

当我们对实现特定目标有信心时，就会出现这种情形。它的背后也有很多证据支持——当意识到或外界显示出人们有能力提升到一个新的水平时，他们就会达到自我效能状态。它不同于自尊，自尊是一般意义上的自我感觉良好。自我效能关系到业绩，因为它涉及具体的技能和流程。近年来，能够提高自我效能的事情，例如对行为或过程的赞美和巩固，对孩子和运动员都已经显现出了积极的作用。"你的数学能力真差"与"你的数学真好"，后者可以让人重视过程，而不是高估自己天生的能力。帮助人们提高他们在某一领域的自我效能对营销人员和选择者来说是一种双赢。

这会带来一个好处，如果人们对于过程充满信心，就会更倾向于投入精力去完成它。

另一方面，当人们在某一区域出现自我效能，他们会做出更大胆的选择，往往也更果断，更可能克服惯性决定，远离现状。现代心理学巨头之一阿尔伯特·班杜拉（Albert Bandura）把自我效能放在他的社会认知理论的中心。他解释说：

> 人们会避开他们认为的超出自己能力范围的活动和

情况。但是，他们如果判断自己有能力处理，就会欣然接受具有挑战性的活动和情况。

让选择者觉得，选择你的产品或服务是"在自己能力范围之内的"决定，这是产品被选择的强大前兆，尤其是对于复杂决策来说。

与此相关的一种特殊形式的自我效能感，叫作决策自我效能感（DMSE）。在一些比较复杂的决策过程中，提高DMSE水平应该是营销人员的目标。当选择者的DMSE水平较高时，他们对自己的选择更有信心，更倾向于投入精力评估更多的信息和更广泛的选择。在一项名为"自信地选择：自我效能和选择偏好"的研究中，研究人员让参与者选择一台照片打印机（研究人员选择打印机是因为，人们对照片打印机有些熟悉，但不太可能拥有一台）。参与者回答的问题被告知会显示他们做出正确选择的能力，然后有人得到反馈说决策对他们来说很容易（高DMSE水平），有人得到反馈说决策对他们来说很难（低DMSE水平），有人没有得到反馈（对照组）。处于低DMSE状态的人审查的选项更少，对信息的胃口也更小。

在一次课堂演示中，宾夕法尼亚州立大学的副教授查利斯·尼克松（Charisse Nixon）让学生们做一个经典的字谜练习——重新排列三个单词。学生们并没有被告知有两组单词，但教室右边的学生收到了 WHIRL、SLAPSTICK 和 CINERAMA，左边的学生收到了 TAB、LEMON 和 CIN-ERAMA。这个练习的诀窍是，单词 WHIRL 和 SLAPSTICK 实际上是不可解的。不管你怎么试，你都找不到任何不同的单词。而 TAB 和 LEMON 很容易拼写成 BAT 和 MELON。有趣的是，那些把简单的谜题作为前两个单词的学生发现，把第三个单词 CINEMARA 重新排列为 AMERICAN 相对容易。而那些在不可能的单词上挣扎失败的学生在 CINEMA-RA 中找到另一个单词的可能性要小得多。尼克松用这个练习证明习得性无助，但这也是自我效能的力量的一个很好的证明。

作为从业者，我们需要考虑如何用高水平的 DMSE 帮助选择者做出我们希望他们做出的选择。那么我们该如何做呢？

一种方法是借鉴对照片打印机的研究和查利斯·尼克松的字谜练习。让选择者回答关于他们对该类别的了解的容易回答的问题,可以帮助他们建立决策信心。例如,"哪个使用了最多的数据:音频还是视频?"对于正在选择移动数据产品的用户来说,可能是一个很好的构建 DMSE 的问题。

提供的体验如果能够让人们看到自己获取了知识、洞察力和专业技能,会让他们更果断、更有信心地做出大胆的决定。反过来还会让他们更加欣赏自己选择的商品。雀巢的奈斯派索(Nespresso)咖啡机就是一个很好的例子。刚开始使用时,用户可能会觉得咖啡机的名称和颜色编码系统有点复杂,但他们很快就学会了,这使他们感觉对系统和咖啡更为专业。尽管制作奈斯派索咖啡只需要插入胶囊和按下按钮。

高性能的汽车品牌深知如何提高驾驶者的自我效能感,奥迪、宝马、梅赛德斯都创办了自己的驾驶学院。花上一天的时间在专业赛道上奔驰,普通司机也可以学会如何驾驶高性能的车辆。通过这种方式提高司机的信心,我相当肯定这些经验增加了他们未来购买高性能车辆的可能性。

只要知道信息是可用的,就能帮助增强选择者的信心。伦敦商学院戴维·法罗(David Faro)的最新研究表明,工具的可用性可以通过创造更大的自我效能提高绩效,即使这些工具最终没有被用到:

仅仅放置一个可消费的跟任务有关的产品（即使不实际使用它）就能提高性能。在快速反应任务中，有机会拿到咖啡的参与者的表现要优于不能拿到咖啡的参与者。可以获得词典的参与者在填字游戏中的表现要优于没有机会获得词典的人。我们认为，获得产品的可能性能够增强消费者应对某个状况或任务的自我效能。这么说来，任务的难度和反馈可以缓解影响，自我效能也可以调节它。

仅仅通过增加有用的信息就能提高自我效能，这一点对于评估营销材料来说有很重要的启示作用，特别是在产品信息上。通常情况下，营销人员认为消费者可以使用的信息就是有用的信息。然而，材料和信息在它们能够使用却没有被使用的时候最具有影响力。

简单地执行数据转存不是一个很好的做法，营销面临的问题未必是他们提供的信息量太小，也不是要他们用什么聪明的手段将信息联系组织起来。正如信息设计和数据可视化的著名权威爱德华·塔夫特（Edward Tufte）所建议的那样，这个问题不是由于组织负荷不足导致的信息超载。

感觉幸运也会有用。来自科隆大学的莱桑·达米斯奇（Lysann Damisch）和她的同事们进行的一系列研究表明，好运的暗示既能提升表现，又能增加自我效能感。在一项实验中，研究人员在一些参与者做需要灵敏度的游戏之前，对他们说了相当于"我为你祈祷"的德语。在另一项实验中，一些参与者用被告知会带来好运的高尔夫球推杆，而另一些参与者则被告知他们使用的是一个普通的高尔夫球。在两个实验中，得到好运提示的参与者比没有得到的参与者表现得好得多。

与自我感觉聪明一样，人们觉得自己比体系更聪明时会产生很强大的力量。根据我多年前参加的一项国际定量研究，市场信息最积极的特性是它使人们感觉自己的选择很聪明。第二个积极的特性是"它能帮助人们击败体系"，这在巴西、印度和中国尤其如此。

前面介绍了我们连续购买MINI Cooper之后，2017年，我和妻子租了一辆宝马i3。我们对自己的选择非常满意，有一个真实的时刻让我感到很满足。我们拿到车后没多久，我就从索诺马县沿着101号公路去往旧金山，路上堵得一塌糊涂。我记得，尽管我是这辆车的唯一乘客，但因为它是电动汽车，我被允许使用畅通的应急车道或大车车道。我有点不好意思地说，我非常享受从无数辆车旁边疾驰而过。我想，我的快乐不仅仅在于避免了堵车带来的沮丧和浪费的时间，还在于我的明智选择让我比其他三条车道上的可怜人领先了一点。

大约一年后，我意识到了我经历的一切的全部力量。我在一个活动上发言时，沃顿商学院教授乔纳·伯杰（Jonah Berger）也做了演讲，他著有两本优秀的书，《疯传：让你的产品、思想、行为像病毒一样入侵》和《传染：塑造消费、心智、决策的隐秘力量》。伯杰谈到了我们是如何与他人沟通我们的选择的。我们交流选择，因为它们是可见的，它们就像我们的价值观和成就的徽章。但我们也会因为要告诉人们选择的情况而交流。我们告诉别人这些并不是因为我们想帮助别人做出正确的选择，而是因为我们想让别人认为我们是有眼光和聪明的。我想我从未像讨论选择宝马 i3 这样，谈论过选择汽车。

最好的情况是，我们的选择让我们感觉自己很聪明，并向别人暗示我们很聪明。击败或"利用"体系，让我们觉得自己比普通人更聪明。以我为例，我的宝马 i3 获得了联邦或州的返利，可以在独自驾驶时使用应急车道。研究表明，当我们感觉自己打败了体系时,我们会对当时用的品牌或产品产生更好的亲和力。还有什么比当一个聪明的家伙在应急车道上穿过拥挤的车流,即使车里只有你一个人,感觉更好的呢?事实上,还有比这样做感觉更好的事情——事后告诉别人。当然,这对营销人员来说也是好消息。

让他们感觉自己打败了体系或者比体系更聪明非常有益,即便这么做需要一点点欺骗。

也许我说得很过,但是不要对下面的话抱有任何看法:虽然撒谎在道德上并不好,但这完全是一种天性。2011年,在西南偏南(每年在得克萨斯州奥斯汀举办的音乐、电影互动节日),我参加了吉纳维夫·贝尔(Genevieve Bell)的一个讲座,她在英特尔实验室主管用户体验,同时也是闻名遐迩的人类学家。她深刻、机智地演讲了《我们的诡计:聪明反被聪明误》。这其中的一个关键点是,要想让技术变得富有人性,它必须聪明到从直觉上保守我们的秘密,替我们说谎。这里的说谎当然不是弥天大谎,只是一些可以润滑关系或缓解社会尴尬的无伤大雅的小谎。有时这些谎言可以让我们得到想要的东西,而严格来说,如果不说谎我们是没有权利获得它的。

悉尼大学克里斯蒂娜·I. 安东尼（Christina I. Anthony）和伊丽莎白·考利（Elizabeth Cowley）的研究表明，睁一只眼闭一只眼，甚至鼓励消费者不用知道全部真相，是有好处的。

根据安东尼和考利的研究，人活到 60 岁时已经说了 43,800 句谎言。她们的研究调查了当人们为了获得想要的产品和服务而不得不隐藏真相时会发生什么，严格意义上讲，他们如果不隐瞒真相就没有获取这些产品和服务的权利。

在一个室内实验中，被调查对象在与服务提供商的交互过程中可以谎报自己的使用细节，这样他们就可以赢得小奖品。

如果被拒绝，他们往往会不太高兴。但是当成功得到一样其实严格来说无权得到的东西时，他们的愉悦感比有权获得的人还多。心理学家和经济学家乔治·罗文斯坦就看到了品牌能够因为这种愉悦感而受益。罗文斯坦说：

> 零售商有理由相信，如果他们被欺骗了，消费者因此得到了不应该得到的东西，至少他们会得到来自消费者的善意。

我觉得这个研究对于市场营销来说具有非常有用的信息，这与我们在第 5 章中讨论的惊喜的价值有关。营销人员经常提供折扣或赠送免费的促销品，但大多数时候顾客会把这些折扣或免费赠品当作理所应得。在这样的情况下，你可以改变说法，这样写："作为一个重要的客户……"这可以使营销加分，而且让客户觉得他们得到这些东西是因为他们的智慧、好运甚至是命中注定。只要他们愿意不纠结于真相，就能获得更大的满足。一个公司的产品可以让客户感觉良好，但如果客户认为他们得到这些东西是因为自己天生的、特殊的能力，会让他们感觉更好。

营销者的工具箱

- 人们如果进行理性思考，奉承会大打折扣，但是它还会在一个隐蔽的层面发挥作用。

- 对完成任务或实现目标的能力有信心被称为自我效能。营销能够真正地帮助人们达到这种状态，它在情感和功能上对用户或选择者有益。过去，品牌试图把自己定位为专家。实际上，品牌真正要做的是帮助人们做出充满信心的选择，让人们觉得自己就是专家。

- 如果你能够让人们对自己做决策的能力充满信心，那么他们做决策时将更快速、更大胆。在这一方面，使用测验和游戏将有所帮助。问他们一些问题（例如"哪个使用了更多的数据：视频还是音频？"）可以在选择复杂的产品或服务时创造决策自我效能感。

- 不要总是给你的选择者各种好处和优惠。有时候，如果你能让他们觉得自己获得这些好处是因为自己的聪明才智，甚至只是好运气，你将受益更多。

专业人士的读后感言

- 我不会是唯一读懂这一点的人:我们是否应该在宣布自己的品牌是胜利者方面少花一点时间,把更多时间投入如何让客户感受到那种胜利感?
- 这章的内容可以解释过去几年里主宰社交媒体的"黑客"。社会以这种更符合生活的方式庆祝消费者战胜了企业体系(他们拿走的产品比应得的多得多)。

畅销的原理
THE BUSINESS OF CHOICE
第 10 章　用轻松打动客户

人类总是倾向于保存身体和精神上的能量，这种与生俱来的偏好将有助于你。

多年前，我曾在泰国的普吉岛和一只拖着小辫的恒河猴（一种中型猴子）踢过足球。当时我正在一家曼谷的广告代理公司工作，为客户拍摄商业广告。这家客户的营销项目包括了鼓励泰国孩子参与体育运动、参加运动野营。广告的故事围绕一个来自泰国南部农村的小男孩和他的宠物猴展开，他们一起练习足球射门技术，小男孩射门，宠物猴守门。实际上，在泰国的南部，数世纪以来，人们一直训练恒河猴采摘椰子。这些猴子穿梭跳跃在椰子树间，从树枝上咬下椰子，丢给树下的人类（人们会把椰子垒好以便于运输）。所以，在广告中用一只猴子扑球、扔球，对于泰国观众来说具有非常意义。广告中，宠物猴是一员难逢敌手的运动健将，特别是在足球场上，小男孩很难攻破它把守的球门，除非射向球门的底角。结尾处，小男孩在大城市举办的锦标赛中，以同样的角度攻破了人类守门员的防守，打进了制胜一球。

如果你参与过广告拍摄，就会知道摄制过程是一个漫长枯燥的过程，其间会有很多间歇的时间。有一次间歇，我问驯猴人能不能让我来试试和猴子踢一球。

恒河猴实际上是非常优秀的守门员，它敏锐的反应能力和杂技般高超的跳跃能力让它几乎无法战胜。在它周身一米范围内射门，它能做的反应不仅仅是阻止足球破门，它还能在最后一秒跃起，精确地捕捉到球，然后扔回给我（至少扔回到我通常所在的位置）。但是和它踢了一会儿之后，我发现只要稍稍超过一米的距离射门，每次都能击败它。这不是因为它根据演出需要做做样子，也不是像人类守门员试图扑出点球时那样。[1] 仅仅是因为猴子完全不理会超过一米距离的任何东西，甚至可以这么说，超过接球范围的球对于猴子来说不存在，只有能够接得到的球才能引起猴子的兴趣，于是才有最后一秒的跃起。只要接球很容易，猴子就不会错过任何一个球。如果接球很难，甚至仅仅增加了一点点难度，猴子的本能也会失效。就是这样非此即彼。

---

[1] 研究表明，当守门员面对点球时，他们会在对方球员踢球前事先选择一个方向，扑向左边或右边，来夸大自己的努力，虽然对方球员踢球方向的概率分布显示，守门员的最佳策略是待在球门中央。

从进化的角度来看，这种非此即彼的行为非常有意义。付出努力就要消耗卡路里（能量），似乎所有的动物都有这样一种直觉，能够知道什么时候努力超出了报酬。回顾第6章，在公园长凳上觊觎你手中三明治的海鸥，会为了你随意丢弃的大块面包屑喧闹争吵。但是，如果你扔出去的只是一小块面包皮的话，又会是另一种场景了。在面包皮近处的海鸥也许会屈就俯拾，较远处（两三米）的海鸥可能就直接忽视了。

人类作为动物在这方面也同样如此，就像海鸥和恒河猴一样。所以，要预测人类会采取哪一种行为，最简单有效的方法就是找到无论从认知上还是身体上看都是最容易的行为。我们必然会选择最容易的那条路。

我们维多利亚时代（大约五代人以前）的祖先也许会责骂我们犯了懒惰的大罪孽，因为我们逃避对抗。然而，从进化角度来看，懒惰不过是一种普遍常识。和其他动物（包括树懒）一样，我们是瞬间评估一个动作的代谢消耗的高手。

对每一位意图掀起一场运动、开启一股潮流的市场营销人员来说，邓肯·瓦茨的《一切显而易见》是不可不读的经典之作。少数有影响力的人物推动了大规模活动，这一理论借由马尔科姆·格拉德威尔(Malcolm Gladwell)的《引爆点》(The Tipping Point)得到了普及。如果这种理论总能奏效,对于营销人员来说未尝不是方便的做法,对于名人来说,也相当合算。但是瓦茨通过研究大量数据集(瓦茨是一位数据科学家和社会科学家)给这一理论泼了一盆冷水。它认为,往往是最不显眼的那些因素,或是深埋在杂草中的那些因素,促成了大规模活动。而且这些因素往往很难预测(除非你已经知晓发生原因)。

瓦茨在书中提到他经常提问哥伦比亚大学本科生一个问题:为什么欧洲有的国家赞同捐赠器官的比例只有12%,有的却高达99.9%?[1] 这个问题引起学生的热烈讨论,也产生了各种各样的解释:是不是宗教原因引起的这种差异?或者是因为国家间不同的政治体制?又或者是文化原因呢?瓦茨随后会透露说这些国家是近邻,有相同的语言、相似的文化以及共同的历史。这样一来,解释这种差异就更难了。为什

---

[1] 由丹·戈德斯坦(Dan Goldstein)和埃里克·约翰逊(Eric Johnson)进行的关于欧洲11国器官捐赠赞同率的研究已经于2003年刊登于《科学》(Science)杂志。有一项数据分析表明这一比例从丹麦的4.25%到法国的99.91%不等。这项研究的标题为《默认拯救生命?》("Do Defaults Save Lives?")。

么器官捐赠赞同率在奥地利达到近乎完美的99.8%，在德国却只有微不足道的12%？

进一步，我们会发现，这样的差距不仅仅存在于奥地利和德国之间。这个问题也出现在其他斯堪的纳维亚国家，丹麦（4.25%的赞同率）和瑞典（85.9%的赞同率）以及邻近的低地国家，荷兰（27.5%的赞同率）和比利时（98%的赞同率）。造成这两组国家间巨大差异的不是政治或文化差异，而仅仅是因为一份简单的行政程序表格。

图10.1中具有较低器官捐赠赞同率的三个国家，都要求人们明确赞同器官捐赠，（即在"是"的空格中打钩）[1]。捐赠赞同率最高的三个国家都要求人们选择退出器官捐赠。一个重要的警告是，尽管选择退出导致了更高的赞同率，但这并不一定会转化为更多的器官捐赠。我们将在本脚注中对此进

---

[1] 以"是"还是"否"作为默认选项存在政治和文化因素，我曾和德国同事尤利安·兰贝丁（Julian Lambertin）讨论过这项研究，他也着迷于社会行为科学。他解释说，在德国，默认同意在政治上是不能接受的，因为这有可能被视为纳粹侵犯自由意志的回潮。"选择退出"的使用招致了批评，因为它可以让重要的选择变得无意识。幸运的是，一个"自由选择"或"主动选择"选项，即你被要求在"是"框或"否"框中勾选，仍然比只有"是"框有效得多。

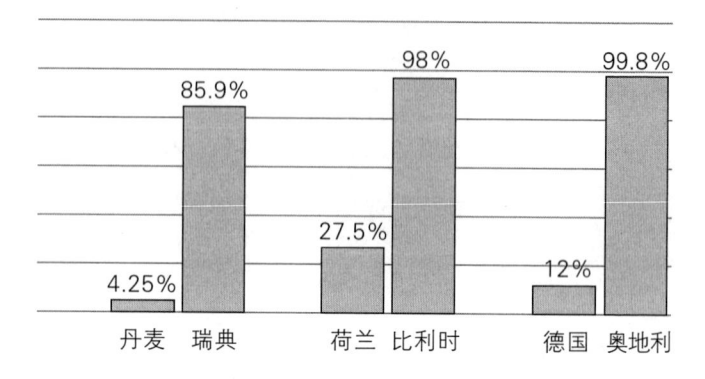

图 10.1 不同国家器官捐赠赞同率对比

行更详细的介绍。①

回到影响赞同选项的问题。是否改变选项在体力上是微不足道的,但对抗默认选项在脑力上的消耗意味着人们自然会倾向于选择较容易的选项——默认选项。这都是由那些引发不作为的因素驱动的,也就是我们前几章所说的现状偏见。

---

① 尽管这种选择退出的方式可能会导致更多的人加入登记,但有证据表明,在大多数国家,这并没有转化为器官捐赠的大幅增加。在大多数司法管辖区,最终决定权仍在死者家属手中。研究死者家属可能如何反应的玛格达·奥斯曼(Magda Osman)博士报告说:"我们发现,如果死者在选择退出的情况下出现在义务捐赠登记册上,就更难判断死者的潜在意愿。为什么?因为自由选择表明了你的偏好。如果你无法主动选择,而你在登记中被列为捐赠者,那么就不清楚你是否真的想捐赠器官。这很重要,因为如果你的亲属在你死亡的情况下必须决定该做什么,而他们不能确定你的潜在愿望是什么,他们可能会否决器官捐赠。"许多司法管辖区已经转向了自主、自由或主动选择。

虽然我们现在明白了，是默认选项的设置导致了差异的形成，但我认为另一个因素，社会认同效应（social proof）也扮演了重要角色。默认选项意味着大多数人的行为，如前文所说，社会认同效应不需要明确的统计数据支持，含糊的暗示就足够了。

默认选项的另一个例子来自津巴布韦，我曾多次到访过这个国家。津巴布韦遭受了严重的艾滋病病毒肆虐侵袭，2018年有将近13%的成年人口受到病毒感染。一项在奇通圭扎（位于津巴布韦首都哈拉雷南面25公里处的一个社会经济落后的社区）针对产前保健门诊展开的研究，统计了怀孕妇女到诊所做产前保健和艾滋病毒（HIV）测试的比例，并关注默认选项对这一比例的影响。

标准程序中，诊所将艾滋病病毒测试作为"选择性加入"（opt-in）项，意味着病人必须明确说明她们想做这样一项测试。2005年6月，这一程序变更为"自愿退出"（opt-out）项，病人有权拒绝不进行测试。

研究人员统计了2005年6月至11月的测试比例，即程序改为"自愿退出"后的头6个月的数据，并将其与"选择性加入"时其中6个月的数据进行了比较。结果显示，将艾滋病病毒测试作为"选择性加入"时,到门诊部的怀孕妇女有 67% 同意并做了艾滋病毒测试;"自愿退出"时,这一比例上升到 99.9%。

当时并没有其他官方政策介入。最近,我在和津巴布韦健康行业的高级从业者交谈时,发现"自愿退出"程序已经常态化。

让事情变得容易有两个维度:行动上便利以及精神上轻松。后者被行为科学家称为认知流畅性(cognitive fluency)。不管怎样,在我们进入真正的认知流畅性之前,先来说一说行动上便利这个维度。

在 1976 年的一项研究中,研究人员观察人们是否从自助餐厅的冰柜中拿冰激凌。当冰柜开着的时候,人们吃冰激凌的可能性明显高于当冰柜关着的时候。

宾夕法尼亚大学的保罗·罗津(Paul Rozin)和其他研究人员做了一系列实验,观察获取自助餐的难易程度对食物选择的影响。他们的结论是:

稍微增加获取食物的难度(距离调整约 25 厘米)或更换餐具(勺子或钳子),可以适度但可靠地减少

8%~16%的摄入量。

让人们增加一丁点的付出,也能对他们的选择起到很大的作用。畅销书《有效努力》(*Barking up the Wrong Tree*)中,埃里克·巴克(Eric Barker)采访了丹·艾瑞里。艾瑞里描述一个例子,为我们展示了多付出会在现实中起到怎样的作用:

谷歌最近做了一个实验,他们的纽约办公室会供应 M&M 巧克力豆,过去这些巧克力豆被装在篮子里。实验时,他们把巧克力豆装在了碗里,并且盖上盖子。显然,这样的盖子不怎么费劲就能打开。但是却显著降低了 M&M 巧克力豆的消耗量,大概每个月减少了 3,000,000 颗的消耗。

"容易"是关键要素,可以应用的一个领域就是对选择了你的产品和服务的顾客们,找到让他们的选择变容易的地方。在《轻松体验》(*The Effortless Experience*)中,马修·迪克森(Matthew Dixon)、尼克·托曼(Nick Toman)以及里克·德利西（Rick DeLisi）讨论了顾客不乐意付出精力去解决问题的情况。事实上，他们将客户服务定义为通过减少顾客的付出，保证客户忠诚度。

《轻松体验》也提到了让业务变容易的其他方法。举例来说，服饰品牌老海军（Old Navy）从许多方面改善了购物体验，特别是对带着孩子逛街的妈妈们。他们降低了货架的高度，让妈妈们能够看到孩子在哪；他们还按照卵形轨道重新调整了商品及其陈列，把试衣间放在中间，这样购物者就不必费心寻找心仪的商品了。老海军的门店还设置了快速试衣区域，可以试穿夹克、运动衫这些不需要脱掉内衣就能穿的商品。

最棒的是，他们在更衣室的三个挂钩上面贴了标签，分别是"超爱""喜欢"和"不适合"。但在2015年左右，他们把中间的"喜欢"也改成了"超爱"。我认为，通过减少中间的模糊性（从而减少我们对模糊性的厌恶），老海军让一个很棒的想法变得更棒。相比于标签的成本，他们撬动了强大的行动力。首先，有标签的钩子使我在认知和实际上更容易区分我喜欢和不喜欢的东西。其次，拥有两个"超爱"标签挂钩意味着社会认同。人们非常喜欢这些衣服，他们需要两个钩子才能把它们挂上。第三，也许也是最有力的，我怀疑一旦有东西被挂到"超爱"的钩子上，它就会触发禀赋效应。（记住，禀赋效应是一种让我们珍视自己拥有的东西的力量，我们在第 8 章中讨论过。）只要把一件东西挂在标有"超爱"的钩子上，你基本上就决定买它了。

我认为老海军是最能体现渠道因素（channel factors）的例子。渠道因素是指能够对加速决策起巨大作用的小事。如果你也疑惑为什么自己会选择这件衣服而不是另一件，可能更多是从感情和主观方面寻找答案，比如个性表现或形象管理。绝对想不到让你做下购买决定的可能就是一个简单的挂钩标签，它帮助你理清选项，让下一步变得简单、显而易见。

2015 年，我在匈牙利布达佩斯度假，在一家小超市停了下来，看到了以前从未见过的东西——购物车都配有放大镜。放大镜固定在推车把手的左手边。我认为这是一个天才的想法——让我来告诉你为什么。首先，显然它使阅读小字（它们似乎每一天都在变小）更容易，所以购物者可以根据成分表做出一些明智的选择。我还认为，购物者在知道自己能读到成分表时，更想伸手去拿货架上的产品。

还记得禀赋效应吗？当人们触摸或拿起某样东西时，他们更可能赋予它更高的价值，也更有可能购买它。最后，考虑到 90% 的购物者（以及其他大多数人）是右撇子，他们很可能会用右手拿起商品，然后通过左手边的放大镜查看上面的小字。这时，所有成分表没问题的商品，把它扔进购物车要比放回架子上容易得多。

让事情变得简单不仅能拯救你的视力，它还可以拯救生命。根据 2017 年世界卫生组织的报告，小儿腹泻是造成 5 岁以下儿童死亡的第二大诱因，每年造成约 52.5 万名儿童死亡。大部分腹泻可以通过安全饮用水和适当的环境卫生和个人卫生预防。扶贫创新行动（IPA）是一个集研究和政策于一体的非营利性组织，致力于发现和推广有效的全球贫困问题解决方案。该组织与一些行为科学家和从业者合作，鼓励肯尼亚农村地区的人们在饮用水中添加稀释氯。添加稀释氯不仅可以消毒水，还可以提供持续 24 小时的保护，防止再污染。

IPA 及其团队研究了许多方法，其中一种是他们设计并测试的取水点氯分配系统，该系统向当地水源免费提供氯。这被证明是非常成功的，原因有很多。其一，它让添加氯变得容易。将添加稀释氯"附加"到取水的首要动作中,并且明显地添加动作,使得人们更容易记住添加氯。分配机位于公共区域也会发挥作用。人们可以看到其他人在使用它,创造社会认同。同样,不使用它成为明显的疏忽,可能会导致他人的负面评价。

事实证明,这种分配机不仅有效地改变了人们的行为,而且非常有成本效益,每人每年只需花1美元就能提供氯化水。

耶鲁大学的一个经典研究证实了帮助人们规划下一步行动的重要性。以破伤风疫苗接种作为试验模型,利文撒尔(Leventhal)、辛格(Singer)和琼斯(Jones)发现仅仅向耶鲁大学学生逐步灌输破伤风的严重性,并不足以鼓励学生接种疫苗。但是当学生得到一张明确的行动示意图,比如一张圈出了学生健康中心的校园地图,他们对接种破伤风疫苗会更积极。

研究还表明,为人们规划出该如何行动或该如何有效行动,将更容易激发他们采取行动。我们曾经用这一方法为加利福尼亚州公共事业委员会的一个项目制定了战略方案,这个项目旨在推进加利福尼亚州的房主提高能源利用效率。他们的社会营销团队大部分是志愿者,到关键社区的每家每户鼓励房主采取节能措施。团队列了一个可行性方案列表,然后帮助房主选择可行的节能方法,尽量让房主感到选择的方案是能够完成的。社会营销团队接着会问房主如何执行这些措施,基于此给出一些额外的建议,告诉房主可以如何做。

让程序变容易就能对行为产生巨大的影响。我的前同事阿尼尔班·乔杜里(Anirban Chaudhuri)现在是印度五大湖管理学院的副教授。他告诉了我一个案例:

2014年之前,印度仍只有35.5%的家庭会积极使用银行账户。过去印度也曾希望把金字塔底层纳入金融系统,但这些努力没有见效,直到2014年8月28日,新总理颁布了"总理人民财富计划"。颁布当日,银行储蓄账户就新增了15,000,000个,其中大多数是蓝领工人或相似社会经济状况的人。取得这一结果,有一个不可或缺的原因,就是开户表格的简化,只需要提供几项简单的资料。银行也放宽了对地址证明文件的要求,这一点对于到处迁徙的工人而言非常有利。此后5个月内,即到2015年1月为止,大约新增了106,000,000个银行储蓄账户。到 2018 年 6 月为止，新增 318,000,000 个银行储蓄账户。

变容易不仅仅是一件行动或程序上的事。我们所有人在面对需要动脑子的工作时都会拖延，也知道要抵抗拖延需要付出多大的努力。同样的资源可能用在他处，并且往往能立即获得回报，而我们一直在与这样的情况做抗争。比起只运行一个 Word 文档，玩游戏的时候，笔记本电脑的电池会很快耗尽。同样，比起看电影，写东西的时候大脑也会很快绞尽脑汁。

在《思考，快与慢》中，丹尼尔·卡尼曼写到和朋友一起散步（丹尼尔非常热衷散步），如果这时提问一个复杂的数学问题，他们可能会停下脚步来思索。

斯坦福大学最近的一项研究发现，描述问题的方式可能简化问题，也可能让问题变得更难。研究人员给参与者出了一系列双曲贴现问题（第 7 章曾提到），在答题的同时，参与者还接受了核磁共振成像扫描。参与者可以选择"零隐藏"模式或"零确定"模式回答问题。"零隐藏"模式即"你希望今天拿 10 美元还是等到下周拿 15 美元？"，"零确定"模式则是"你希望今天拿10美元、下周一无所得,还是今天什么也没有、下周拿15美元?"。零确定模式降低了贴现,人们更偏好下周的15美元,而不是今天的10美元。重要的是,零确定模式还减少了大脑考虑答案的工作量。

处理信息,不论是散步的时候思考复杂的数学问题,还是在核磁共振成像扫描仪下回答双曲贴现问题,都需要能量。科学家称之为认知负荷(cognitive load)。这一术语意味着沉重,这样解释也许我们就不会为自己更喜欢不需要动脑子的决策而感到惊讶了。最小化认知负荷是认知偏差和启发式的一种优势,就像我们已经讨论过的,它们是帮助我们避免耗费额外心力的捷径。我们对轻松的热爱比使用这些机制更深,行为研究中一个令人瞩目的领域表明,我们偏好轻松做决定的同时,还偏好轻松的选项。

决策科学将之称为认知流畅性,《波士顿环球报》(*Boston Globe*)上刊登了一篇与此有关的文章,非常恰当简洁地描述道:

> 认知流畅性能简单地度量思考某事有多轻松,也证明人们喜欢不用太费心思的事情,而不是费尽心神的事情。

亚当·奥尔特是纽约大学斯特恩商学院的助理教授（前面提到过），他和卡内基·梅隆大学社会与决策科学系的心理学教授丹尼尔·奥本海默（Daniel Oppenheimer）都是认知流畅性领域的世界知名学者，他们从股票价格、物理距离和法律职业展望等多方面，调查了认知流畅性的影响，还包括它的消极影响——认知不流畅（cognitive disfluency）。

流畅性让我们更喜欢容易处理的选项。通常我们会选择容易评估的选项，而不是利益最大的选项。因此在大多数情况下，营销人员应该注意，不管是购买前还是购买后，要让营销的每一个方面对于消费者尽量轻松容易。《轻松体验》的作者们提倡，企业应该从消费者的角度评估和企业做生意的难易程度，并用一个"消费者费力分数"的度量法评定。我认为这一方法也可以用来评估市场营销的难易程度。有一个问题需要我们持续予以关注：如何才能让顾客在选择我的品牌的过程中少费点力（认知上和行动上）？流畅性或者说认知易用性能够让选择你的品牌这一决定变得非常容易。

在市场营销中，要做到"轻松"不是简单地舍弃让消费者感觉复杂的过程。轻松是成就品牌力量最核心的因素。人们喜欢的品牌给他们更好的礼物，是让选择更容易。

2005年德国的一项研究使用功能性磁共振成像技术测试喜欢的品牌如何影响消费者的决定。22名参与者必须从两种饮料选择中选择购买哪一种。当核磁共振扫描仪测量他们大脑活动的变化时，参与者在两种品牌的饮料中做了100个选择。

参与者不知道的是，研究人员已经选择了一个饮料品牌作为"目标品牌"，在实验给定的双选项中，有80%包含该品牌。这种实验设计允许研究人员查看与目标品牌决策相关的大脑活动。

实验两周后，参与者对饮料品牌进行了偏好排序，22名参与者中有8人将目标品牌列为他们的首选品牌。当选项中包含首选品牌时，这8个人的大脑活动模式看起来与其余14名参与者不同。腹内侧前额叶皮层是整合情感和奖励的大脑区域，当首选品牌在选项中时，该区域会更活跃。不仅是腹内侧前额叶皮层在两组参与者中存在差异，当首选品牌在选项中时，大脑中涉及记忆和推理的区域——比如背外侧前额叶皮层——就不那么活跃了。这种活跃度降低被解释为选择更自动或更容易。这种效应被戏称为"皮质缓解"，这种特定的大脑活动模式——腹内侧前额叶皮层活跃，背外侧前额叶皮层不活跃——也被认为是品牌塑造中赢者通吃效应的神经学相关因素。

这很符合我对品牌的描述，也就是在最好的情况下，它们让选择变得简单、自然和有价值。我们也发现了一些减轻大脑工作量的营销指标。这项研究是为了检验不同形式的广告如何影响人们的慈善捐赠。研究人员让被调查对象将50英镑分别捐赠给三个不同的慈善团体，同时在电脑上给他们播放不同形式的广告。看完广告后，被调查对象可以调整捐赠额的分配。下面是四种广告：[1]

  A. 慈善团体在互联网上投放的通栏广告

  B. 利用社会认同的社交媒体信息

  C. 利用亲和力的社交媒体信息

  D. 利用名人的社交媒体信息

研究追踪了每一种广告下各慈善捐赠的金额，同时还记

---

[1] 广告C的亲和力信息来自被调查对象的社交网络，广告D的信息来自被调查对象关注的名人。实验前一周会伪装对被调查对象进行面试，从中能够知道这些个人信息。

录了被调查对象的脑电波。通过直接将电极置于头皮上，脑电波（也被称为 EEG，后文第 15 章会继续讲到）记录了脑内的电流活动，并且能够粗略地测量注意力和情感的活跃水平。研究还测量了被调查对象对每个广告的相对关注程度。

下面是注意力带来的影响效果：

表 10.1　广告的关注程度以及捐赠效果

	对广告的关注程度	捐赠的大小
广告 A	低	低
广告 B	高	高
广告 C	低	中
广告 D	高	中

广告 B 引起的行为效果最好，也从被调查对象那里获得了最多的认知关注。广告 D 虽然受关注程度和广告 B 差不多，但是获得的捐赠要少。

虽然实验方案里有太多的"噪音"[①]，不足以说明研究的本来目的，也不足以得出满意的结论来说明哪一种广告模式能够最好地引起注意，但是，我们仍然从这一实验中获得了关于认知效应的有趣洞见（虽然是意料之外）。观察被调查

[①] 我们认为广告 B 的社会认同因素让它拥有了优于其他选项的固有优势。

对象如何分配 50 英镑，测量他们对每一个广告的关注度，持续收集 EEG 数据是非常必要的。虽然最初我们没有计划要对这些数据进行分析，但是它们揭示了根据不同的广告模式分配捐赠额的过程中，认知效应是必需的。

当我们检视认知效应，会发现以下规律：

表 10.2　广告的关注程度、捐赠效果以及捐赠时的关注程度

	对广告的关注程度	捐赠的大小	捐赠时的关注程度
广告 A	低	低	高
广告 B	高	高	低
广告 C	低	中	低
广告 D	高	中	高

EEG 信号显示有两则广告（广告 B 和广告 D）获得了最高关注，通过观察我们可以发现，广告 B 更能说服被调查对象进行捐赠，并且，实际上广告 B 比广告 D 使人们在捐赠时更少进行思考。

有趣的是当市场营销能够通过让选择在认知上更容易而补偿选择者投入的注意力时，它就有可能成功。[1]

广告 D 使观看者集中精力，最终仅获得平均水平的行为

---

[1] 前文提到过斯坦福大学针对时间贴现的磁共振成像研究，从中发现了相关的影响。

结果，它要求人们做决定时更卖力。广告 B 也能使观看者集中精力，但是它获得了最佳的行为结果，因为它要求做出的选择相对来说更轻松。对于广告 D 产生的效果，就好像制定决策如同一场赛跑，但我们却让人们在沼泽训练，这样的训练显然不论怎样努力都不可能有助于赛跑的，也就是说无法让决策过程变得轻松。广告 B 相当于让人们在跑步机上训练，这样的训练则有助于赛跑，即让决策过程变得轻松。

广告 D 很吸引人，但它并没有让人们更容易做出决定。

就像我们在本书前面多次提到的那样，我认为人都是认知吝啬鬼，在注意力方面也是吝啬的。很久以前，有人告诉我——你只有 1 美元的注意力，省着点花。这是一个双关语，它意味着潜在的选择者对注意力的投放要精打细算，而市场营销人员要尽量明智地使用人们给予的有限关注。

互动能促进人们决策，但我认为这是一项昂贵的投资——在注意力上的花费是个无底洞。也许这就是上文慈善广告的例子所反映的，在决策时获得了认知关注，就要通过降低认知负荷来补偿。如果关注仅仅消耗了认知努力，却没有设计成有助于取得特定行为目标，这不仅仅是浪费钱，而且是对营销费用的滥用。

从顾客决策的心理特点来说，让事情变容易、变轻松是一条有利的经验法则。但是对于奢侈品来说，情况又不同了。下面的例子说明对于奢侈品来说，这一效应会起到反作用。

据亚当·奥尔特所说，人们和奢侈品之间的关系非常复杂、非常不流畅，但正是这种认知难度让奢侈品更具吸引力。由阿娜斯塔西娅·波切特索娃（Anastasiya Pocheptsova）和其他人一起完成的研究《让产品显得特殊》（"Making Products Feel Special"）针对的就是适当不流畅，证明不流畅让高端商品更特殊。

举例来说，拉弗格麦芽威士忌、路易·威登以及哈根达斯，这些品牌的名称都需要我们不讲苏格兰盖尔语、法语的人或者非北欧人分别思索一下到底怎么读，至少第一眼看到的时候你需要想一想。

还有一些品牌的商标装饰华丽不易辨认，比如芝华士，或者字母不清晰，比如内曼·马库斯，对于部分消费者来说同样很费劲。这些品牌都需要消费者花费力气，也造成了认知不流畅。

大部分品牌拼命展示对消费者的理解，奢侈品牌表现得很不一样，它们要求消费者花工夫去理解，去熟知准确的使用方法，去了解它们的起源，以及故事赋予这些品牌的特殊性。我们为获得它们投入了更多的资源，无论是花大把的金钱、在街区排着队买一条爱马仕（Hermes）围巾，还是排五年的队等一辆定制法拉利（Ferrari）。从认知的视角看，奢侈的生活不如吹捧的那么轻松。

营销者的工具箱

- 尽可能地把你想要的结果作为默认选项。一些观察家认为,谷歌的成功源自它早期把自己设定为 AOL(美国在线)浏览器上的默认搜索引擎。

- 《轻松体验》的作者建议用"消费者费力分数"衡量消费者互动的轻松程度。如何做才能让自己的营销方式更省力,并且更容易作用于消费者呢?怎样才能让选择更轻松?回顾做决策的步骤,你会如何给每一个步骤的轻松程度评分?你在选择中的轻松程度得分是多少呢?

- 互动的力量很强大。但是,要确保人们在互动中付出的努力能够让用户或选择者更容易地做出你设想的行动、选择你设想的选项。

- 虽然品牌应该尽可能让营销和品牌体验更流畅或在认知上更轻松,部分奢侈品牌的魅力却归因于认知不流畅。

专业人士的读后感言

- 营销者想要互动很常见,但很少有人了解为什么需要互动。通常我们考虑的是让数千人在照片墙(Instagram)

上发布自拍照片能带来什么，实际上，我们应该考虑如何互动才能给消费者带来方便。

◯ 所以我都在街角的小店购物。虽然那里的东西比乔氏超市（Trader Joe's）的贵一倍，但是路程也比超市近了一半。并且，他们不会让冰柜门开着。

畅销的原理
THE BUSINESS OF CHOICE
第 11 章　切忌高攀不起

人们常使用比较作为一种直觉向导——我们沉迷于比较。

瑞典斯德哥尔摩有许许多多的博物馆。令人印象深刻的瓦萨博物馆是世界最佳博物馆之一，收藏了瑞典皇家战舰瓦萨号的残骸，并进行了防腐处理。这艘长约 226 英尺（约 69 米）的战舰在 1628 年的处女航中行驶了不到一英里就沉没了。只要你在博物馆附近，就绝对不会错过这幢建筑。它是现代建筑的流光溢彩之作，巨大的铜屋顶上有三支独具风格的桅杆，代表了战舰的真实高度。但是在斯德哥尔摩，有一个博物馆你很容易忽略，就像我这样，如果不是因为在它门口躲避夏日的似火骄阳，肯定不会注意到它。这家博物馆就是皇家钱庄，相比瓦萨博物馆显然并不引人注目。皇家钱庄隐藏在皇宫附近的一座院子里，也被称为国家经济博物馆。在里面，你可以找到欧洲最早的纸币和世界上最早的硬币之一。而纸币和最早的硬币存在着相关联的近代史。

欧洲最早的印制钞票是瑞典国家银行早期的长官约

翰·帕尔姆斯特鲁赫（Johan Palmstruch）发明的。瑞典的硬币笨重又难以携带，1661 年，纸币作为替代品被引入。被纸币替代的硬币本质上是铜板，它们的重量大概在 10 磅，最大的硬币面值 10 泰勒（thaler），重达 40 磅。帕尔姆斯特鲁赫的创新正是约翰·古维尔归类的"本垒打"之一（小改变，大创新），这一点不足为奇。纸币的成功助推他印刷更多的钱，远远超过能承受的数量。最后他被以记账不明的罪名判处死刑。虽然最终获得赦免，但是帕尔姆斯特鲁赫在几年之后的 1671 年去世。

虽然帕尔姆斯特鲁赫的钞票不是世界上最早的金融货币，纸币的历史也没有太过久远。在印刷术发明前[①]，公元 600 年前后的中国，有部分地区已经流通着手写的纸币。至于第一批硬币（比如国家经济博物馆展示的那一枚），只要再往上回溯 1,000 年，在公元前 610 年的小亚细亚吕底亚，吕底亚人已开始用金银矿这种富含金银的合金锻造硬币。

如果正如考古学家迪安·福尔克所说，从吕底亚人铸造硬币开始再往前推 6,000 年，那时的人类就大脑发育来说，

---

① 作者所说的"印刷术"是指西方的"印刷术"，事实上，中国早在唐朝就发明了雕版印刷术。——编者注

基本上与今天的人类没有差别，那么也就可以说金钱相对来说在人类历史上是个"新事物"了。经济学家形容金钱是一种衡量价值的方式。跟金钱一样，我们用来衡量重量、高度、长度或体积的其他系统在人类历史上也是"新事物"。目前已知的最早的标准度量系统，源自公元前 3000 年左右的印度河流域。毫无疑问，在这之前，一些非正式的度量系统肯定已经存在于当地，因为存世的大部分人类判断更多地依赖比较，而不是测量。

当然，这是一种认知负荷节省机制。与创造全新的模型相比，根据我们熟悉的事物模拟新的物体或情况，需要的脑力更少。用"看起来有点像骡子，有黑白条纹"描述斑马要比从斑马的蹄子往上描述容易得多。一位神经学家曾对我说："当大脑遇到新事物时，它不会问'这是什么？'，它会问'这像我已经知道的什么？'。"

伊塔马尔·西蒙森和艾曼纽·罗森在《绝对价值：信息时代影响消费者下单的关键因素》一书中描述了我们对比较的依赖：

> 这就是我们的作风：绝对价值受到挑战，沉迷于比

较的认知吝啬鬼。我们不能看着一台洗碗机就决定它的价值或者它洗碗的效果如何。但如果把两台洗碗机放在我们面前，我们马上就会开始比较它们的功能和价格。

当我们进行选择时，比较仍然占据了关键位置。事实上，更准确地说，用于比较的参考点才是最关键的。有时候，比较及其参考点对于消费者来说比企业所想的还要重要。杰西潘尼（JCPenney, JCP）颇费了一番工夫才发现这一事实。

2012年2月，彭博社报道说杰西潘尼"销售额跌至近十年最低"。在最重要的第四季度，净亏损从上一年的8,700万美元猛增至5.52亿美元，同时年收入130亿美元被彭博社报道为"自1987年以来历史最低"。

其中发生了什么？杰西潘尼做了什么能在一年内造成这么大的损失？

在我回答这个问题前，让我们先来回顾杰西潘尼的历史。2011年11月，杰西潘尼聘任罗恩·约翰逊（Ron Johnson）为首席执行官。而杰西潘尼雇用约翰逊的目的是扭转杰西潘尼的品牌形象，将杰西潘尼塑造成以情感为目的，而不是以经济为目的，并且把杰西潘尼的门店建设成专门店，而不是连锁店。约翰逊是苹果的前零售主管,正是他的努力让苹果零售店大获成功。苹果商店重新定义了零售,并创造了零售史上最高的每平方英尺销售额。对于一个过气老土的零售商而言,没有比从苹果挖人更好的选择了。

很多时评人认为"苹果的嫉妒"和"失败的模仿"可能正是杰西潘尼问题的根源。在《新共和周刊》(New Republic)上有一篇文章,约翰逊甚至公开说过他在杰西潘尼的新"零售界面"将会"像苹果一样"。

公司业绩表现不佳之后,对约翰逊和杰西潘尼公司的批评更是多不胜数。评论家认为对快速改变杰西潘尼品牌形象的渴望,让这家公司忽略和疏远了现有的客户。但是在我看来,杰西潘尼的问题不仅仅是聘任约翰逊后展开的一系列改变忽略了现有的客户,还有一些改变更具破坏性,那就是忽略了人的天性。

那么,是什么导致了杰西潘尼公司做出这样的决定呢?

杰西潘尼公司的本意是好的,他们想让价格更透明。2012年1月的《华尔街日报》发表了一篇题为《杰西潘尼公司激进地改变了商品定价》的文章,详细地介绍了杰西潘尼是如何降低定价的复杂性的。价签要标注整数金额,所以以前定价 19.99 美元的商品，现在要 20 美元。并且废除了折扣定价，也就是说商品不能在一段时间内定一个较高的价，过一段时间又降价，但是可以重新标价（折扣后的价）继续出售。这样价签上就不会再标注折扣前的较高售价了，而行为经济学家称这个较高售价为"参考价格"。杰西潘尼的定价改革是希望将定价透明化，使之成为"光明正大的日常定价"。

任何明辨是非，精通决策科学、行为经济学或新兴认知定价的人，都会对"光明正大的日常定价"是否管用产生怀疑（即使光明正大的日常定价在顾客和潜在顾客团体的焦点小组和定量研究中受到赞同）。虽然这些定价活动在理性层面上是可理解的，但人类不是这样做决策的，不管是你、我、杰西潘尼的长期客户，还是地球上的任何人，都不会这样决策。人们只会在回答市场调研问题的时候才会同意理性的方案，却不会遵从理性方案做真实的决策。询问人们是否想要透明的定价、更低的价格，以及 19.99 美元和 20 美元是不是并没什么不同，谁会说不呢？

很多市场研究会要求我们仔细考虑，但是仔细考虑之后我们都会同意光明正大的日常定价原则，因为我们倾向于认为自己会理性行动，虽然实际上并不会。在这样的情况下，基于调查和焦点小组的传统市场研究就没有什么用处了，因为这些市场研究仅仅询问人们为什么这么做，而不揭示人们这么做的动因。丹尼尔·卡尼曼在《思考，快与慢》中讨论了前意识动机是如何影响我们决策又同时瞒着我们的。他写道："……知觉系统比你所知道的要影响深刻，你做出的很多决策和判断，背后都有它的推动。"

鉴于我们都容易高估自己的理性程度，也就毫不奇怪公司高层经常会选择符合消费者逻辑的市场营销方式，或是偏好符合人类决策的直觉机制的市场营销方式了。

一些评论认为杰西潘尼公司的"光明正大的日常定价"之所以失败是因为消费者喜欢复杂的定价。虽然可以从行为经济学中找到例证，但这个结论没有抓住重点。原因不是人们喜欢复杂的定价，而是人们喜欢"感觉对"的轻松决策。有很多从理性角度看很复杂的事情，却能够在直觉层面让决策变得容易，同时还能让我们对自己的选择感觉更良好。虽然这一点有些讽刺，但事实就是这样。

杰西潘尼公司的错误，是制造了一个从理性角度看很简单的定价方案，抹掉了可以让直觉轻松决策的提示信息。杰西潘尼公司在不知不觉中压制了顾客的认知捷径。参考价格的缺失可能是造成杰西潘尼公司新定价无效的最重要因素之一。因为通过比较，我们能够快速直觉地进行选择。万事万物都是相互关联的，特别当我们要做决定的时候。如果有参照的指针指引选择，我们会很乐意让直觉掌舵。

直觉参照点会让我们对物体的高度、人的年龄或事物的价值产生完全不同的估计。[①] 昂贵物品可能变成便宜货，我们也可能因为一同展示的产品而改变选择。在行为经济学中，这种现象称为"锚定效应"（anchoring）。

很多实验已经证明锚定效应的真实效果，但是直到卡尼曼写出《思考，快与慢》，才有人第一次简洁地描述了它的本质。去美国旧金山探索馆（它并非真正的博物馆，被《纽约时报》评为"20世纪中叶以来最重要的科学博物馆"），游客们会被问到最高的红杉树有多高。在回答这个问题之前他们先要回答"最高的红杉树比 1,200 英尺（约 366 米）高还是低呢？"或"最高的红杉树比 180 英尺（约 55 米）高还是低？"。这两个高度分别就是高低之锚，它们对游客的最终估计起到了很大的作用，先回答前者的游客，以 1,200 英尺（约 366 米）为定锚，估计的红杉树最高高度平均为

[①] 卡尼曼在《思考，快与慢》中讨论了所有这些情形。

844 英尺（约 257 米）；而回答后者的游客，以 180 英尺（约 55 米）为定锚，估计的红杉树最高高度平均为 282 英尺（约 86 米）。

显然，与眼前决策毫不相关的"定锚"会对结果产生影响。行为经济学家丹·艾瑞里、乔治·罗文斯坦和德拉岑·普雷勒克（Drazen Prelec）组织了一项经典的实验证明任意数的锚定效应。他们向学生们展示了一系列物品，包括电脑配件、图书、瓶装酒，然后就每一个物品问他们是否愿意付一笔钱买下来，这笔钱相当于自己社保号后两位的数字。报价过程中，社保号后两位处于顶部 25%（80～99）的那部分人平均愿意出价 56 美元，买一个无线键盘；社保号后两位在 01～20 之间的人平均愿意出价 16 美元，买的也是无线键盘。在其他物品的报价过程中，他们也发现了类似的模式。

社保号的最后两位显然是一个任意数，但仍然对出价金额产生了客观的影响。这就是参照点的力量，即使是完全无关的参照点。

生活中的大多数事情是你无法控制的。但有一件事你可以在某种程度上控制，那就是人们用来评估你的品牌或业务的参考框架。然而，这是许多营销者的盲点，他们没有影响参考框架，而是默认让选择者自己设定。甚至你的产品、品牌或业务的名称都可以作为一个锚。克莱顿·克里彻（Clayton Critcher）和汤姆·吉洛维奇（Tom Gilovich）的实验发现，看过同一名橄榄球运动员的两张照片的人估计，在下一场比赛中，身穿 94 号球衣时比身穿 54 号球衣时更有可能擒杀四分卫；在获得一款新智能手机的信息时，被告知手机名为 P97 的那组人估计，这款手机在欧洲的销量比被告知名为 P17 的那组人要高；当看到一家餐厅的广告时，被告知这家餐厅的名字是 Studio 97 的那组人比被告知这家餐厅的名字是 Studio 17 的那组人愿意多支付三分之一的餐费。

很多年以前，我在德国汉堡参加一场会议，回酒店的路上被一家高端珠宝店的橱窗吸引住了。虽然我继承了一块精美的金怀表，但我从来没有买过一块真正昂贵的表。我愿意为一块手表支付的价格就是我最近买苹果手表支付的价格——大约 400 美元。橱窗里陈列的是万国表，其中一块的标价大概是 20,000 美元，非常贵，是我参考价格的 50 倍。一起陈列的还有 14,000 美元和 12,000 美元的手表。在橱窗底部也陈列着一块万国表，款式非常简单，标价是 4,000 美元。是的，4,000 美元，虽然仍旧比我买过的手表和预想的价格要贵10倍，但是这一瞬间，标价却似乎让人觉得很合理，简直可以说是一件便宜货！

我突然发现自己竟然在考虑买下这么一件昂贵的东西，而我根本不需要它。仅仅30秒钟，我的"定锚"从400美元变成了20,000美元。和400美元相比，4,000美元的手表贵得离谱。但是和20,000美元相比，4,000美元的手表就太便宜了。不管是有意还是无意，这家珠宝店非常有洞见地把手表组合起来陈列。从常识来看，市场中会买下20,000美元手表的人和买下14,000美元的人并不相同。珠宝店可以按照人们购物的价格区间（人们会告诉你想买什么价位），分别把各个品牌15,000～20,000美元的手表放一组，10,000～15,000美元的手表另放一组，诸如此类进行陈列。但是这家珠宝店没有把所有贵的手表放一起，而是运用了"定锚"的巨大作用。之所以我的信用卡没有大出血，是因为当时这家店已经打烊了。第二天我再次经过那里时，已经没有购买的心情了。时间让我仔细考虑了要不要买这块手表，我的参照点也变成了戴着4,000美元的手表回家夫人会怎么想。

我的汉堡之行过后没多久，又在伦敦的一次如何做决策的研讨会上揭示了锚定效应。有一位与会者在英国一家著名的高档零售商做市场营销，会后他跟我交流了另一个关于锚定效应的故事。这家零售商在各个季节会销售一款节日奢华礼物篮，是装满奢侈品的柳条礼物篮。这家零售商有一个传统，节日过后还没卖掉的礼物篮，里面的商品会被分散拍卖给员工，所得收益则捐赠给慈善机构。

在售的礼物篮非常昂贵，能卖到 250 英镑（高级礼物篮）到 500 英镑（特级礼物篮），通常会有那么二三十个没有卖出去。对于员工来说，这是一种不错的福利。市场营销团队想出了一个狡猾的计划，他们要推出一款超级礼物篮，这个礼物篮更大，包含更多高端奢侈品，售价也会达到 1,000 英镑。他们的想法是，没有人会买这样一款昂贵的超级礼物篮，所以只需要编几个就可以了，这样就可以在员工拍卖时增加更多更高档的奢侈品了。

不幸的是，计划事与愿违，虽然只推出了几款 1,000 英镑的超级礼物篮，却对 500 英镑的礼物篮产生了锚定效应，结果以特级礼物篮售罄收尾。似乎人们从入门的 250 英镑级别上升了一个消费档次。更出乎意料的是，他们甚至卖掉了 1 个 1,000 英镑的礼物篮。这个例子正说明，锚定效应不仅能改变人们对事物价值的看法，在面临多项选择时还能改变人们进行决策的内在天性。这一效应已经得到很多实验的验证。

在《思考，快与慢》中，卡尼曼将锚定效应视为建议或指导，是一种调整决策的形式。卡尼曼和他的合作者阿莫斯·特沃斯基都认为定锚会造成调整不足。以红杉树的例子来说，定锚较高的条件下平均估值是844英尺（约257米），远远高于正确的高度[答案是最高的树叫土卫七，比380英尺（约116米）略高]，但是它是对1,200英尺（约366米）这个"定锚"的调整。我差点买下4,000美元的手表时，相较于20,000美元的"定锚"我调低了80%，但是我夫人仍然会觉得这种调整是不足的。

卡尼曼还说道，锚定效应也体现在心理学家所说的"关联一致性"里。意思就是说，锚定效应能够提供一个参照点，以便我们更容易地连接完全不同的关联和属性。在德国心理学家托马斯·穆斯韦勒（Thomas Mussweiler）和弗里茨·斯特拉克（Fritz Strack）的一项研究中，参与对象被分成两部分，一部分被问及各国的年平均气温是高于还是低于5℃，另一部分被问及平均气温是高于还是低于20℃。以较低温度为定锚的参与对象，能够在包含了冬季词汇、夏季词汇、中性词汇和生造词汇的列表里,更快地识别"冬季词汇"(如滑冰、寒冷、霜冻)。以较高温度为定锚的参与对象则能更快地识别"夏季词汇"(如沙滩、温暖、游泳)。

因此,我认为比较和参照点能够在更广阔、更感性的层面上为品牌所用。即便品牌想通过比较传达它们更特殊、更好,但是通过关联的一致性,它们其实也受益于被对比的那个品牌。

锚可以是有用的,也可以是无用的。一个有用的锚能使你需要的选择变得简单和自然。但鉴于伊塔马尔·西蒙森所说的,人类沉迷比较,人们会不加区分地发现并使用他们在周围发现的锚。通常情况下,这些"默认的"锚对选择者没有帮助,而且它们经常是营销人员的一个问题。在我的研讨会上,我让参与者列出可能以某种方式影响选择的任何参考框架。如果你的选择者要描述你希望他们接受的选择,他们会做什么直观的比较?就像几年前的风险投资宣传总会比较"这是_____的优步"[①]。你如何描述你提供的东西呢?

[①] 从送花到送餐、洗衣等,几乎所有的事情都有一个"优步"。在2018 年的一期《创业者电梯游说》(*Entrepreneur Elevator Pitch*)节目中,有一款智能纸尿裤被描述为"为婴儿和老年人提供实时健康监测",可能不可避免地被描述为"便便中的优步"。

只是与其他体验、行为、选择或产品进行比较？将其描述为"_____的_____"。什么样的比较可以让选择更容易？什么样的比较会让它更困难呢？

营销人员有时会自己创建无用锚。我在洛杉矶国际机场看到一个节水广告牌就是这么做的。标题是"水对你 20 分钟的淋浴并不生气，只是失望"。副标题是"淋浴时间控制在 5 分钟或更短，每年可节省 2 万升"。当然，这里的问题是，广告牌设置了一个高锚点，而预期的目标是减少使用。如果你建议人们淋浴时间为 20 分钟，那么 15 分钟的淋浴时间——尽管这是你希望人们接受的淋浴时间的三倍——似乎也没那么糟糕。

在前面的章节里，我提到"Mac 对决 PC"的活动，苹果公司实际上鼓励和微软进行比较。虽然并没有说 Mac 比 PC 更好，苹果是将微软作为参照系。并且这样的比较对苹果的成长起到了很大的作用，它让苹果电脑比大家所想的还要更像微软个人电脑。当然苹果电脑很擅长各种创造性的功能，这让苹果电脑看起来非常独特。但是现在看来，苹果电脑不过是在微软个人电脑做得好的方面做得更好或一样好。对苹果来说，没有帮助的锚点是与创造力的关联（以及关联的一致性），正是这种关联让苹果走到了今天。微软与生产力和常规任务的关联，提供了一个更有帮助的锚。不久之后，三星也有效地利用这一武器与苹果竞争。三星将 iPhone 作为 Galaxy 系列手机的参考系，并在宣传新手机时声称"下一个大产品问世了"（The Next Big Thing Is Here）。

"＿＿＿中的凯迪拉克"或"＿＿＿中的劳斯莱斯"就是通过关联来镀金的例子。希尔奎斯特公司说自己制造的是"修剪锯中的凯迪拉克"，Rock-Ola 公司的留声机是"留声机中的凯迪拉克"，男性杂志称斯特罗默 ST2 为"电动自行车中的劳斯莱斯，可能会给城市交通带来变革"。2019 年，世鹏邮轮（Seabourn）宣布推出"个人潜水艇中的劳斯莱斯"项目。

与传统营销思维不同，对比或比较不能削弱"你是谁"，从无意识思维的方面来看，对比或比较能够让选择更清晰。虽然品牌大师支持广撒网的市场战略，但是行为科学家建议我们有的放矢。就像 FCB 的首席战略官约翰·肯尼（John Kenny）所说："用更好战胜最好……"这个观点可能相比于传统营销视角听起来违背直觉。但它要表达的是，从轻松决策的角度来看，比得上要比高攀不起更胜一筹。

杰西潘尼公司的错误不仅仅是抹掉了参考价格，还把商品摆在了一个无可比拟的地位。整数化价格，取消零头，杰西潘尼公司让自己的商品显得更昂贵。

利·考德威尔（Leigh Caldwell）是认知定价领域的专家，也是非理性研究机构的创始人和合伙人。在他的著作《价格心理学》(*The Psychology of Price*)中，考德威尔提到定价低于整数金额关口，比如 19.99 美元，消费者就会无意识地把这件商品归为低于 20 美元，而标价 20 美元的商品必然会被归为高于 20 美元。显然，很多人都利用了这一点。

甚至是约翰逊的前东家苹果公司，也在利用这一方法。虽然是在更大的货币单位上使用。每一台 MacBook、iPad 和 iPhone，标价都比整百少 1 美元，标价 999 美元的 12.9 英寸的 iPad Pro，属于 900 美元俱乐部，或者说低于 1,000 美元俱乐部。只要再加 1 美元，这台电脑就会成为 1,000 美元以上俱乐部的一员。

这套价格机制之所以起作用也非常有意思。本·安布里奇（Ben Ambridge）是利物浦大学心理学专业的高级讲师。他写作了《心理学家教你的透视术》(*Psy-Q*)，指出定价 9.99 美元在直觉上比定价 10 美元要便宜，其中有 3 个理由（当然 9.99 美元确实比 10 美元便宜，这一点毋庸置疑）。第一个原因可能是记忆回想，我们经常将"0.99"结尾的价格和降价出售联系在一起，当我们看到 5.99 美元或 9.99 美元就触发了这一记忆。安布里奇详细说明了第二个原因，它和锚定效应有关，是基于我们如何读 9.99 这个数字。他的理论认为，从左到右的顺序，将我们定锚在数字 9，也就是我们将 9.99 视为 9，而 10.00 则被视为 10 左右。

安布里奇给出的第三个原因是，直觉能够影响定价过程是因为与声音象征有关：

生造词的研究表明，一些特定的声音（比如嘣啪、嘟噜噜）常常和大型的（以及圆的）联系在一起；另一些声音（比如唧唧、吱吱）则与小型的（有棱角的）联系在一起。为什么？前者发音时我们要把嘴巴张大，这一点跟我们读 large（大）、huge（巨大）和 enormous（庞大）是一样的。后者则要我们拉长嘴巴只留一条小缝，就像我们读 little（一点）、tiny（细小）、mini（迷你）、petite（娇小）、itsy-bitsy（极小的）、teeny-weenie（很小的）。所以，当你听到 199 时，你听到的是"小"

的声音。①

杰西潘尼公司的销售损失成为众所周知的事情,约翰逊公开认错,说道:

> 经验犯了错,我也引以为鉴。我们非常努力地想做一些尝试,让顾客明白可以在任何时候结合自己的条件来购物。但现在我们明白了,顾客偏爱折扣,有时也会想要优惠券。并且,参考价格总能帮助顾客做出最终选择。

在这份声明中,约翰逊表示他明白了,要顺应人类做决定的方法,而不要试图去改变人性,或强迫人们按照逻辑去做决定。这一点很重要。

当然,损失是永久的。2013年4月,任职后仅仅16个月,约翰逊就被杰西潘尼公司解雇了。他在塔吉特公司和苹果公司取得过非凡的成功,这是他职业生涯的第一次滑铁卢。

---

① 我们的发音口型可能也会在其他方面影响选择。一项研究表明,押头韵的广告词让我们默读,也促使我们考虑广告中的商品。

如果说杰西潘尼公司想要提升品牌却失败了,那么多瑟瑰啤酒就是正面典型。多瑟瑰啤酒是从墨西哥进口的普通中档啤酒,直到它发布了"世界上最有趣的人"的广告活动,从 2006 年持续到 2018 年。

就像所有好广告一样,"世界上最有趣的人"走红有很多原因。比如出色的编剧(每一条广告都会有一句闪光的金句,有可能是"他有过一次非常尴尬的瞬间,我们来看看到底是什么样的感觉",或者"他在器官捐赠表上甚至填了脑袋",还有我的最爱"他的母亲有一个文身,上面写着儿子")。

同时,它展示的画面和语言既分离又内聚(这就有可能引起不流畅,就如我们在第 10 章了解到的,不流畅会让我们集中注意力)。这一系列广告有一个你所见过的最妙的环节,那就是成为"世界上最有趣的人"的乔纳森·戈德史密斯(Jonathan Goldsmith),迄今为止都没人知道他是谁。还记得我们提过面部表情很重要吗?戈德史密斯有一双非常善良的眼睛,淡淡的笑容流露出诙谐和自信。这一角色就像肖恩·康纳利塑造的詹姆斯·邦德,当然,是拉丁版的。[①] 2016

[①] 策划该广告的哈瓦斯纽约公司(Havas New York)的首席创意官将这个角色描述为"詹姆斯·邦德遇上欧内斯特·海明威"。你瞬间就可以想象这个角色!另一个力量对比的例子。

年，在与经纪人发生合同纠纷后，他的事业走到了尽头。随后接替他的是法国演员奥古斯丁·勒格朗（Augustin Legrand），这段广告也变得没有那么有趣了。

但回到那些早期的广告。除了出色的编剧、演员和导演之外，我认为他们还引进了一种强大的行为机制。这样的角色和设定很容易让人联想起经典鸡尾酒场合，而不是在喝啤酒。再加上经典台词——"我不常喝啤酒，但每一次只喝多瑟瑰"。男主角在说他不太喜欢啤酒，如果你碰巧在酒吧碰到他，你可能会发现他在喝老式啤酒或曼哈顿啤酒。

通过暗示，把参考系设为昂贵精致的鸡尾酒，多瑟瑰成功地重新定锚了自己的品牌。一般来说，产地是最快最具参考性的坐标，因此多瑟瑰的天然比较集最有可能是墨西哥啤酒，比如苏尔啤酒或科罗娜啤酒。从 2008 年到 2009 年，美国从墨西哥进口的啤酒数量下降了 1.3%。现在，多亏了"世界上最有趣的人"，人们可能会在鸡尾酒场合更多地考虑喝多瑟瑰，就像古风鸡尾酒和曼哈顿鸡尾酒一样。鉴于我们在第 8 章讨论稀缺的时候已经知道了波旁威士忌那段时间的销售情况，多瑟瑰的广告活动实在是明智之举。多瑟瑰从一个毫无帮助的锚（当时停滞不前的墨西哥啤酒品类）转向了一个有帮助的锚（调酒和鸡尾酒的世界）。

在戈德史密斯扮演英雄的那十年里，这场运动取得了巨大的成功。2009 年，多瑟瑰从第 11 名的进口啤酒品牌上升到第 8 名。其他报告显示，多瑟瑰"称雄于啤酒行业，2013 年的出货量比 2008 年增加了 116.6%。

用暗示将参照系从啤酒改变为文雅的、鸡尾酒式的场合是一个聪明的举措。但是，不自量力的比较也可能产生效果。说回睿智的约翰·肯尼，他在本章中说过"用更好战胜最好"，他也说过：

> 比较是很棒的办法，自不量力的比较则更佳。

20 世纪 80 年代有一则半开玩笑的广告，雪铁龙有意将 2CV 微型引擎（0.61）和当时的超级跑车进行比较。它在广告里宣称，2CV 以最高时速 71.5 英里（约 115 千米）行驶，要超过以时速 65 英里（105 千米）行驶的法拉利蒙迪艾尔易如反掌；并且它跟劳斯莱斯银灵一样，有 4 个轮子，却不到它价格的 1/20；它还比保时捷拥有更宽敞的后备厢。

几十年后，MINI 也和保时捷做了一次顽皮的比较，提出在亚特兰大之路赛道挑战保时捷，非常有效地暗示了 MINI 的性能更接近保时捷，而不是 CNN 评论里提到的起亚秀尔、日产方盒子或福特嘉年华这类车型。保时捷没有接受挑战。如果是我，也会建议不要接受。因为即使保时捷必胜无疑，但是接受了挑战，意味着永久接受了一种负面的比较。

营销者的工具箱

- 锚定效应是指把我们的认知附着或"锚定"在一个参照点上的倾向,即使两者没有直接相关性。理解这个概念是定价策略的关键。虽然锚定效应会让我们的选择显得不理性,但同时也能帮助我们快速有效地做出决策,而不用进行需要很多认知努力的计算。
- 比较能够提供锚定,这一点对于我们如何选择很关键。如果不存在比较的点,就会很难做出选择。选择者总是比他们自己所想的要更依赖比较。
- 比较也能很迅速地定位你的品牌。它能帮助人们在直觉上认识到你的品牌处于什么位置。人们经常会默认你的位置——给他们一个新鲜可视化的参照点,能够洗刷人们的默认印象。

专业人士的读后感言

- 我的工作有很大一部分是促进谈判。参照点能够通过直觉促进决策,认识到这一点真的非常有用。这样我就能决定如何给对方提供合适的建议并产生积极的效果,让谈判富有成效。
- 参与命名项目名称的人都了解其中的困难之处。也许我们应该花更多的时间考虑名称的发音口型，而不是考虑名称的意义，这样来看，好听的名字会有很多。

畅销的原理
THE BUSINESS OF CHOICE
第 12 章 好内容也需要合适的情境

市场营销人员太过关注传递的信息，经常低估情境的巨大作用。

市场营销人员早就知道情境对于传达营销信息的重要性，却很少有人利用情境的全部威力。

以网上购物为例。最近，我想要买一台数码相机，于是上网查找信息。我浏览的测评网站不仅显示消费者对不同型号的相机的评价，还有照片储存服务、相机制造商和摄影器材零售商的广告。这类广告就是所谓情境定位（contextual targeting），也就是内容相关定位。这是一种合理的假设，即人们研究相机的地方是放置与相机或使用相机有关的广告的好情境。

当天晚上，我又访问了一家英国体育网站，想看看最近几个小时里一月份的转会窗口有什么进展。转会窗口是指某一段时间内，足球运动员可以在俱乐部之间转会，就像是一场亿贝拍卖，常常不到最后是不会知道结果的。尽管这次转会窗口并没有重磅转会发生，这家体育网站上也显示了一家摄影器材零售商的广告和汽车租赁公司的广告。这两条广告都是行为定位（behavioral targeting）的例子。行为定位的方法会使用以前行为中收集到的信息，比如浏览的网站、搜索的内容、点击的链接或是购买记录，而不仅仅是契合内容。于是我被推送了一条相机零售商的广告，因为白天我浏览了相机信息；一条赫兹租车公司的广告，因为几天前我就在安排行程了。

此外，还有一种在相关情境里投放信息的方法，被称为语义定位（semantic targeting）。这是一种更精巧的情境定位，使用数据挖掘和情感分析识别网页可能带来的情绪或态度。然后自动投放与这种情绪和态度相协调的广告信息到网页上。

在网络购物中定义的这三种定位的例子，基于的理念是信息不是孤立存在的，因此和所处情境相一致的广告更有效。

"不仅仅是信息"的理念并不是新事物。马歇尔·麦克卢汉（Marshall McLuhan）在他 1964 年出版的《理解媒介：论人的延伸》（*Understanding Media: The Extensions of Man*）中就提出"媒介即信息"。我猜想，这句话才是他几年后写的另一本书的原始书名，也许是打字员在校样上拼写错了，让书名变成了"媒介即按摩"。[1] 麦克卢汉没有被惹恼，反而说："别管他！这样很棒，歪打正着！"

虽然麦克卢汉的这句话传播甚广，就像我上面描述的那些营销方法，但付费、设计和投放信息的那些人，习惯性地低估信息所处环境的巨大力量。时间和地点会影响信息。这不是说市场营销人员没有注意和他们传递的信息相关的"地点"和"时间"，事实上他们非常关注。为了影响目标人群，他们会花很多心思寻找合适的时间和地点，而不是理解媒介传输信息的方式如何影响选择。信息所处的情境，能够决定信息影响人们反应的方式，甚至更深远地影响人们的选择。

某种程度上，市场营销从来没有像现在这样重视情境。回想本章开头提到的互联网的例子。互联网让市场营销人员能够在最适当的时候，同时追踪个人行为，发送个性化的信息，影响个人的决策过程。这样的广告从效果来看确实是一种进步，但是营销人员并不知道情境是如何作用并影响选择

---

[1] McLuhan, M., & Fiore, Q. (1967). *The Medium is the Massage: An inventory of effects*. Harmondsworth: Penguin.

的，从这一点来看，这些广告不过是蜻蜓点水。

本章我会讨论四种不同领域的情境，这些情境会极大地影响人们做出的选择。虽然"内容为王"的说法已经深入人心，但我还是要指出来，就像下国际象棋一样，情境是最强大的潜在王牌——后。

情境能够激活进化目标

几年前，我第一次看到弗拉达斯·格里斯克维西斯的作品（和道格拉斯·肯里克合著有《理性动物》）。当时我正在采访罗伯特·西奥迪尼，第 6 章里我曾提到过他。西奥迪尼在决策制定领域做过许多有趣的实验，包括验证社会认同的作用（如果没有西奥迪尼及其同事的实验支持，关于这方面的书籍必然是无趣的）。

采访中我问西奥迪尼，当市场营销人员听到关于社会认同的力量时，他们内心应该想到什么？我们已经知道别人的行为会促使人们模仿。或者说这样的结果是如何产生的？正如西奥迪尼所说："直觉告诉我们，一种特定的行为，如果我们看到别人正在做，表明这种行为准确性更高。"因此，品牌怎么做才能促使选择这个品牌的人与众不同？当苹果力推"不同凡想"（Think Different），或当李维斯呼吁个性与自我表达时，它们违背了社会认同的作用吗？这些品牌是不是更应该说"与你同感"（Think the Same）或是倡导一致性呢？

作为回答，西奥迪尼向我推荐了格里斯克维西斯的文章，特别是一篇题为《拉斯维加斯的恨与爱》的论文。在这篇论文中，弗拉达斯转述了一个实验，在这个实验中，人们观看了旅游胜地（其中就有拉斯维加斯，并成为论文标题）的两种不同广告。其中一个版本的广告强调了事物的流行程度，"每年有数百万人来访"。另一个版本的广告则塑造了这些地方的独特性，去旅游的人于是就会显得特立独行而不是一味从众。

市场营销的惯性思维会说，提议你仿效别人的广告会引起那些偏好融合的人的共鸣，这些人显然喜欢安全的选项。同样，提议你不走寻常路的广告和那些更具个性思维的人更有共鸣，这些人愿意接受一些风险，去闯一闯。典型的市场营销思维认为，人们的选择和个性及思维方式是一致的。

格里斯克维西斯等人的研究还有一个更重要的要素。在观看广告前,实验对象首先观看了选自两部不同电影的短片。其中一个短片是来自惊悚片《闪灵》(*The Shining*)的恐怖片段。另一个短片则是浪漫爱情片《爱在黎明破晓前》(*Before Sunrise*)的几个片段,讲的是两个陌生人(由朱丽·德尔比和伊桑·霍克扮演)在一趟穿越欧洲的火车上相遇,以及两人在维也纳的甜蜜夜晚。

接下来发生了什么?(当然,不是指电影,是指实验。)在《理性动物》一书中,格里斯克维西斯和肯里克描述了观看《闪灵》的试验对象的反应。

> 对于恐怖片的观众,强调流行程度的广告更具吸引力……观看恐怖电影的观众不仅仅是简单地被人群吸引,他们极力地避免那些让自己脱颖而出的产品和经验。

观看《爱在黎明破晓前》的观众,更偏好强调产品特殊性的广告。

这项研究发现,同一个人会在某些情境下选择随大流,另一些情境下会选择与众不同。而不是有些人生来就倾向于墨守成规,有些人生来就倾向于独一无二。我们经常理直气壮地反复无常。

　　肯里克和格里斯克维西斯解释这些矛盾的偏好时认为，这些电影短片触发了进化目标，并随后过滤了人们看待广告的方式。观看《闪灵》引起了自卫的本能，随之而来的反应就是从人群中寻找安全（无数的野生动物纪录片都说明，甚至是以血淋淋的事实告诉我们，面临捕食者时脱离兽群对捕食者更有利）。观看《爱在黎明破晓前》则引发了求偶本能，随后的反应就是寻求差异化。我们的个人经验，甚至电影中的场景，都教导我们以适当的方式与他人隔离开来，这能够提高我们受关注的机会，从而更易被潜在配偶选中。

　　当然，求偶行为非人类独有，许多动物都会冒着极大的风险吸引异性的注意。鸣鸟会在醒目的高枝上高歌，[①]孔雀或其他猎鸟（这个称呼极具讽刺意味，表示这些鸟类对于人类和捕食者来说是重要且美味的肉食来源）有着非常突出的尾巴，求偶的时候会展现惊人的魅力。而这些特质同样也会招来天敌，以它们的体形（一只孔雀的尾巴占全身长度的

---

① 鸣鸟大声鸣叫有两种含义。雄性鸣鸟会大声鸣叫以吸引雌性，宣示领地，抵挡竞争者。鸣叫得越大声表明它们保卫领地的决心越强烈，或者它们想要宣示更大的领地范围，以此标榜自己，吸引更多的同种雌性鸣鸟。

60%）在这种情况下很难逃脱。①

格里斯克维西斯和他的同事通过实验定义了两种进化驱动力：自卫和求偶。进化驱动力也可以被认为是自我的子集，进化心理学家总结了共 7 个"进化自我"，每一个都能引起截然不同的行为。下面我将逐个列举进化自我，但是为了理解它们所处的情境和可能的应用领域，我建议阅读《理性动物》一书。

- 自卫：保护自己免遭敌人和捕食者杀害。
- 避疾：避免感染和疾病。
- 结盟：交朋友，建联盟。
- 地位：在社群内获得尊重。
- 求偶：吸引异性伴侣。
- 配偶保持：维持爱侣关系。

---

① 关于孔雀的尾巴吸引异性的机制有不同的看法。一种理论认为它利用的是累赘原理，拥有最醒目尾巴的雄性，也即拥有巨大障碍的雄性，必然也拥有其他的特质能够让它在天敌的威胁下存活下来。另一种理论认为雄性孔雀尾巴上的眼状色斑让雄性更具魅力，要是尾巴被折断，显然会失去雌性的青睐。还有一种理论认为，尾巴的存在不是为了吸引雌性，而是为了恐吓天敌，在性别选择中属于次要作用。

- 亲属照顾：照顾后代和家庭。

《理性动物》还未发售时，在一个广告周上，我有幸和格里斯克维西斯合作演讲，这是在纽约举行的一次业内盛会。他用了非常聪明且现代的类比来说明人类行为是如何符合这7个进化自我的。弗拉达斯认为，与其说人的大脑像强大的电脑一样能够处理大规模数据和工作，不如说它更像一部有7个不同应用程序的智能手机。

当智能手机处于导航模式为你导航的时候，它的"行为"显然迥异于拍照或玩《最佳十一人足球经理》（*Top Eleven Football Manager*）游戏的时候。处于导航模式的手机，界面显示的是地图，扬声器会给出清晰的指示，其他部分比如说 GPS 芯片，也会比你在玩游戏的时候更有用。在拍摄模式下，屏幕就成了一个实时取景器，扬声器模拟怀旧的快门声，这时相机镜头而不是 GPS 芯片成了主角，虽然 GPS 芯片能够给照片标记地理位置，但并不发挥关键作用。在这个隐喻里，弗拉达斯想表达的观点就是运行不同的应用程序或模式，手机的表现部件显然各不相同。

似乎人类的大脑也是如此。当我们接触恐怖的事物，如

《闪灵》片段，就会进入自卫模式，大脑于是把我们引向人群的安全性。当我们进入求偶模式，大脑就会驱使我们不顾一切冲向云霄、标新立异。

进化出的不同自我会影响大脑功能和行为，这一观点对市场营销人员有着巨大的影响力，因为这些不同的自我会被不同情境激活。

提到情境，传统的营销和媒体思维有两点不足。第一点是匹配内容和情境的典型做法。许多年来，我给出和接收的营销意见都在说，广告在反映某种情感的内容中发掘利用这种情感。格里斯克维西斯的研究给出了否定的建议，认为这是一种错误的方法。在恐怖电影或恐怖电视节目中播放恐怖电影的广告，可能有助于这则广告在适当的时间接触到受众群体，但是在这样的情境之下，广告传递的信息却可能并不有效。也许，利用这样的情境投放欢快、充满安全感的喜剧电影广告，效果会更佳。或者也可以播放一款家庭警报系统的广告。

第二点不足更具系统性，是我们充满缺陷又无可厚非的冲动，作为营销人员，我们自认为世界围绕我们的品牌和信息转动。[1] 我们必须承认，把屏幕上的 15 秒视频或出版物上的几平方英寸作为影响消费者决策的单一重要因素，实在是低估了消费者以前获得的经验（不管好坏），而正是这些经验让他们对信息做出反应。

媒介不仅是触及受众的方式，还能帮助消费者做好准备。也就是说，我们有机会以一种对商业和品牌更具价值的方式投放广告，从仅仅把媒介作为向品牌受众传递信息，到展示内容如何引导不同的进化目标。如果媒介拥有者能够做出这样的超越之举，也就能将业务从接触受众变成影响消费者了。让你的目标观众做好准备，本能地接受你传达的信息，这样的媒介情境比单纯匹配内容的情境要更有利于品牌推广。

简言之，观众在广告前观看的内容对他们的最终决策，与广告本身一样重要。

---

[1] 当一个品牌在社交网络中被提及，经常被形容为"品牌对话"。我的同事金·伦德格伦（Kim Lundgren）总是很快指出："对话是人的行为，而不属于品牌。"人们的动机更多的是自利，而不是对品牌有利。品牌推荐并不是关于品牌，而只是推荐人想要强调"我很有见识，博学多闻，乐于助人"。

人的外在标签会影响行为

上文我提到，观察别人的行为会影响自己的行为，只是我们通常意识不到。而别人对我们的看法也能在不知不觉中影响我们的决策，这一点也就不足为奇了。诸如成见效应或成见威胁的社会力量与身份和文化糅合在一起，对我们的行为产生了深远且限制性的影响。

性别标签就是成见效应的一个例子。经常有人问我："男人和女人做决定时有什么不同？"提问的人期望听到的是神经科学和行为科学上的权威故事，最好能证实《男人来自火星，女人来自金星》(*Men Are from Mars, Women Are from Venus*)这本伪科学图书中总结的男性和女性原型是正确的。

答案是什么呢？市场营销人员是该将男人和女人作为整体考虑呢？还是要分开？

答案很简单："看情况。"

性别差异是个容易造成紧张局势的话题。但是我很幸运，所处的位置并不考虑政治正确与否。我唯一的兴趣是："市场营销人员应该何时将男人和女人区分对待，何时又应该将他们仅当作人类整体"。我不会深入探寻真相，只是想知道营销人员如何利用人性的洞见扩大营销策略的影响力。

性别差异反映了科学的不确定性,因此在这个话题上我不去探寻真相也无妨。关于性别差异的争论很多,文献也各种各样,特别是在生物性别之间有什么天生的差异这个问题上,众说纷纭。《男人的大脑很那个》(The Male Brain)和《女人的大脑很那个》(The Female Brain)的作者露安·布哲婷(Louann Brizendine)画过一幅画,会让你质疑男人和女人是否是两种截然不同却相互关联的物种(当然,这种看法也在她为两种性别分别写的书里得到强化)。其他如《是高跟鞋还是高尔夫修改了我的大脑》(Delusions of Gender)的作者科迪莉亚·法恩(Cordelia Fine)则认为两性间的相似性要大于差异。正如法恩所说:"世界上没有比男性大脑更像女性大脑的东西了。"

有一种说法叫"女人来自金星,男人来自火星",但是科学并不完全支持性别分立有这么严重。本书涉及的大部分行为科学研究也没有在统计上显示出显著的性别差异。也就是说,大多数研究都专注于观测认知偏差对选择所起的普遍影响,而不是为了解释性别差异而设计的。

差不多在每一个强调男性和女性大脑或行为共性的研究

背后，都有另一个研究在论证性别差异的显著影响。这种学术上的争论正好印证了前文提到的观点：科学是个发展的过程，分歧推动着科学的发展进步。

虽然在性别如何影响选择上很难达成统一意见，但是在性别成见如何影响决策上，专家们则已经达成了广泛共识。

发生性别成见效应的原因有如下几个。第一，男性和女性之间存在着显著且根本的差异，并且明显超出生物学的认知和生物习性，其中一个差别就是女性的月经周期，男性没有这样的激素起伏。另外，除了情绪转换，在月经周期的不同时点，女性决策的过程也有显著不同。在时间贴现实验中，处于卵泡期（排卵之前和雌激素水平高的时候）的女性更倾向于更大更靠后的选项。第7章我们谈论过在其他情境下，人类会倾向于在现在的时点选择更小的奖励。我们就是根据这些明显的生物差异推演出性别成见的。

第二，对于男人和女人分别应该如何表现，我们遵循根深蒂固且生动的模型。模型受成长过程和社会文化的影响，从孩童时开始就不断接受这样的熏陶，最终导致我们建立起这样的成见。它们影响了看待彼此的方式，通常过于强调差异而低估了相似性。模型影响了性别观念和对他人采取的行为，也影响了男人或女人会如何理解他们自己的技巧和表现。

简·莫里斯（Jan Morris）对女性性别模型的影响有一种独特的见解。莫里斯擅长写旅游类书籍，是一位杰出的作家，最初她以詹姆斯·莫里斯（James Morris）为名写作，20 世纪 70 年代接受变性手术后，她开始用简·莫里斯这个名字。她在自传中描写了变性后的一些经历：

> 越是被当成女士来对待，我就越觉得自己是女性。越是被认为不擅长倒车，我就越不擅长。如果有人认为某个箱子对我来说太重了，莫名地我自己也会这么觉得。

黛比·恰恰拉（Debbie Chachra）是富兰克林·欧林学院研究材料科学的教授，在她的研究中也发现了相似的现象。恰恰拉发表过的一篇文章是考察工程专业中的男女学生分别是如何评价自己的。[①] 虽然两者取得的学术成就相同，经过 4 年的学习后，女学生对是否能学好数学的信心要显著低于男

---

① 恰恰拉在《自然》杂志（2017 年 8 月 22 日）上发表了一篇结合她个人经历和研究的文章《为了减少性别偏见，承认它们》（"To reduce gender biases, acknowledge them"），这篇文章值得一读。

学生，虽然平均来看，女学生的成绩和男学生相当。其中表现出的成见威胁，指的是对某一群体的负面形象使得身处其中和被认为属于这一群体的人受到威胁。

还有许多类似研究显示，男性和女性在各种各样的数学测试中表现相当。法国一项对七八岁儿童进行的研究显示，如果特意向女孩强调其性别身份，女孩就会在难度较大的数学问题上表现欠佳。而男孩的表现不会受到其性别身份的影响。还有一项研究针对具有中等以上数学思考能力的成人，对其中一部分调查对象施加成见威胁，即事先说明实验过程中需要做一些数学测验研究男性和女性到底谁擅长数学。结果受成见威胁影响的女性比未受影响的女性表现要差。

就像我们说的，尽管性别差异司空见惯，但是与生育相关的可预见的领域之外，许多日常行为方面的性别差异要少得多。一位进化心理学家曾告诉我，他认为男人习惯环视四周，并且比女人更警觉，因为男人在进化中需要更多地保护领地和配偶。对于那些身处酒吧却时刻分心给屏幕游戏的男性，这真是个不错的借口："这是我的天性，我要环视四周，看会不会有危险……我只是在保护你！"不管这种理论是不是真的，它并没有拓展到零售业。我曾问过一位购物营销专家，他参与过很多视线跟踪测试,来调查人们在零售店会注意哪里。他的回答是:"并没什么用……大多数时候,人们看地上。"

不论营销人员或科学家如何批评性别差异(或趋同),最重要的是:作为营销人员,性别模型不管真假并不重要,只要你知道为什么利用它。如果将男人跟男性模型联系起来——比如说男人做决定时更倾向于理性而不是情感——那就千方百计把这一点传达给你的目标受众。或夸大,或喜剧化,又或是用一种深刻的方式争取目标受众的支持。当然,也许你的所作所为不过是浪费钞票,甚至有可能与真相完全相反。

还有一种被广泛认可的观点,认为女性比男性更擅长处理多重任务。诺基亚公司2007年曾公布了一项全球性研究成果,标题为"研究结果证实:女性比男性更擅长多重任务"。事实证明,这项研究不过是证明了不准确的模型如何误导观点的塑造。2019年的研究表明,男女都无法圆满处理多重任务。不管怎样,营销人员通过建立女性更擅长多重任务的文化信仰,可能会带来巨大威力,特别是当与那些将其视为自我概念一部分的人联系时。

组合所有营销活动的时候要记住,男性的决策过程跟女性是一样的，大部分都可以用情感和直觉因素解释，但是你仍然可以赞扬他们的理性，不过你必须说到他们心坎上。你还要记住，即使人们相信女性更擅长多任务处理，设计数字体验时你也不能如此假设。理解消费者看待世界的方式，以便建立联系，但是在构建营销计划之前要理解他们行为之下的现实。

不论性别模型真假，性别本身确实是一个标签。而另一个有趣但出乎意料的标签是你的姓名。第 5 章我提到鸡尾酒会效应，说明了姓名的特殊性。不管多嘈杂，我们都能立即对机场公共广播系统里自己的名字，或聚会上其他人的呼唤做出反应。

在《粉红牢房效应》中，奥尔特也写到了名字（这个被给予和背负的东西并不是我们自己选择的）对我们的行为、决策以及他人关于我们的决策会产生什么影响。当然，你的名字可能产生的影响并不显著，不会像约翰尼·卡什（Johnny Cash）的歌《名叫苏的男孩》（"A Boy Named Sue"）一样轰动。不同的名字显然影响不同，奥尔特对此做了令人信服的论证。

名字会对生活产生影响，这一点发生在一个非科学领域，叫作名副其实（aptronyms 或 aptonym[①]）。名副其实表示名字和人特别相符。第 8 章我曾举过一个例子，就是经济学家同时也是行为经济学泰斗的理查德·塞勒（Richard Thaler），thaler 是古德语单词，意思是"金钱"。还有一个例子是我在旧金山的一个朋友，他是一位足科医生，叫作膝盖（Knee）医生。奥尔特则提到了尿遁（Weedon）和飞溅（Splatt）博士[②]的泌尿科学家团队，澳式足球运动员德里克·踢一脚（Derek Kickett），以及以色列网球选手安娜·扣球新星（Anna Smashnova）。[③]主格决定论——名字影响职业或生活的各方面——的研究表明，牙科（Dental）界里姓"牙"（Den）的人比普通大众要多。然而，主格决定论受到了行为科学家尤里·西蒙森的挑战，他的工作是数据监测，我们在前面多次提到过他。

不管是否具有科学性，"名副其实"似乎会定期发生。这可能是因为它们之间生动的联系，名字对得上职业或兴趣的

---

① 这个词是词根 apt 和 -onym 的结合，表示一个人的姓名恰好能非常恰当地描述这个人的职业或个性。
② 原文为 Drs. Weedon and Splatt，其中 Weedon 这个姓中的"wee"表示尿尿；Splatt 可以视为 splatter，即被水淋湿、飞溅的意思。
③ Kickett 音同 Kick it（踢一脚）；Smashnova 可以分开来作为 smash nova（扣球新星）。

事极富黏性，我们经常会高估它们的实际发生概率。这也许是一种被称为"情境效应"的记忆偏差在作怪。情境效应通常发生在所处情境容易检索的事情中，而不是情境之外的事情。

给烘焙食品公司设定目标市场选择战略时，我也不会假定叫贝克（Baker）的人都是面包师（baker），他们甚至对烘焙丝毫没有兴趣——尽管这样的现象可能解释了阿森纳足球俱乐部为什么聘任阿尔塞纳·温格（Arsene Wenger）① 为主帅，在最初的成功之后，他长达 9 年战绩平平。②

"名副其实"也许被夸大，但是奥尔特的论述让人信服，名字确实能深刻影响生活。姓名就是我们的标识。他指出，许多研究表明了姓名是如何影响别人对我们的行为的，以及姓名如何在不知不觉中影响职业。③ 对营销可能更重要。奥尔特还谈到姓名对人本身的行为会有怎样的隐性影响。

---

① 阿森纳英文为 Arsenal，阿尔塞纳英文为 Arsene，非常相似。
② 直至 2013 年足总杯决赛战胜赫尔城，温格才结束了冠军荒。温格一直坚持到 2018 年，这让许多阿森纳球迷感到懊恼。
③ "艾米丽和格雷格比拉吉沙或贾尔马更值得雇用吗？关于劳动力市场歧视的现场试验"这一由玛丽安娜·伯特兰（Marianne Bertrand）和桑德希尔·穆来纳森（Sendhil Mullainathan）展开的研究由《国民经济研究》（National of Economic Research）刊载，发现名字听起来像白人的简历每投出 10 份就有 1 个电话回复，而名字听起来像黑人的简历每投出 15 份才会接到 1 个电话回复。

已故比利时心理学家约瑟夫·M. 尼坦（Jozef M. Nuttin）的研究表明，人们偏好自己姓名中的字母，在选择中会更倾向这些字母，要他们列出最喜欢的6个字母，也常常会选择姓名中的字母。尼坦将之称为纯粹所有权效应。

奥尔特还列举了一个研究，分析现实生活中的行为，这个分析显示了我们不仅喜欢自己姓名中的字母，还偏好在财务决策中选择以姓名首字母开头的期权。美国密歇根大学的研究团队利用红十字会在美国中西部地区的捐赠记录，调查了"姓名字母效应"是否影响对飓风受灾者的捐赠。更具体地说，他们想要看看姓名首字母和飓风相同的人是否占捐赠者的大多数，结果发现确实如此。名字以字母K开头的人更愿意捐赠给飓风卡特里娜（Hurricane Katrina）引发的灾难，名字以字母M开头的人更愿意捐赠给飓风米奇（Hurricane Mitch）引发的灾难。我有一位朋友是菲律宾人，她曾为台风海燕给菲律宾带来的灾难募捐，在朋友圈中募集了好几千美元的善款，而以前她从来没有做过这样的事。台风海燕在菲律宾被称为"Yolanda"，而我的这位朋友的名字就叫"Yumi"。

营销人员收集了大量的消费者数据，却从未考虑过人们最公开的信息——他们的姓名，这着实有些讽刺。2011年，可口可乐公司在澳大利亚举行的一次极佳的营销活动就利用了人们的姓名。在"分享快乐可乐"的主题下，可口可乐公司在澳大利亚推出的可乐瓶（或罐）上印了 150 个澳大利亚最流行的名字。活动一经发起，如火燎原，可口可乐在澳大利亚这个有着 2,300 万人口的国家卖掉了 2.5 亿瓶（或罐）印有名字的可乐。许多媒体报道称，这场活动提升了 7% 的消费，对于可口可乐这样的大品牌来说，7% 已经是非常可观的数量了。这个想法扩散到 70 个国家。英国市场调研公司舆观调查公司（YouGov）报道称："对于容易受可口可乐电视广告影响的人来说，可口可乐、健怡可乐和零度可乐的消费者认可程度在每一次调查中都稳步上升。"而英国杂志《便利店》（*The Grocer*）引用尼尔森数据显示消费者认可程度以每年 10% 递增。

类似的营销活动 2014 年在可口可乐的故乡展开，根据《华尔街日报》的报道，这项活动终结了可口可乐在美国 11 年的销量下跌，并使当年销量上升 2%。在 2019 年的一次采访中，可口可乐南太平洋市场总监露西·奥斯汀说：

说到底，我们的名字是我们拥有的最私人的东西，用一个词概括，它是我们的指纹，我们的身份。我们把最私人的名字放在了世界上最具标志性的品牌之一上。

唤起内隐自我主义不仅限于名字,它还延伸到身份的其他方面。这在一项研究中得到证实,研究人员让学生阅读拉斯普京的传记(拉斯普京是一名俄国神秘主义者,曾对沙皇亚力山德罗维奇使用催眠术,他被描绘成一位邪恶和黑暗的魔僧[①]),其中一些学生得到的传记中,拉斯普京的生日被改成和他们一样。结果,那些认为和拉斯普京同一天出生的学生比阅读准确传记的学生对拉斯普京更认同。

联系在一起,具有一种吸引力,比如相同的名字、字母或生日使得品牌有机会建立与消费者的共鸣、联系,推动消费者的行动。如今,消费者担忧隐私泄露给营销人员并被利用,我们应该回过头去,看看被我们忽视的最公开的数据——姓名和生日。

我们的身份是宝贵的,我们捍卫或提升身份的欲望影响了我们的行为。黛比·恰恰拉为了阐述这一点,改编了厄普顿·辛克莱的名言"当一个人的收入取决于他对某件事的不

[①] 也有把他描绘成情种的,如果你相信波尼姆乐队(Boney M)在《心上人》("Ra Ra Rasputin")这首歌里唱的他是"俄罗斯最强爱情机器"。

理解时,很难让他理解它"。她把这句话改编为"当一个人的自我形象建立在他不理解某件事的基础上时,让他理解某件事是很困难的。"恰恰拉的版本给我的印象是,它对人性有更深刻的洞察。

将某一行为表达为个人身份的一部分,更可能使这个人执行该行为。斯坦福大学和哈佛大学在2011年进行的一项研究,显示了词语选择对唤起自我概念的重要性。这项研究比较了"我是选民"或"我投票"等短语如何影响选民登记和投票率。这两种短语之间的重要区别是,后者描述的是人们所做的事情(即行为动词),而前者描述的是自我。这项研究的参与者接受了对使用"我是选民"或"我投票"措辞的调查。那些阅读了描述自我的措辞的人更有可能登记投票,并真正投票。

无论宏观还是微观的环境,都影响我们的选择

亚当·奥尔特不仅是姓名方面的专家,还对其他形式的情境知之甚详。在他的第一本书《粉红牢房效应》出版时的一次采访中,他告诉我:

（如同环境中影响最广泛的因素）比如天气，不论是晴天还是雨天，都会影响人们购物的想法。研究人员发现，晴天的股票市场趋向于上涨，通常人们购买更多的股票。同样，晴天的时候人们愿意买更多的商品。没错，你已经抓住金融市场和商品市场共同的基本效应了。

尤里·西蒙森研究了天气（短期条件）对一个具有长期甚至终身影响的决定的影响。他分析了大学访问数据和大学所在地区的气象记录。这样他能观察到一个人访问一所大学时，当地的天气状况与他们入学的可能性之间是否相关。奥尔特告诉我们，晴朗的天气如何促使人们做出一些选择，而西蒙森提供的证据表明，多云的天气会促使人们做出其他决定，而且它可能会影响大学招生，因为云层的影响超过主要学术属性。

与当前天气状况影响未来学术活动决定的假设一致，我发现在访问当天云量每增加一个标准差，入学概率增加9个百分点。

这当然与我们在第 7 章所讲的内容有关。西蒙森将这种特征归因于投射偏差，即错误地认为自己的品位和喜好会随着时间的推移保持不变的倾向。

报考哪所大学这样重要的决定，可能会受到像一天的云量这样琐碎且明显无关的短期因素的影响，这表明投射偏差很可能是一种相当普遍的现象，很可能在跨期决策中扮演重要角色。

这项研究的一个非常实际的应用是，对于任何学习营销的人来说，可以尝试把测试媒体放在阴天天气预报旁，使用"天气触发"营销，甚至在创作中尝试在图像中营造阴天的感觉。

位置当然也是情境。詹姆斯·哈拉特（James Hallatt）担任葛兰素史克口腔健康部门的全球主管多年，他向我介绍了他们的全球品牌舒适达的一项抽样调查：

让牙医发放针对敏感牙的舒适达样品显然是非常有效的推介方式，因为推荐人是专业牙医。但是在手术的环境下，患者躺在手术椅上接受全方位的口腔护理，以及牙医一对一的专注治疗，这些都加深了此时此刻的治疗和进一步保健的情境。

在 1985 年一篇关于心理账户①的论文中，理查德·塞勒报告了他给参加高管发展项目的经常喝啤酒的人的一个选择。

大热天你躺在沙滩上。你只能喝冰水。在过去的一个小时里，你一直在想如果你能喝上一瓶你最喜欢的冰镇啤酒，你会有多享受。一个同伴起身去打个电话，提出从附近唯一卖啤酒的地方带一瓶啤酒回来（场景 A：一家豪华度假酒店；场景 B：一家小而破败的杂货店）。他说啤酒可能很贵，所以问你愿意为啤酒付多少钱。他说如果不高于你说的价格，他就买。如果高于，他就不买。你信任你的朋友，不可能和卖家（场景 A：酒保；场景 B：店主）讨价还价。你会告诉他多少钱？

差异是惊人的。在情景 A 中，当参与者从豪华酒店购买

---

① 心理账户涵盖了我们对钱的不同看法，这取决于它的来源或计划用途。这可能会导致有益或无益的结果。例如，人们有时会拒绝用储蓄偿还高息贷款，即使这样做最符合他们的利益。心理账户的讽刺之处在于，金钱的可替代性越来越弱。

啤酒时，他们准备支付 2.65 美元，而在情景 B 中（破旧的杂货店），他们准备支付 1.5 美元。塞勒指出，在这两种情况下，啤酒是一样的（你最喜欢的品牌），消费的地点和时间是一样的（在海滩上），没有消费"气氛"和"服务"。塞勒用交易效用解释这种差异。交易效用是指我们对交易的感受，或者我们最终支付的金额与我们预期支付的金额之间的比较。但是，是什么推动了价格上涨的预期呢？这仅仅是塞勒解释的一种无意识的参考价格计算？还是一种想象的结果，即啤酒将在一个富丽堂皇的地方获得，穿着燕尾服的酒吧服务员戴着一尘不染的白手套将啤酒递过意大利大理石吧台？

　　环境暗示会影响我们买什么，以及我们愿意为此支付多少钱。还有研究灯光明暗、气味甚至是陈列空间的大小对零售的影响（研究表明，在狭窄的过道里，购物者对糖果的选择比宽敞过道里的购物者更多样化）。有一项研究调查英国超市里对红酒的选择，结果显示不同的背景音乐对人们的选择具有巨大影响。研究过程中，超市货架上展示的法国红酒和德国红酒价格与容量相当，播放的音乐每天变换。第一天是典型的法国手风琴音乐，第二天则是德国铜管传统音乐。播放法国手风琴音乐时，每卖出 10 瓶红酒就有 8 瓶是法国红酒。播放德国铜管传统音乐时,每卖出 10 瓶红酒有 7 瓶是德国红酒。购买红酒的消费者还填写了问卷调查。根据问卷调查的结果可以看出,消费者没有意识到播放的音乐也是促成他们购买决定的因素,86% 的问卷认为音乐对他们的选择没有影响。在市场营销中,我们都太过注重"前景",而忘记了背景其实也可以对人们的选择产生影响。

心情如何:情绪也会影响决策

我们都经历过别人无端的怠慢和恼怒。通常我们的第一反应是探究为什么会受到这样的对待。"我做错了什么?"我们经常这样自问。又或者将这些行为归咎于他人的人品,认为这全是别人的错。但是,如果随后能跟他们交流,就会知道真相跟我们想的完全不同,也许他们正好跟家里人吵架了,或是跟客服代表发生了不快,又或是病痛侵袭,遭受了金钱的损失,这些才是他们怠慢你的真相。

品牌也经常会遭遇这样的境地。虽然你谨慎设计了市场营销方案,最终却还要看消费者个人早前的情境,这一点显然不是你能控制的。早前的情境对人们做出的选择具有很大的影响。

比如说，普林斯顿大学在20世纪70年代做过一项著名实验，叫作"好心的撒玛利亚人研究"，借用了《新约》中的一个故事，讲述了一个人遭受抢劫和殴打之后被遗弃在路边等死，有两个宗教背景的人（一个神父和一个利未人）路过却没有对他施以援手。最后，一个来自撒玛利亚的人路过，他本没有义务救助这个人，却停下脚步帮助了这名受害者，为他包扎伤口，带他去旅馆疗伤，还为他垫付了费用。

在好心的撒玛利亚人实验中，普林斯顿大学神学院的学生们要准备一个简短的演讲，这些演讲的对象是不远处一栋建筑里的人群。其中一些参与者要谈一谈神学院学生的就业前景，还有一些要谈论好心的撒玛利亚人的寓意。为了衡量他们可能会给别人提供的帮助，所有的学生都要先完成一次简短的人品测试，测试主要通过一些特定的问题确定他们对宗教的看法。

然后要求学生们步行去做演讲的地方。出发前，研究人员会分别跟这些学生谈话。对其中三分之一的学生说："你们来晚啦，几分钟前其他人就出发了。我们最好赶紧行动。"然后对另外三分之一的学生说："助手们已经准备好了，所以赶紧出发吧。"对最后三分之一的学生,研究人员则说:"还有几分钟才能准备好呢,不过你们还是先过去吧。"

在去往目的建筑物的路上,学生们都会碰到一个看上去很痛苦的人(这个人是一位研究人员假扮的),但是只有少数几个学生停下来给予其帮助。

有趣的是,既不是因为要演讲好心的撒玛利亚人寓意的那群人缺乏同情心,也不是像人品测试的结果显示的那样乐于助人的学生更愿伸出援手。原因仅仅是第三个变量——学生们在去往目的建筑物途中的着急程度——决定了学生们是否会伸出援手。所以,不急于赶路的那部分学生更愿意停住脚步提供帮助。

研究团队的领导约翰·达利(John Darley)和 C. 丹尼尔·巴特森(C. Daniel Batson)在他们的论文里写道:

> 回顾好心的撒玛利亚人不能增加人们帮助别人的行为,匆忙的状态让人们更少去帮助别人。由此可以得知,我们经常引用的解释,即随着日常生活加速,道德成为奢侈品,这句话至少是一种精确的描述。

简而言之，匆忙的状态不仅比哲学和价值感对参与者的行为影响更大，还击退了"提供帮助很重要"这样的理念，并且这样的理念在不久之前通过总结好心的撒玛利亚人的寓意重申过，所以这个过程对于参与其中的神学院学生来说是非常具有说服力的。

理解接收信息和做出选择的潜在选择者的精神状态，这一点非常重要。考虑购物者的精神状态是营销原则的胜利因素之一。在零售的环境中，人们的行为更是千差万别（实际上，从一个零售环境到另一个零售环境也会有很大的不同），需要我们使用不同的市场营销技能应对。传统的品牌营销认为人口统计数据和心理信息的不同构成了人们的行为。而我们从进化心理学和行为科学中学到的则是，人们进行选择时的精神状态会使选择表现出显著的差异。

情境从广义上来看，对人们的选择具有重大的影响。市场营销人员关注内容，视它为王，是因为内容看上去更容易掌握。然而这只是错觉。在影响决策的过程中，情境既可以削弱内容的作用也可以增强内容的作用。只有情境足够好，内容的优势才会发挥出来。

营销者的工具箱

- 人们做决策的每个环节都依赖情境。这一点非常重要，但我还要重申一遍。人们做决定的每个环节都依赖情境。

- 围绕选择的情境指向强大的进化目标。这些（有时是不易察觉的）情境差异能够让同一个人做出完全不同的选择。

- 人类利用模型和偏见进行快速评价（经常并不准确）并外推实际行为。市场营销人员作为人类也会这样做，我们必须知道，理解偏见并不能够用来预测实际的行为。

- 我们偏好与我们有联系的事物。比如共同的生日或名字首字母，这让我们对这个人或这家公司感到更亲切。如果你是筹款人，不要只通过一个人发出筹款呼吁，多雇一些人，并且这些人的名字首字母要和接收信息的人一样。

专业人士的读后感言

- 这不仅仅意味着要做恰当的事情，还要处在恰当的时机，用恰当的方式。因为激发洞见和内容的是情境。

- 忽略情境考虑内容是毫无意义的。

畅销的原理
THE BUSINESS OF CHOICE
第 13 章　先天和后天、遗传和环境都同样重要

先天和后天都会刺激人们的选择，所以市场营销人员要把两者都考虑进去。

在《哈利·波特与密室》中，邓布利多对哈利说："哈利，是我们的选择，而不是我们的能力，决定了我们是什么样的人。"他向哈利保证，虽然他可能看到自己和汤姆·里德尔（伏地魔）有相似之处，但哈利是不同的，因为他选择用自己的力量做好事。

如果是我们的选择决定了我们是什么样的人，那么是什么塑造了我们的选择，进而塑造了我们呢？是行为的普遍性？我们个体的生物学差异？文化情境的影响？还是我们的个人经历？

答案当然是以上全部。

因此，我们不必争论是先天还是后天的因素促使我们做出选择。答案显然是先天和后天同时在起作用。在上一章中，我们看到了性别差异这种社会情境如何影响行为，也讨论了情境如何影响选择，使我们在不同的环境下做出不同的选择。

那么，个体之间存不存在先天的差异，影响着他们的选择呢？我会对行为科学在市场营销中的应用产生兴趣，是因为我想知道在不同领域中，有多少实验专注于参与者样本的平均影响，而不是因为好奇为什么在某些个体身上影响更明显。老实说，市面上有一大堆好书已经普及了行为科学的原则，你可以读读这些书，然后挠头问，自己和邻居有什么不同，和东京的出租车司机有什么不同，和汉堡的教授有什么不同。当然，你从很多方面都与他们不同，但同样在很多方面具有共同点。

行为经济学（特别是在早前的研究中）重点突出的一个方面是确认了人类存在认知偏见，而不是揭示这些偏见会产生什么样的影响。在第 8 章中，我们讨论了前景理论，知道了损失带来的消极心理影响是等量的收益带来的积极心理影响的两倍。每次我和专业的营销人员一起工作或做演示，他们都会问："真的有两倍吗？"

这个问题很棒，但答案是否定的。[1] 营销人员会问这个

---

[1] 在第 8 章中，我们讨论了损失厌恶是如何依赖情境的。其他因素，包括年龄，也可能导致损失厌恶效应大小的变化。一项针对 660 名年纪和社会经济地位在特定范围的德国人的研究表明，更老的被调查对象更厌恶损失，并且教育程度越高的人对损失的厌恶程度更低。

问题，是因为大部分营销思维都将注意力放在人们的不同之处，而不是相似之处。我们总是针对不同的人提供不同的产品。我们将用户分成不同的群体；我们基于人口统计和消费心理上的差异，在不同媒体上对目标观众进行广告投放；我们对特定年份出生的群体（婴儿潮、X一代、千禧一代）有不同的处理方式，并且将之归因于他们有完全不同的倾向、信念甚至行为。有时候，我们似乎把这些同为人类的兄弟姊妹视为完全不同的物种。

市场营销人员花费巨资想要找出差异。我共事过的每一个大企业客户都会在市场细分研究上投入重金，目的就是将市场总体划分成内部具有相似性的不同群体。这些群体（或细分市场）可能是按照对品牌的潜在价值来分的，也可能是按照他们的地址是否可以查询来分的，还可以按照他们是否是优先目标划分。区分这些细分市场的典型准则是一个群体对某类型或某品牌的需求与其他的群体有何不同；或他们的外在行为有何不同；从人口统计和消费心理上有什么不同；又或是一个群体使用的媒体有何不同；这个群体的倾向和情感需要是否使他们比其他群体更难或更容易接纳某个产品或信息。

市场细分研究并不便宜，要进行彻底的市场细分研究需要花费 30 万美元到 100 万美元不等，甚至更多，具体金额取决于角度、规模和覆盖的国家数量。而这仅仅是开始，市场细分研究经常会直接影响营销投入，这又是一笔数十或数百倍于市场细分研究的支出。

个体差异对于市场营销人员来说非常重要（本章会涉及个体差异的新领域，它们直接与行为相关联），并且营销从业者还认为，个体差异对行为科学家来说则没有那么重要。我有时会过度概括为，常常是市场营销人员太过关注认知差异，而行为科学家太少关注认知差异（从他们的研究在市场营销中的应用来看）。行为实验在设计上通常针对的是整体人口水平。市场细分研究则相反，通常放大差异，虽然这一点非常具有价值，但是并不一定有用。我之前服务过一家知名服装公司，他们的消费者分析部门获得这种放大差异的办法，是通过辨认谁符合市场细分研究描述的关键群体，然后为符合描述的人制作迷你档案，包括他们的生活和品位。消费者分析团队甚至会寻找一些个人消费者，把他们作为符合市场细分研究所确认的群体的代表。然后让他们出席一些关键性的短会，甚至和营销及产品团队会面。这种个体化途径帮助人们看到不同细分市场之间的差异，同时也微妙地强调了更广泛的人类动机和欲望的重要性,这些都是营销人员在市场细分研究中容易忽略的因素。

文化对人们的选择具有潜在的影响,但是在很多判断和决策过程研究中却缺乏讨论,这一点让我感到困惑不已。市场营销人员,特别是广告公司,沉迷于文化因素,而且理由充足(正如恩格尔、布莱克威尔以及米尼阿德在他们撰写的《消费者行为》中说的,市场营销人员注定对文化的理解有缺陷)。上一章我描述了成见如何造成认知一致性——对于那些含蓄同意和象征性点头的事物。能够产生文化共振的想法和主体也可以达到同样的效果。从接受者的角度看,他们正在谈论的事情、观看和听闻的东西、互动和分享的话题,与这些相关联的想法才是值得去认识的。

文化相关的主题或模因[①]对市场营销的影响,与其说是触发决策和行动的机制,不如说是吸引人们关注和参与的手段。促使选择者最终做出选择的是某个信息引发的感情和先天行为偏好之间的联系,这也是我前几章一直在讲的东西。

比如,我们来看一下一个40年前的商业广告的档案,

---

① 模因是指"同一个文化内人与人之间传播的想法、行为、风格或习惯",由理查德·道金斯在他1976年出版的《自私的基因》一书中首次提出。

2007 年，英国营销贸易类杂志 *Campaign* 称之为"史上最受欢迎和影响最广泛的电视广告之一"。这一广告描绘了几百个年轻人合唱"我们想给世界买一瓶可口可乐"，① 它抓住了时代精神（Zeitgeist，从德语借来的词，表示时代的灵魂或精神）。这则广告播出时，美军陷入越南战争的泥沼已经 6 个年头，并且看不到战争的尽头，同时冷战把整个世界分隔开来。这则广告，正如可口可乐的员工说过的，很快就超越了它本身，成为人们宽容和希望的凝聚。

可口可乐的广告在当时产生了巨大的文化效应（还有最近的 2015 年），② 10 万人写信给可口可乐公司（写信给公司

---

① 你肯定看过这则广告——它的真名叫"小山坡"，它在题记里写道："在意大利的一个小山坡上，我们召集了全世界的青年来传达这一信息……"我个人和很多人一直以来都非常喜欢这个电视广告。光用文字描述显然不能详尽，如果你没有看过，那你一定要去 YouTube 上看一下。如果你知道这则广告，那就再欣赏一遍，当作犒劳自己。
② "我想给全世界买一瓶可乐"广告的标志性地位在 2015 年得到了强化。在《广告狂人》最后一集的结尾，唐·德雷珀（Don Draper）在北加州海岸的隐居处，从他复杂的生活中找到了平静与安宁。在这部电视剧的制片人的诗意处理下，德雷珀设想了一个和谐与希望的世界，并似乎构思了这个著名的广告。《广告狂人》的创作者马修·维纳（Matthew Wiener）事后解释说："对我来说，这是有史以来最好的广告，它来自一个非常好的地方。我们和广告之间的暧昧关系是我创作该系列剧集的原因。"

的内涵要比在公司主页点赞的行为更具深意),广播电台也被要求播放这首歌的请求淹没(顺便一说,广告播出后不久,梦想家合唱团曾录过这首歌,但是歌词中没有提及可口可乐。值得称道的是,它在英国和美国的每周流行唱片排行榜分别取得过第一名和第七名)。

虽然这则广告传递的宽容信息以及带来的文化冲击很大程度上让它成为超级受欢迎的广告,但是让它发挥效果的行为引擎,可能是在广告中积极应用了社会认同。用一种巧妙和有意义的方式让这么多人同时举起可乐瓶,这则广告不仅告诉人们可口可乐很流行,也让观众认识到有很多人都在买可口可乐,喝可口可乐。因为社会认同是激活先天行为偏好的强有力手段,让人们做别人正在做的事情,让选择可口可乐成为一种本能行为,可口可乐便成了人们最自然的选择。

社会及流行文化中正在发生的事,或是符合个人价值和品位的事物对于塑造人们的选择都是至关重要的。虽然人类天性——从定义上来说——无时无刻无处不在运转,但是如何解释特定时期的一些个性化或固有的事情?如何解释让我们区别于其他时代的人的事情呢?

个体之间存在差异有许多原因。有些是基因遗传造成的,用来帮助同质团体在所处环境中更好地生存。比如说，斯堪的纳维亚土著人已经适应了北纬地区少太阳光照射的环境，能够高效地吸收光照，获取维生素 D3（一种对骨骼成长、免疫和大脑功能发育至关重要的物质）。适应不仅包括最大化吸收光照的白皙皮肤，还包括趋光的文化（斯德哥尔摩的游客经常会发现，酒吧或公共场所的折叠椅整齐排列，在一天的特定时候都在为最大化吸收阳光而精准调整角度）。

其他的个体差异可能因为人群中的某种个性和行为的混合对这一人群有益。2013 年发布的一项研究显示了"领导基因"的存在，并因此在大众媒体上创造了一股狂热。研究者之一扬-艾玛纽埃尔·德·内维（Jan-Emmanuel De Neve）博士说道：

> 我们发现了一种基因型，并把它称为 rs4950。这种基因型看似跟领导力的遗传有关……传统的观点认为领导力是种技能，可以习得，虽然大致上这一观点是正确的，但是我们也揭示了领导力部分是由基因决定的。

如果领导力指的是获得社会价值，那么显然不是每个人都会获得这样的地位。人们是否注定会成为领导或追随者，这是一个道德问题，不在本书的讨论范围之内（但可能是酒足饭饱之后的谈资）。但是一个社会的人口在多样化的同时又能够互补才能对整个社会更有益，这样的想法显然很有趣，也很值得赞赏。对于市场营销人员来说，需要抓住的点是，人性的普遍性表现在不同的类型中。

几年前，为了掌握先天和后天、人口相似性和个体差异如何影响人们的选择，我编制了一张路线图。虽然它不能完全解释背景和环境如何影响决策，但至少让我们可以描绘大部分影响人类决策的影响因素（比我更聪明的思想家还在不断讨论先天和后天如何影响选择。总之，如果能找到答案，对于哲学家和科学家的意义肯定比对营销人员更大）。图13-1有助于将影响人们行为的潜在变量可视化。

人类天性

人类天性的象限处于全体和先天的交叉部分，也是本书很多章节谈到的内容。这一部分表示的是所有人类都在使用的捷径，以及数千年来人类本能的进化路线，这些因素是近

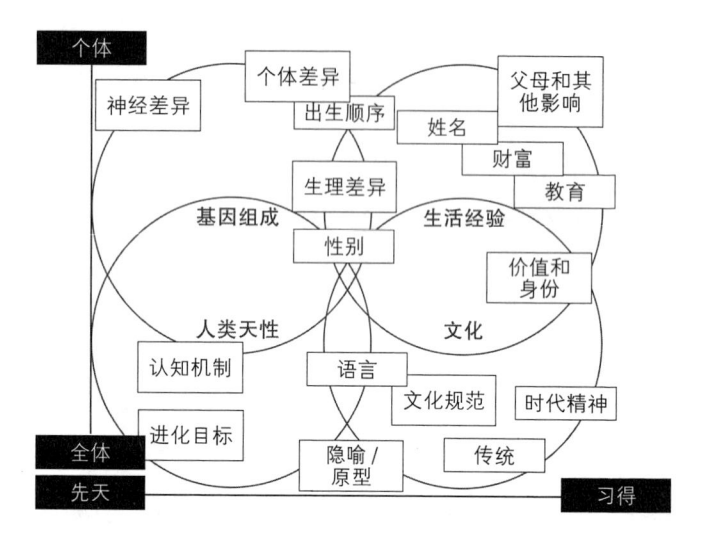

图 13.1　全体 / 个体以及先天 / 习得的路线图

乎全体性的，就像我曾说的，它们是人类决策过程中的基本原则。但是正如我们讨论过以及将会讨论到的，情境、文化和个人的生活经验都能或多或少缓和已有的趋势。

基因组成

先天和个体交叉的部分是基因组成，它决定了许多身体差异。因此，基因引起了大脑结构的不同，进而导致行为和选择的不同，这一点无须惊疑。2010 年，伊塔马尔·西蒙森和阿纳·塞拉（Aner Sela）发表了一篇论文，探讨同卵双胞胎和异卵双胞胎在决策行为上的相似性和差异。西蒙森和塞拉的论文开篇就描写了他们观察到的结果：

> 虽然结构偏好获得了大量关注，却几乎没有人研究有关消费者判断和选择的基因基础。

在他们的论文中，西蒙森和塞拉认为，有关基因的研究引导我们发现决策中的个体差异。尽管基因研究人员已经取得很大的进展，西蒙森和塞拉认为要想找到"遗传效应和它在风险规避、离婚以及喜好爵士乐中的机制之间的联系"仍然需要几十年的时间。

毫无疑问，对于造成个体之间的偏好和决策方式差异的原因，基因研究将提供更多新发现。前文提到的"领导者基因"就是一个例子。对于市场营销人员来说，问题就变成这些洞见可以在多大程度上进行应用，因为基于人们的基因组成定位人群，不仅仅是一项技术挑战，更是一项道德挑战。德·内维作为领导者基因研究的作者之一，在《天生领袖》一文中写道：选择和召集领导者时使用基因测试将产生道德危害，同时也可能会在劳动力市场上产生基因歧视。

有一种基因差异对行为的影响非常明显，并且也很容易观察到，那就是右撇子还是左撇子，这种差异影响了人口中的一小部分人（在美国为9%~11%）的行为。神经科学的研究（包括学术的和商业的研究）有一个不可告人的秘密，那就是它们都使用右撇子作为调查对象，因为右撇子和左撇子的大脑组织存在重大差异，虽然这一点还未得到充分理解。这不仅仅是一个翻转脑中画面的问题，右撇子脑中的镜像画面也不能用来解释左撇子！

作为营销人员，我们不需要对神经科学上的这些差异进行深入了解（虽然在研究领域这些差异非常迷人），但是我们可以思考一下它在现实世界中产生的影响。其中一个明显的影响是无论如何也要确保产品对左撇子而言要跟右撇子一样容易使用，这是从体育品牌和零售中获得的经验。在数字化时代，这就是一个机会。

瑞安·埃尔德（Ryan Elder）和阿拉德纳·克里希纳（Aradhna Krishna）在2012年写过一篇论文报告了他们的研究，研究内容是广告暗示的可视化及其对行为的影响。在一次测试中，研究人员给被调查对象播放了一则广告的三个版本。其中一个版本是一杯酸奶和一个摆在右侧（右撇子）的勺子（勺子暗示了消费或行动），另一个版本里的勺子放在了左侧（左撇子），第三个版本则没有勺子。在另一个测试中他们给被调查对象播放了另一则广告的两个版本，一个版本暗示了右撇子（包括叉子、一只手拿着汉堡或马克杯），另一则暗示了左撇子。测试的结果显示，被调查对象的优势手和广告中的一致时，购买意愿会提高。也就是说勺子放在马克杯的右侧或咖啡杯把手在右侧时，右撇子更容易回应广告，反之亦然。

研究显示了两个事实。第一是告诉我们可视化的暗示对行为的重要性。如果有方法可以暗示人们去行动，不论是一副餐具、一个屏幕按钮、一个开瓶器、一个键盘或拨号盘，还是一支笔，只要能给予暗示，让观众做出你想要的行为，就要抓住这个机会让它可视化。

然后，埃尔德和克里希纳的工作最吸引我的是，在数字媒体时代，我们有机会使用不同的方法服务优势手不同的人。

如果一个人能够比较精确地确定广告面向的人群是左撇子或右撇子，那么就可以通过按键、鼠标或触摸屏幕的行动或手势表现受众的优势手（就像笔迹分析专家能够确认写字的人是右撇子还是左撇子一样），把广告设计成针对左撇子或右撇子的人群。就像我们上文提到的，左撇子占总人口的11%，除了非裔美国人（占总人口13.6%）和拉丁裔美国人（占总人口17%），左撇子人口数量比美国任何一个少数族裔还要多。所以，忽视左撇子这种与生俱来的差异，我们要承担风险，因为有11%的人口对于广告的反应欠佳。在增量之战中，这样的忽视是致命的。

文 化

当我们从图表的左下角移到右下角，可以看到人们在群体中的经历将影响他们的选择。我们先不去讨论"集体无意识"是否存在，但有一些思想就落在"先天"和"习得"中间。原型就是其中一例。有些人认为卡尔·荣格（Carl Jung）等描述的原型根深蒂固，它们像认知偏差一样成为一种本能。还有些人认为原型是后天习得的。许多市场营销人员肯定很熟悉原型，因为在玛格丽特·马克（Margaret Mark）和卡罗尔·皮尔逊（Carol Pearson）的书《英雄和逃犯》（The Hero and the Outlaw）中，它被用来提炼一个品牌的意义。荣格借鉴约瑟夫·坎贝尔（Joseph Campbell）对原型的研究，并将它发扬光大，马克和皮尔逊在此基础上将原型发展为适于品牌打造的角色。比如，美国运通和奔驰的原型是"统治者"，耐克和美国海军陆战队的原型则被视为"英雄"。虽然品牌原型的科学性有待确定，但是原型是思考品牌统治范围的有效方式，也是指导品牌在这个范围内进行活动和塑造形象的工具。

有一些专家也相信隐喻会在无意识的层面起作用。哈佛商学院约瑟夫·C.威尔逊荣誉教授杰拉尔德·萨尔特曼（Gerald Zaltman）是《客户如何思考》（*How Customers Think*）以及《隐喻营销》（*Marketing Metaphoria*）的作者，他把日常对话中使用的表层隐喻连接到我们熟悉且联系紧密的框架之中。

语言也属于这一部分。在《语言本能》（*The Language Instinct*）一书中，史蒂芬·平克（Steven Pinker）让人信服地指出，语言并非全然习得，而是一种本能（简单来说就是我们对语言有一种本能，但是语言却是后天学会的）。平克举了一个例子，就是当孩童自己组织语句时会出现错误，他们不是记忆或复制父母说的话，比如小孩会说："他撕了纸，然后他拼好它。"显然父母不会这么说。孩童在学会母语之前,会先把握语言内涵的思想。也就是说,母语的细节和特质是后天学来的,却能影响你的行为。科菲·阿穆-戈特弗里德(Kofi Amoo-Gottfried)是多尔达什公司(DoorDash)的营销总监,也是非政府组织国际人口服务组织(PSI)的董事会成员。他在加纳出生长大,曾管理过一家全球广告公司的阿克拉办公室。对科菲来说(他对自己的祖国很忠诚),加纳人对准时的标准很灵活,并以此著称。科菲认为这可能是因为多数加纳人说的阿散蒂语对迟到没有贬义的概念,也没有一个直接对应的词汇来表示迟到。正如科菲所说:"我们会说'等你一会儿了'而不是'你迟到了',两者在告诫的意味上显然不同。"

语言的结构不仅影响人们说话的方式,还会影响他们的行为。凯斯·陈(Keith Chen)是加利福尼亚大学洛杉矶分校安德森管理学院经济学副教授,他也为企业提供咨询,参与构建优步的峰值定价模式。陈做了一项有趣的分析,分析了不同结构的语言如何影响具有未来后果的行为。特别是陈的论文着眼于预测未来的时候要求用语法标记未来事件会产生不同的影响。要求更多语言标记的语言被认为在未来时表示（FTR）上更强，而要求语言标记较少的语言则被认为是弱未来时表示语言。陈写道：

> 母语是德语的人预测下雨的可能性很高就会用现在时，说：Morgen regnet es，意思就是明天要下雨（It rains tomorrow）。相反，英语则要求使用表示未来的词如"will"或"is going to"（都是"将要"的意思），即明天将要下雨（It will rain tomorrow）。英语用这样的方式要求说话人在现在和未来事件之间进行区分，德语则没有。

这个例子显示了英语是一种强未来时表示的语言，德语则是弱未来时表示的语言。英语也不用因为比德语强就高兴得太早，在评判什么是更好、更健康的行为时，强未来时表示的语言未必是一件好事。不过强未来时表示的语言更可能在高尔夫锦标赛上获得高分。

陈的研究使用了经济合作与发展组织（OECD）的数据，显示在经合组织中，母语是强未来时表示语言的国家平均储蓄比弱未来时表示语言的国家少4.75%。虽然无法确切地说语言带来了多大程度的影响，但可以肯定地说，语言、文化和行为的关系错综复杂。

另外，表述事情所用的时态也会影响我们的反应。阿姆斯特丹大学市场营销和消费者心理学助理教授安德里亚·韦赫劳奇研究了广告宣传和社会互动的情境下时态发挥的作用，她对现在进行时尤其感兴趣。她的研究表明，现在进行时比现在时更能够影响人们对产品使用期限的判断（比如说，电池续航时间），这种判断最终转化为对产品和品牌的良好态度。

从行为学的角度来看，现在进行时有很多优点。我经常建议品牌在谈论他们的目的时使用它。它通过暗示一个行动是立即的和正在进行的，似乎成了现在和未来之间的桥梁。它避免了把未来看得太遥远，从而太容易被低估。韦赫劳奇指出，当营销人员翻译文案时，这种微妙的时态差异并不总能被捕捉到。例如，麦当劳的"I'm Loving It"在英语中使用了现在进行时，但在许多语言中被翻译为"I Love It"。这可能是因为在这些语言中，现在进行时态不存在或不是口语的一部分。

上文列示的路线图的最右侧，从上往下自"个体"移到

"全体",我们就到了文化的作用区域。文化对行为和选择有着巨大的影响,但是对这个主题的研究超出了本书的范围。这是个大的主题,不仅仅是因为全世界有千千万万种不同文化,还因为文化会不断变化。理查德·尼斯贝特(Richard Nisbett)是《思维的版图》(*The Geography of Thought*)的作者,他对这些问题进行了调查,同时从国际和国内两个层面考察。他的研究包括文化对行为的影响,显示了在美国南部长大的男性和在美国北部长大的男性存在很大的差别,以及东方和西方的文化如何影响人们对自己和他人的看法以及选择。多年前,我采访过他。我特意问他这些差异对全球品牌及其营销战略有什么影响,他建议不要一刀切,要因地制宜。

我:您一直在研究不同文化对决策制定和思维方式的影响,那么全球品牌可以从中学到什么呢?

理查德·尼斯贝特:在研究中我发现,有些文化是相互依赖的,有些则是相对独立的。在相互依赖的文化中,人和人的联系更紧密,特别是和他们有直接联系的朋友、家人和公司。他们之间的关系更密切,人们也更关切朋友、家人或组织的动向。他们对社会情感的暗示比独立文化下的人更敏感。

独立文化中的人具有更广的熟人圈，意味着他们通常要和各种不同职业、不同商务领域的人相处，对于圈内和圈外的人有着迥异的信任度。相互依赖文化中的人则完全只信任圈内的人，也就是那些他们熟知的人，因为他们觉得自己明白其中的道理。独立文化中的人则编织更广泛的网络，他们的信任范围更广。

我：也就是说品牌在制定战略的时候，应该区分相互依赖的社会和独立的社会，分别制定不同的战略，是这样吗？

理查德·尼斯贝特：对于市场营销战略，可以这么说。有一些广告案例表明在相互依赖的社会中更有效的广告是有差异的。特别是在东亚，可能也包括南亚，东欧也比西欧更符合相互依赖的社会，欧洲大陆国家又比美国更相互依赖。基本上来说，越往西，文化越独立。

虽然全球品牌不想区别处理每一种文化差异（这会导致成本太高，品牌碎片化），但我确实觉得，用独立和相互依赖的思维区分全球战略是非常妙的想法。

宗教是文化的一个强势领域。在西方国家，通过市场调查询问人们的宗教信仰是一项禁忌（比如在法国，不能通过筛选调查问卷询问人们的宗教信仰来招募调查组）。但是，无须惊讶，鉴于宗教对许多人的重要作用，不同的信仰会产生不同的决策，它的影响甚至超过精神作用。

我的前同事安比·帕拉梅斯瓦兰（Ambi Parameswaran）是研究关于宗教、品牌和商业如何纠缠在一起的专家。他的一本书《看在上帝的面上》（*For God's Sake*）讲述了宗教以及宗教之间的差异如何影响印度人的选择和行为。他说：

> 挖掘文化差异能够为产品和服务创新带来丰厚的机会，在虔诚的宗教国家，比如印度，我们见过通过开发宗教差异的产品和服务建立庞大商业帝国的例子。

英属哥伦比亚大学副教授、加拿大研究主席阿齐姆·沙里夫（Azim Shariff）研究了宗教主神的性质如何影响人们出轨的可能性。沙里夫的研究发现，那些认为上帝是复仇心强、苛刻、可怕、愤怒、惩罚心强、嫉妒心强、可怕的人在测试中作弊的可能性比那些认为上帝是宽容、友爱、有同情心、温柔、善良、安慰、和平的人要小。

除了宗教差异，对信仰的虔诚度也能对消费者的行为产生影响。在马来西亚吉隆坡展开的一项针对佛教徒、印度教徒和基督教徒的研究表明，拥有较高虔诚度的人有更高的价格和品质意识，更不容易进行冲动性消费。

生活经验

Y 轴越往上越能表现个人经验对选择的影响力。在《理性动物》一书中，格里斯克维西斯和肯里克讨论了个人的成长经历是如何影响选择的。为了回答为什么很多贫困出身的人赚了大量的钱最后还是走向破产（有时甚至是多次破产），格里斯克维西斯等进行了研究，认为来自进化生物学，也就是生命史理论的观点可能有所帮助。

生命史理论认为动物会采取两种繁殖策略中的一种：快，尽可能多地留下子嗣；或慢，即少繁衍子嗣，更注重质量培育。物种决定了这一差异（有一些蛙类一次产卵 20,000 个，却从来不管这些卵如何成长，人类则选择了相反的道路），但是物种内也有差异。纵观历史上各个时期和地球上各个地区，凡是预期寿命较短或所处环境不确定性较强、较危险的时候，人类就倾向于繁衍更多的子嗣——也就是采用快的策略。如果所处的环境较确定，人们则采用慢策略，比如晚生晚育。往前两三代，爱尔兰妇女一生所生的孩子数量经常有两位数。世界银行关于爱尔兰的数据显示，2017年爱尔兰妇女一生所生的孩子数量为1.8个。纵览全球妇女一生所生的孩子数量可以知道，从1990年到2017年，除西欧以外的所有国家里，妇女一生所生孩子数量在不断下降。在肯尼亚，这一数据从6.0个下降到3.6个，在伊朗则从4.7个下降到2.1个，在巴拉圭为4.5个下降到2.5个，以及在老挝从6.2个下降到2.7个。

让我们回到白手起家最后返贫的问题，格里斯克维西斯等人想要验证的假设是，不稳定的教养是否使这些人先天地追随"快决策"，即使他们后来获得了成功。

格里斯克维西斯等人的研究调查了在成长过程中经历过不确定和资源匮乏的人，和生长在确定环境中的人成年后的决策过程有怎样的不同。社会经济地位较低的人会处于一种压力和不确定的状态中，他们做出的决策倾向于在短时间之内获得较小回报，而不是在未来获得巨大回报。社会经济地位较高的人，或虽然社会经济地位较低但没有承受过压力和不确定的人，做决策时会更少冲动，更多地面向未来。

你几乎肯定听说过 1972 年由沃尔特·米歇尔（Walter Mischel）①和他的同事在斯坦福大学做的著名的棉花糖实验。在一系列研究中，米歇尔等人测试了幼儿园学生（年龄在 3 岁半到 5 岁半之间）延迟满足的能力，这意味着他们不太受时间贴现的影响。这项研究之所以出名，与其说是因为参与者在实验中做了什么，不如说是因为他们在后来的几年里做了什么。在接下来的几年里，参与者被跟踪，那些能够抵制诱惑获得额外奖励的人在许多方面都表现得更好，包括更高的 SAT 分数。这项研究的广为流传的说法是，延迟满足的能力是导致多年后取得成功的因素，尽管米歇尔本人总是热衷于指出，参与者使用分散注意力的策略才是更重要的因素。那些在延迟获取棉花糖，多年后获得 SAT 高分的孩子们的超能力可能归结于他们更有创造力，更善于解决问题。

格里斯克维西斯和肯里克的研究涉及一个有趣的后续实

---

① 顺便说一句，米歇尔是第一个认为性格特征不会在不同的情况和环境中保持一致的人之一，这与我们在第 12 章中讨论的诸多内容有关。

验,即不确定性如何影响人们倾向于接受当前的小回报,而不是以后的大回报。在2012年的一项研究中,罗切斯特大学的研究人员给孩子们设置了一个类似于斯坦福棉花糖实验的困境。然而,在这项研究中,在棉花糖部分的研究之前,孩子们做了一个需要使用蜡笔的创造性练习。蜡笔盒被故意做得很难打开,研究人员告诉孩子们,他们会得到一个更好的盒子。他们对一半的孩子兑现了这个承诺,孩子们得到了新的蜡笔盒,但另一半孩子被告知弄错了,没有新的蜡笔盒。第一组的环境是"可靠的"。而第二组的环境是不可靠的,孩子们不确定承诺是否会兑现。在蜡笔盒体验之后,所有的孩子都参加了棉花糖测试。在可靠的环境中得到新蜡笔盒的孩子们,平均能够延迟12分钟享用棉花糖。在不确定、不可靠的环境中的孩子们,会更快地采取行动,接受较小的奖励,并在3分钟后吃掉它。

不仅仅是孩子和棉花糖。华威大学的乔瓦尼·布罗(Giovanni Burro)分析了2015年盖洛普年终调查,并对收入、年龄和贴现(即越早回报越小,越晚回报越大的倾向)进行了文献调研,得出一个悖论,即富人随着年龄的增长更有耐心(特别是如果他们来自加拿大、瑞典、芬兰或德国),

而穷人随着年龄的增长更没有耐心。

2018年在吉卜赛人（西班牙大部分的罗姆人社区）中进行的一项研究着眼于群体层面的贴现延迟。与大多数人相比，吉卜赛人的预期寿命较低，健康状况较差，而且在历史上和近期都有被歧视和被迫害的经历。研究人员报告说：

> 根据生命历史理论，吉卜赛人将倾向于采用"更快"的生命历史策略（例如，更早结婚和生育）以适应生态条件，因此，应该比大多数人更严重地贴现未来。我们的研究结果支持这一预测，即使控制个人当前的SES(收入和教育)。此外，群体层面的差异解释了个体层面差异的很大一部分。我们的数据表明，人类群体间的歧视可能会通过其对所面临的恶劣环境和不可预测性条件的影响来引导群体成员的时间偏好。

我们的经历，特别是幼年的经历，确实能塑造我们往后人生中的选择。这不仅适用于吉卜赛人所遭遇的残酷现实。我们更琐碎的经历，比如我们年轻时接触的品牌，会一直伴随着我们。大部分人偏爱可口可乐超过百事可乐，这不是在他们二三十岁的时候养成的。旧金山的特种杂货铺以较高的溢价销售外国糖果已经成为一个产业,像我这样的移民长大之后,会很乐意付出高价购买这些糖果,一解怀旧之情。

现在,我们从路线图纵轴的中间位置移动到右侧。这一部分是先天和后天的交会区域,这一区域非常有趣,能够引发不同的行为。在前面的章节中,我们已经谈到性别的一些影响,在此不再赘述。

出生的顺序也能对人产生影响,当父母注意到他们的长子、幺子和次子之间的不同,常常会相互谈论。

加利福尼亚大学伯克利分校个性与社会研究所的访问学者弗兰克·萨洛韦(Frank Sulloway)是《天生反骨》(*Born to Rebel*)的作者,他显然同意这种观点:

> 正是由于出生顺序这个独一无二且明显的因素,让同处一个家庭中的兄弟姐妹感受到环境的不同。出生顺序综合了多重变量,而不是一个变量。它代表了兄弟姐妹之间的年纪、体形、力量和优先权的差异。

戴维·林克(David Rink)写的一篇论文认为这会对今

后人生中的购买决策产生溢出效应。林克回顾了之前的研究（包括萨洛韦的），然后假设第一个出生的孩子在决策制定、购物和购买后的行为会非常不同。通过分析和解释，他总结道：在寻求信息方面，第一个出生的孩子会更倾向于成人化或权威的资源，并且会接受更多的资源，而后出生的孩子则更偏爱同侪提供的资源，并且总体来说接受更少的信息。林克认为在购买后的流程中，第一个出生的孩子会要求更多的认可，以确定购买决策是否正确。另外，林克还指出，后出生的孩子比第一个出生的孩子更容易接受新鲜事物。在《消费的本能》(The Consuming Instinct) 中，贾德·萨阿德指出，萨洛韦的后续研究认为，弟弟或妹妹在棒球比赛中更容易做到盗垒。最新的研究表明，出生顺序的影响可能没有萨洛韦研究中报道的那么明显。

毫无疑问，年龄也能影响我们的选择方式。越年长，我们越容易固守自己的方式，或更容易被自己的经历束缚。其中就有构成一般智力（general intelligence）的流体智力（fluid intelligence）和晶体智力（crystalized intelligence）这两个方面在发挥作用。流体智力是指不依赖已经习得的知识，在陌生的新环境中解决问题；晶体智力是指利用已经习得的技能和知识解决陌生环境中的问题。随着年纪渐长，流体智力下降而晶体智力则不断增长。两者的平衡点大概落在我们的 40 岁末 50 岁初。

无论如何，过去的每一年对于我们的行为和决策所起的影响都是不同的。每一次重要的事件对我们的影响也是不同的。亚当·奥尔特和哈尔·赫什菲尔德对一组数据进行了有趣又精巧的分析，他们查看了人们在年纪以 9 结尾——不论是 29、39、49 还是 59 岁——的那一年会发生什么。

不幸的是，他们的分析显示了这些转折点通常会给人们带来：

- 更容易自杀（在美国，每 100,000 个年龄以 9 结尾的人中有 15.05 个人会自杀，相对而言，25~64 岁的自杀者在每 100,000 人中有 14.71 个）。
- 更有可能第一次参加马拉松比赛（25~64 岁第一次参加马拉松的人群中，年纪以 9 结尾的人占 48%）。
- 更有可能在马拉松比赛中跑得更快（29 岁和 39 岁的人平均完成马拉松比赛的时间是 3 小时 15 分 18 秒，早出生或晚出生两年的人平均完成时间是 3 小时 18

分 32 秒）。

- （25～64 岁的男性，年龄以 9 结尾的）有超过 18% 的人在同年龄段的注册者中，更有可能在网上寻找婚外情。

其中暗含的是，年纪以 9 结尾的人可能对抵抗晶体智力的产品更感兴趣，或者希望在进入新十年之际做一些有意义的事。

奥尔特和赫什菲尔德称之为"找寻价值或价值危机"。如果你正在营销 SUV、冒险旅行或类似的产品（比如一个网站），这些事物最好避开传统的目标年龄，比如 25～44 岁的范围，可以将注意力放在 29 岁、39 岁以及 49 岁的人身上。

我们的选择是自身的延展。而我们自身则混合了基因的差异、环境和经历的不同影响。我们的选择部分是个性化的，部分是普遍性的；部分是先天的，部分是后天习得的，了解这些将有助于我们理解人们的选择，也能更理解人类本身。

营销者的工具箱

- 有很多东西会影响我们的选择,从根深蒂固且普遍的人类本能到个体生理和认知上的差别,再到我们接受的教育和个人经历。

- 现存的市场细分研究倾向于审视自发报告的行为,包括出生顺序、生命史等问题能够帮我们提供洞见,探究那些无意识中影响选择的差异领域。

- 母语不同会导致不同的行为和选择。对于全球营销人员来说,语言能够深入了解文化差异对行为的影响。

- 文化能够导致人群之间的大量行为差异,但是在相互依赖的思维和独立思维各自统治的文化领域之间存在明显差异,这值得全球市场营销人员关注。

- 发展中国家的中产阶级更多地采用"慢"策略,因为财富的增长和可见的确定性已经成为规则,而不是一种意外。

- 不要用大范围的年龄段看待你的潜在用户。更细化,有时更有用武之地。行为研究和神经科学研究揭示了可以用于预测决策的差异,比如出生顺序、优势手以及年纪是否以 9 结尾,这些都是市场营销人员以前忽视的要素。

专业人士的读后感言

- 我觉得自己要么处于"相同"模式（想象观众的相似度），要么处于"不同"模式（过度关注群体之间的差异）。在考虑目标群体时，我要坚持这种"相同和不同"的二元性。
- 明年我就 49 岁了，我很清楚哪些因素可能会促成我的一些选择。

畅销的原理

THE BUSINESS OF CHOICE

第 14 章　肯定的力量

营销不应当仅仅用来促使人们决定买你的产品，它还应该帮助人们对自己的选择感到满意。

我们都是自己宇宙的中心，营销人员也不例外。但非关品牌，事关消费者的选择决策。

我不太确定以上的语言是显而易见的，还是一种真知灼见。假设它是一种真知灼见，能让你摆脱以品牌为中心或以顾客为中心的市场营销，考虑一下以决策为中心的营销。

品牌健康监控人员会询问人们对品牌的感受。我建议增加更多以决策为中心的问题来探究"决定选择品牌是什么感觉——选择它的前景和过程是什么感觉，以及选择之后是什么感觉"。

大约一年前，我选购过旅行望远镜。当然，我事先研究了一系列双筒望远镜，比较了它们的规格，并阅读了我能找到的任何评论。最后我选择了施华洛世奇（Swarovski）的 CL Pocket 款。我对这次购物非常满意。那么，为什么（我承认这一点）自从我买了这款望远镜以后，我至少看过三次评论呢？显然，我并不孤单。乔治敦大学消费者研究所发现购买商品后，有78%的消费者会寻找已购买品牌或已购买商品的信息，包括从产品包装和产品手册上获取信息。另外，有47%的消费者从其他渠道寻找信息，比如广告，网上的第三方信息或原始品牌信息。

在这些会搜索更多信息的消费者中，67%的人同意这一行为是为了寻找对购物决策的肯定。另外有88%的人同意他们想要知道更多的产品信息，还有65%的人想要了解品牌信息。理性上来说，这种行为毫无意义：为什么要在一个已经决定的事情上投入更多的精力呢？

通常，作为营销人员，我们会把这种倾向总结为对购买决策的有意识肯定。然而，来自神经经济学和行为心理学的研究发现表明，这种行为可以归结为一些强有力的本能机制在作祟。

研究表明，我们的大脑会选择性地调整到有助于巩固已有决策的信息。本质上来说，让我们对选择感到满意的任何东西（不论选择的是一部新车还是30年来日常所用的牙膏），不仅仅能让我们对决策满意，还让我们对自己满意。

我们做出决策后，就会出现确认偏见（confirmation

bias)的现象。确认偏见是指我们倾向于选择性地寻找信息支持已经做出的决策。除了能够决定性地表明我们真的做了错误的决策，对其他的不利因素我们会不予理会，而且还会自命不凡地吹捧那些支持选择的证据和记忆。

神经科学的研究认为确认偏见可以通过神经传导物质多巴胺调节（至少部分可以调节）。多巴胺被人熟知为"让大脑中快乐的化学因子"，但是多巴胺对大脑的作用不止追踪快感。多巴胺会释放期望奖励的信息——对得到的和觉得应得的进行比较（多巴胺在追踪奖励中的作用非常重要，因为奖励累积会促使人们做出决策。记得在第5章中，我写到神经科学家和心理学家将"好决策"归类为最大化奖励的决策）。

确认偏见的另一个方面是我们倾向于坚持预设观点，有时候这甚至会成为我们的路障。多巴胺帮助前额叶皮质提示大脑的其他部分，持续不断地关注已知的信息——即使信息很明显是不正确的。

我们不仅寻求证明，还希望保持做对决策的那种感觉（做错决策的感觉会令人非常沮丧）。做对决策会让人感觉良好，因此当我们觉得自己做对了决策，绝对不会想在自己头上搅局。确认即奖励。无怪乎我们极力寻找对自己决策的确认,并尽可能多地获得这种感觉。

确认偏见甚至在我们寻求建议的时候也存在。也许这一点很奇怪,因为理性的建议是别人要提供有别于我们自己的其他视角。但往往真相是,我们并不想要从建议中获得其他的视角。

在位于弗罗茨瓦夫的华沙社会科学与人文大学(SWPS University)最近的一项研究中,研究人员考察了在一系列情境中,人们如何评价财务顾问给出的建议的质量。研究人员说道:

> 当消费者对生命保险持积极看法时,他们会认为提出购买意见的顾问具有较高的认知权威。认知权威被定义为个人在一定的程度上倾向于用某种信息源佐证他们的判断和决策过程。然而,若消费者持消极看法,则结果必然是相反的模式,"反对购买"的建议比"专业"的建议更具高度认知权威。

本质上来说,当一个财务顾问的建议符合客户已有观点时,客户对他们的评价更高。

强化正确的决策以及确认偏见很重要,因为市场营销不仅仅可以影响决策,或仅仅让人们对你的品牌感觉良好。市场营销一个重要的附加功能是帮助消费者对他们选择你的品牌感觉良好。

在这种理念里,有精彩的简化,也深刻地以消费者为中心,它从消费者的决策考虑,而不是品牌。

更进一步来说,让人感觉良好的不是品牌,而是人们的选择。

就像我们都知道做了坏决定后胃部的那种不适感——可能是会议室午餐的三明治让人倒胃口,也可能是租来的车要还的时候却刮花了。我们也知道做了好决定并得到肯定后那种几近狂喜的感觉。这种愉悦之情随后又给我们做选择带来了极大的信心,这种情况下,显然对好决策的肯定不仅仅有利于消费者的情绪,还能给品牌带来经济利益。

有人具体研究了在选择过程中人们的感觉如何(而不是他们选择某种产品时感觉如何),这项研究表明人们满意已选方案时,他们就会坚持到底,也就意味着人们会重复地买这种产品。

斯坦福大学的巴巴·希夫认为,当人们对自己的选择满意时，他们从产品中获得的效用更高，对品牌也更有好感。但是，对选择的信心不仅仅是品牌价值的一种强有力形式，这种信心还能把选择者转化成施加影响的人。希夫相信，对自己的选择真正有信心的人，会更加积极，也是更可靠的推荐人和倡导者。

从希夫的观点中，市场营销人员可以得到几点重要的经验。其中一条就是个人对产品或品牌的满意度不仅仅来自产品或品牌的性能，也来自他们对购买决策的满意程度。多数情况下，决策感觉上是对的，感情和经验就会告诉我们决策是对的。买的新跑鞋得到肯定，人们就会跑得更快；选择的红酒感觉很对，人们就更能品鉴这瓶红酒。

另一条经验就是感觉对的决策更具感染力。我们常常会告诉别人我们做出的好决策。这当然会提升自信。也许具有感染力地向别人传播自己的好决策具有进化上的根源——分享好决策可能同时让个人（在社会地位方面）和他们所在的团体受益（团体中的其他人可以通过类似的选择，从决策中受益）。缤趣（Pinterest）和亚马逊就是利用这种分享选择的欲望，让人们能够在线分享购买的东西。

传统上来说，市场营销会直接关注原始决策的影响。但是，如今的世界，"他人"即是最伟大的推销员，花点工夫让购物者满意自己的选择能够促使他们把这种感觉传播出去。

英国伦敦大学学院的一项研究发现，越觉得一项决策好，这项决策就会变得更好。在这项实验中，被调查对象要想象自己在明年的假期去度假，而他们的大脑活动会被监控。被调查对象能够在全球 80 个地点中选择度假地点，他们会针对去各个目的地度假的愉快程度给出评分。对照的第二次大脑活动扫描中，被调查对象只有两个地点选项，评分也差不多（泰国和希腊的得分相同）。他们要想象在这两个评分相同的地方度假。

在两个选项中选择时，人们会选择能够激活尾状核的目的地，尾状核是大脑中的一个区域，对于学习和预测奖励很重要。事实上，尾状核的活跃度能用来预测在评分差不多的选项中，人们最终会选择哪一个目的地。

做出选择后，被调查对象会再次评价两个地方（记住，他们在第一轮里已经评价过一次了）。如果他们选择了泰国而不是希腊，随后的评分中泰国就会高于希腊。而通过脑部扫描对尾状核活跃度进行追踪的结果显示：对于泰国的活跃度提升，对希腊的活跃度则降低。

领导这项研究的是英国伦敦大学学院的教授塔利·沙罗特，他是研究乐观主义倾向的专家，在第 7 章中我们曾提到过他的研究，他说道：

> 选择之后重新评估自己的决定，可以提高个人对已采取行动的保证，以此服务于一种适应性目的。如果选择附有的价值没有得到快速更新，人们就可能会对自己的决定和行动猜疑不定。

对自己的选择给予肯定，能够帮助我们从这项选择中获得更高的愉悦度，即使这项选择很平庸，按照这样的推断来看，人类的幸福肯定是一件好事。没有肯定，我们的生活将充满犹疑。做得对不对？要不要改变想法？我们将如困兽，被无法决断、无法前行的压力击倒。从进化的角度来看，这将是非常糟糕的事情。

在第 8 章中，我们谈到了近藤麻理惠如何找到一种方法，让自己和数百万追随者摆脱损失厌恶效应对杂乱的衣柜的暴虐控制。通过问"我应该保留什么"而不是"我应该扔掉什么"，近藤帮我们重构决定，这样就不会觉得失去了什么。

然而,她对指导我们做决定的直觉的直观运用还不止于此。近藤也解决了其他难题。近藤鼓励我们触摸所有的物品,只保留那些"能带来快乐"的物品。通过这样做,她帮助我们思考现在的物品,而不是在未来用模糊的、不那么具体的方式解释它们。我们很容易把太紧的衬衫保留下来,理由是我们会在未来某个不确定的时间减肥,或者我们十年前度假时买的那件有问题的 T 恤可以改成万圣节服装。通过考虑一件物品是否会"带来快乐",近藤实质上是在要求我们重新权衡选择该物品的最初决定。

从塔利·沙罗特的研究中我们知道,当我们对自己真正喜欢的东西多想一点时,我们就会更喜欢它们,并期望从中得到更大的情感回报。好消息是,一旦我们得出结论,某件物品能"激发快乐",我们就会在未来更加享受它。同样,我们对我们不太喜欢的选择变得不那么兴奋,更愿意放弃它们。结果是,衣柜里的东西更少了,但却储存了更多潜在的幸福。

在捐赠或扔掉那些不能让人开心的物品之前,近藤会让她的客户感谢这些物品为她提供的服务。她建议,尊重你和这件物品之间的关系,就更容易让它永远离开。

近藤又一次说到了点子上。营造一种结束感,有利于我们继续以后的生活。如果使用得当,营造结束感对选择者和营销人员都是有益的。我们在第 10 章中,在老海军商店的更衣室里发现的标签挂钩就是一个很好的例子。它们使人们更容易排除选项(当他们把物品放在标有"不适合"的挂钩上时),并帮助他们对所选择的物品感觉良好(当他们把物品放在标有"超爱"的挂钩上时)。

西蒙娜·波蒂(Simona Botti)、大卫·法罗(David Faro)和谷扬洁(Yangjie Gu)研究了寻求和避免结束如何影响人们对自己选择的感觉。他们的见解对考虑如何促进选择结束的营销人员很重要。结束的行动必须由决策者来完成,而不是其他人。

在他们的一项实验中,波蒂、法罗和谷要求参与者从罩在玻璃盖中的 24 块巧克力中选择。在第一种情况下,参与者被要求拿一块巧克力并试吃。在第二种情况下,参与者被要求在品尝巧克力之前把玻璃盖盖回巧克力上。当被问及他们对所选巧克力的满意度时,第二种情况把玻璃盖盖回去的人的满意度更高,因此第一种情况的人没有营造物理上的结束。那些盖上巧克力的人也不太可能去想他们没有选择的巧克力,从而减少了潜在的遗憾。

在《伦敦商学院评论》的艾米丽·克洛尼（Emily Cloney）的采访中，波蒂通过以下方式帮助那些做选择的人结束自己的选择：

> 设计空间或程序以促进选择的结束，例如，让收银台与货架保持一定距离，或者要求网站客户删除他们考虑过但未支付的商品。

按照支持以决策为中心的营销理念的思路，波蒂继续说道：

> 培育强大的品牌有两个主要好处：首先，它们会成为决策的捷径，为客户提供一条通往特定选择的清晰路径，而无须在无数产品中穿梭。其次，它能提供质量保证，让客户确信他们的选择是正确的，帮助他们接受自己的选择。

而且，如果你感兴趣的话，我对我的望远镜选择还是很满意的。

营销者的工具箱

- 非关品牌，事关消费者的选择决策。选择能影响我们的情绪，让我们高兴或沮丧。如果有人选择了你的品牌并感觉良好，那并不是因为你的品牌，而是因为他们的选择。

- 确认偏见和选择肯定偏见让我们对自己做出的选择感觉良好，大脑不允许我们在选择时犹豫，它希望我们坚持或更换选择，也会竭尽所能让我们对自己的选择感到满意。

- 不要将市场营销单纯看作影响决策。要让人们对他们自己的选择满意，你会如何做？当他们对自己的选择满意的时候，他们会从产品中获得更多效用，会再次购买，并且还会推荐给他人。记住，他们并不是要告诉别人你的品牌有多好，而是要告诉别人自己做了一个超棒的决定。

专业人士的读后感言

- 我经营着一个电子商务网站。我想测试一下，在购买后的好评文章里加上链接。

- 这一章强调了我们是在和顾客谈恋爱。如果在一起让人不快（不论是对自己还是对自己的决策），为什么还要保持朋友关系或继续为伴呢？

PART THREE
第三部分

决胜未来的营销思维

畅销的原理
THE BUSINESS OF CHOICE
第 15 章　市场调研需要不同的思路

人们的所想所言不足以预测他们的真正行为。

有人问过史蒂夫·乔布斯，苹果公司设计发布 iPad 时有没有做过顾客调研，他的回答是没有。于是有人又问为什么，乔布斯说："顾客不必知道自己需要什么产品。"

虽然许多人可能不想，或没有得到很好的建议，于是没有足够的勇气像乔布斯负责研发 iPad 和 iPhone 时那样忽视顾客调研，但是却学到他的怀疑论，这样一来，人们也许根本不知道自己要什么。实际上，乔布斯可以这样回答："消费者并不擅长告诉你他们真正想要什么。"

尽管越来越多的组织已经意识到无意识在决策中的重要性，但许多市场调研仍然基于询问人们想要的产品、品牌或想法，以焦点小组的形式进行询问，或是基于定量研究让人们回答直接的问题。

2018 年，我与行为科学研究公司 BEESY 合作，与一家大型消费品公司开展了一个项目，旨在鼓励人们减少对环境的影响。这一过程包括基于行为科学的洞见开发信息和经验，然后在随机对照试验中进行测试。在这项研究中，我们通过给受访者一个现实生活中的选择任务衡量每种干预措施对行为的影响。在调查结束时，他们被要求估计干预对他们的决定有多大影响。有的干预措施在人们的实际选择中最具促进效果，但此前受访者估计时，却被预估效果不佳。他们认为可能影响他们选择的因素并没有影响他们的选择，而他们认为不会影响他们的因素却影响了他们……

虽然我不至于像格雷戈·豪斯（Gregory House）医生（电视剧《豪斯医生》的主角）一样极端，他说："我不会问病人为什么撒谎，我只是假设他们都会撒谎。"市场营销人员也不应该将人们在调研中所说的话当真。也有越来越多的方法，让我们可以不用迫使潜在消费者不自然地仔细考量回答问题，但实际上面对的却是他们出于天性做出的决策。

为什么人们不擅长告诉你他们究竟想要什么？什么因素让人们无法诉说他们自己的需求？这样的问题在传统的调研环境中更突出，其中的原因有很多。

第一个原因是传统的定性和定量研究会改变人们的关注点，有别于他们在真实世界中的表现。

英国巴斯大学管理学院的教授罗伯特·希思（Robert Heath）是《广告的隐秘力量》(*The Hidden Power of Advertising*)的作者，他经常提到的一个理论，就是我们在处理信息的时候存在两种模式。一种是高参与度处理模式（high involvement processing），处于这种模式的人会积极地关注某事，还有一种是低参与度处理模式（low involvement processing）。（低参与度和高参与度的处理模式可以被视为等同于卡尼曼的系统1和系统2。）根据希思的说法，这两种模式以完全不同的方式在起作用。高参与度处理模式让我们能够记住逻辑细节，甚至能非常精确地回想起其中的一些片段，但往往是短期的。高参与度处理模式中的记忆回想是自动触发的。低参与度处理模式似乎会播下回忆，然后被那些与回忆有关的外部事件触发。这些回忆往往包含更多的感情，持续时间更久，也更具力量。但它们并非来自有意的珍视。当沉浸在高参与度处理模式时，我们可能会漏掉这些偶然却重要的事件或细节。

有一个著名的实验，叫"隐形的大猩猩"[①]，由克里斯·查

[①] http://www.theinvisiblegorilla.com。查布里斯和丹·西蒙斯因在非专注领域的研究（包括隐形的大猩猩实验）而获得搞笑诺贝尔心理学奖。搞笑诺贝尔奖表彰那些一开始让人们发笑，然后引人思考的成就。来自心理学领域的其他获奖者包括大卫·邓宁和贾斯汀·克鲁格，他们首先描述了不称职的人无法认识到自己的无能，这通常被称为邓宁-克鲁格效应。

布里斯（Chris Chabris）和丹·西蒙（Dan Simon）在哈佛大学发起，后来他们还写了一本同名的书。这个实验非常美妙地展示了这种效应。为了不因为转述毁了这本书和这个实验，你可以使用上页脚注的网址找到测试，然后自己测试一下。查布里斯和西蒙斯的实验显示，如果人们专注于一个电影片段，然后做一项记忆测试，他们会回想起记忆测试的细节，但是却会漏掉非主要的事件，这些事件也许在更广泛的情境里更重要，更具感情色彩（比如看不到一群人中有一只灵长类动物）。不去特意专注某项事物时，我们似乎能更好地接收情绪。

  罗伯特·希思指出了人类如何给予关注的两个重要因素，他还特别指出当这两个要素与广告相关联时我们该如何进行研究。希思的第一个观点是，很多消费者研究都会让被调查对象处于高参与度处理模式中，给出的测试也是高参与度处理模式的，比如细节回想，从广告中总结含义。然而，品牌的多数媒体曝光度本质上是通过低参与度模式消化的。希思提到的第二点是，对许多品牌来说，通过低参与度模式进入记忆可能对市场营销人员更有帮助。低参与度模式允许品牌伪造感情联系，并且在以后通过外部事件触发这些记忆。那些明里暗里让被调查对象关注广告的研究，可能给予被调查对象过多的暗示，使他们在高参与度模式中关注的信息更突出，而无法衡量在低参与度模式中获取的信息。并且，高参与度模式中获得的信息对于广告效应的贡献更小。

在研究中直接问人们问题的另一个难点是，我们的理性程度比自认的要低。如果要解释决策和偏好的原因，我们希望感受到（同时也让别人感受到）对于决策的每一步骤，我们都了然于心。没有人会承认"不知道为什么就喜欢这个决定""我想都没想就选了它"。教育和文化上对智力储备的重视让这些表达显得愚笨。

但是，我想提醒的是（虽然可能没人需要），大部分选择的大部分要素都是不慎重的。你甚至可能听说过这个比例高达 90% 或 95%。大多数研究决策的科学家会说，要给无意识决策的比例一个确切数字几乎是不可能的，他们会简单地停留在"很多"或者"大部分"。95% 这一估计数据来自杰拉尔德·萨尔特曼，我们在第 13 章中讨论过他在隐喻领域的研究。这个数字已经被包括我在内的从业者大量使用，带着某种程度的盲目信仰。2019 年，艾琳娜·哈洛宁（Elina Halonen）做了我们许多人早就应该做的事情，询问行为科学从业者社群的成员是否知道95%的数字出自哪里。其中一名成员此前曾对此进行过调查，因为虽然这个数字在萨尔特曼的一本书中使用过，但没有明确的来源，所以他们给他发了电子邮件。萨尔特曼的回应是这样的：

> 这是一个有助于阐明观点的数字，但不可能实际测算。在各个领域可能都有这样的数字：方向正确，但最终无法测算。

90%这一数据来自加里·克莱恩（Gary Klein），他是研究自然决策的先驱，他的发现也极大地改变了军队训练。这里的问题更多的是这个数字被断章取义。克莱恩的90%是基于观察得出的。他以研究第一反应和军队在压力下的决策而闻名，他的观点并不是90%的决策靠直觉，而是我们在90%的决策中使用直觉的"识别启动模型"。总的来说，最好避免使用数字。在《思考，快与慢》中，卡尼曼告诉我们："虽然系统2（慎重考虑）自认为自己厥功至伟，但自发的系统1才是本书的大英雄。"

要让人们展示无意识的方面显然比较棘手。人们把决策视为理性思维的结果,希望别人也这样看待他们的决策。科幻作家罗伯特·海因莱因(Robert Heinlein)曾有言:"人类并非理性的动物,而是善于合理化的动物。"但是,正如本章前面讨论的,我们不会这样看自己。

丹·艾瑞里在他的书《怪诞行为学》(Predictably Irrational)和《怪诞行为学2》(The Upside of Irrationality)中剖析了自认为的理性和实际理性的不匹配。艾瑞里认为,我们不想把自己看成不理性的,这解释了为什么研究中的被调查对象在进行选择时,经常会选择一个理性的广告选项,或是更容易合理化的选项。那些我们认为促使决策成形的原因往往不是真正的原因。社会政治心理学家罗伯特·阿贝尔森(Robert Abelsen)说,我们"训练有素,善于为自己的所作所为寻找原因,却不擅长做那些理由充足的事"。

我们通常会倾向于事后合理化,或凭借本能进行决策,这些做法让我们的决策过程看似深思熟虑,充满理性。而这种本能过程在50年前尚未被专家所知,左右市场调研的设计和执行也是最近才开始的事情。

尽管有这些令人鼓舞的行动,研究仍然经常会让被调查对象解释为什么他们选择了其中一个选项而不是另一个,这种似乎必要且无伤大雅的询问经常出现,深入人们自认为的行为动机,最终却将营销人员引向错误的方向,这样的研究实在是一个绝佳的案例。当人们必须解释自己所做的选择(很多研究都会明着要求或暗示),这件事本身就会影响他们的选择。

弗吉尼亚大学的提摩西·威尔逊(Timothy Wilson)和道格拉斯·莱尔(Douglas Lisle)在一项著名的实验中,让两组被调查对象评估一张海报,这张海报选自画面各不相同的五张海报,从荷兰后印象派大师凡·高(Vincent van Gogh)的鸢尾花到文字化的图像,比如一只猫看着写有"一步一个脚印"格言的栅栏。两组被调查对象填写调查问卷,按照 9 个等级给每一幅海报评分。其中一组会有额外的问题,问他们喜欢或不喜欢这些海报的原因。所有的调查对象都被告知,如果不喜欢这些海报就必须还回来。但是在选择海报前,其中一组需要解释为什么喜欢他们自己选中的那一幅海报。结果,两组选择的海报有显著的不同。不需要解释原因的那一组更倾向于选择艺术性较强的海报,比如凡·高画作的印刷品,大概有 95% 的人都选择了艺术海报,而需要解释选择原因的那一组则只有 64%。

对自己的选择做出解释会把我们引向更容易解释的选项。看着栅栏的猫，这样的画面显然更容易解释，比如"我曾经养过一只一样的猫"，而喜爱凡·高却很难用言语表达。

这项研究最有趣的发现是，等到两三周后，研究人员对被调查对象又做了回访，询问他们对自己选择的海报是否满意。那些需要对选择做出解释的人，他们对选择的海报满意度更低，非常低。威尔逊和莱尔总结说：

> 当人们被问到原因，他们似乎会聚焦于容易用语言表达的激励因素及其属性，也似乎更喜欢看上去有道理却对出于本能的评估没有任何影响的原因。当这些属性暗含了对激励因素的重新评估，人们会改变态度，并基于改变的态度做出选择。随着时间流逝，人们最初的本能反应又会重新掌权，于是开始后悔选择。

并不是人们无法告诉你他们为什么做出了某项特定的选择。如果他们知道你要问他们为什么（就像我们经常在焦点小组中所做的），他们就会做出不一样的选择，并且关键的是，事后他们将对这一选择感到不满意。

人们会在无意识中推翻以前的喜好

人们在研究环境下所阐述的观点取决于他们当时的精神和身体状况,而这种生态并不总是有效("生态有效"是科学家用来表示实验环境可能无法代表现实生活的词语)。大多数市场调查并不是研究实际发生时点的选择。他们通常让被调查对象想象下一次去购物时将会购买什么,或是下一次去快餐店会不会选择健康肉。

然而,不同的时间水平会改变我们以前决定的事,也会改变决策的本质,(还记得第 7 章提到的解释水平理论吗?)所以也就为很多研究增加了不真实性。往往我们会询问人们将来会做什么,但是我们自认为将来会做出的行为常常不同于真正做出的行为。

荷兰有一项研究,研究人员让被调查对象选择四种小吃中的一种,他们会在一周后参加的一次会议上食用,这四种小吃分别是苹果、香蕉、糖果和蜜糖华夫饼,49% 的被调查对象表明,它们会选择苹果或香蕉。然而,一周后他们在会议上真的拿到了这些小吃,此前说自己会选择健康食品的有 27% 的人却选择了糖果和华夫饼。

事实上，现在几乎每个人都携带移动设备，这确实提供了在合适的时间地点向人们提问的机会。例如，研究平台过肩镜头（Over the Shoulder）允许小组（或社区）成员通过手机报告他们当时的感受和决策过程，无论是在超市的过道上、更衣室里，还是在玩电子游戏时。但时间和地点并不是研究中唯一难以捕捉的情境因素。

神经科学表明，当人们饥饿时，对食物图片的反应跟他们在餍足时的反应是不同的。研究表明（包括个人经验也能验证）承受的压力水平会影响我们对信息的反应。在乏味的研究办公室里接受调查肯定比坐在自家沙发上压力要大，拖着两个叫喊的孩子在超市的过道接受调查，感受到的压力又会更大。

此外，人们可能一会儿说自己喜欢这个，一会儿又说自己喜欢另一个。

有一次，我采访了沃顿知识在线（Knowledge@Wharton）的希娜·艾扬格，她是《选择的艺术》（*The Art of Choosing*）的作者。她描述了一个实验，论证看法受认知的影响。研究人员给被调查对象看两个漂亮的女性的照片，其中一个是金发，另一个是浅褐色头发：

（被调查对象）需要看一系列不同女性的照片，一组两张，并且对比强烈，然后问每一组中哪一个更漂亮。过一会儿研究人员又会拿出他们选择的照片，询问选择的原因。有些情况下，研究人员会偷偷对调照片——比如虽然选了浅褐色头发的女性，研究人员会出示金发女性的照片。被调查对象的反应怎样呢？87%的人并没有注意到照片错了。他们只是解释说："我认为金发更美。"即便他们其实一开始选的是浅褐色头发的女性。

使用问题进行研究的原因之一是衡量态度。虽然人们的回答并不能很好地反映他们会做什么，但营销人员通常认为态度是可以预测的。但正如BEESY首席执行官兼创始人埃利斯·罗伯茨（Elys Roberts）所说：

> 我们不应该只是假设，如果我们问了一群人一个问题，并得到答案，那么这些答案就是洞见，甚至是正确的。人们的态度只能预测他们行为的三分之一。通往行为的道路并不总是通过态度……

"在一个不存在问题的世界做研究"这篇论文的作者汤姆·尤因和鲍勃·潘考斯卡斯的结论可以很好地总结这部分内容,引出本章剩下的内容。

不带着问题做研究并不是新颖的事物,如果我们真的想要理解消费者的决策,这样的研究是至关重要的,在某些时候也更激动人心,更具创造性,更快,比起直接调查更可行。一个完全没有问题的世界不是新生的事物,带着问题去研究的时代将走向终结,它值得额手称庆。因为这个产业终于开始调整,追踪消费者的所作所为,而不是消费者所说所想。

如何做才能更好地进行市场调研

要人们揭示他们的决策过程及其影响因素似乎并不能帮助我们决定如何做营销。幸运的是,科学向我们揭示了这一点,也带来了工具和思维的进步,让我们可以不用太过依靠人们深思熟虑的答案。下面我们来看一下这些工具和思维。

更好地理解认知偏见、启发式如何推动决策的前意识方面

我真的相信,做市场调研的人应该是热衷于人类本能的学徒。如今,这意味着要努力理解行为科学。通过构建深入诠释的框架,这门学科会帮助我们进行更有见识的研究,更好地设计调查问卷,甚至能帮助市场营销人员和研究人员从传统研究中获得更多信息。对启发式和认知偏见的理解能够巩固我们对定量研究的看法。这门学科也能为定性研究提供筛选器。最好的定性研究者天生就能做到。定性研究中心的创始合伙人之一阿尼·雅各布森(Arnie Jacobson)就曾说过,在收集语言表述外,他还会考虑人们的身体语言和面部表情。因此,不要急于购买任何或所有最新的研究方法(其中许多在本章剩余部分列出),我建议任何客户、消费者、市场洞察部门(或任何委托、设计和分析研究的机构),首先应该花时间学习无意识因素是如何影响人们的行为的。这一领域的一些见解可能会使传统研究方法的见解更能反映人类行为和决策。

也就是说,实验是好的,这里有一些技术在过去十年左

右的时间里得到了广泛的关注。

内隐联想指标

内隐联想涵盖了大范围的技能，在这个范围内，研究人员使用响应时间测量被调查对象将两个不同的单词、条件、物品或图像联系起来的难易程度。一个简单的内隐联想测试（IAT）使用人们对两幅图像、单词或短语的反应速度假设人们将这两件事情联系起来的强度，通常是通过按下计算机键盘上指定的键（这个动作的速度可以以毫秒为单位测量，即使在参与者通过网络浏览器远程响应时）。反应越快，表明联系越直观。

内隐联想测试引起了大量的关注，因为它被认为揭示了决策中可能存在的内隐偏见（你可能在人力资源部门的要求下参加了内隐联想测试，因为内隐偏见通常被视为职场多样性的障碍）。使用内隐联想测试揭示内隐偏见一直存在争议，并有批评的声音，由于它们与种族偏见等社会重要领域的联系，这些批评被放大了。这项技术的两个倡导者提供了一套名为"内隐工程"（Project Implicit）的免费网络测试。任何人都可以进行内隐联想测试来评估自己的内隐联想，从中知道自己在种族、性取向、性别和身体障碍等方面的无意识偏见。对于内隐联想测试最大的批评认为，对联想的分析和真实世界的行为没有因果关系，特别是在个体水平或小样本量下。

也就是说，内隐联想测试最具功能的层面，即测量图像［如LOGO（徽标）］、单词或短语（如简短的品牌声明）之间的响应延迟（反应时间），以了解它们之间的自动关联对研究的潜力有多大。你们中的许多人可能都有过这样的经历：在小组讨论中，人们为一个LOGO的意义而苦恼，而在现实世界中，他们对LOGO的评估只发生在几毫秒之内。内隐联想测试确实看起来能够在评估意识联想方面提供一些真实的价值，因此虽然并无可能在商标或广告与期望行为之间建立直接联系，内隐联想测试也确实能够用来评估无意识联想是否符合品牌战略。

虽然人们可能对内隐联想测试及其揭示的重大社会问题存有怀疑，但我认为对于市场营销人员来说，这是一个非常有趣的领域，值得尝试。它操作方便，可以在网络上展开，这样的实地研究能够快速有效地展开并获得结果。

表情识别

现在，有一些广告效果分析公司开始使用一种新的技术，他们让被调查对象在一系列表情符号中指出自己对广告的感觉，而不是让被调查对象用语言表达出来。对我来说，这似乎是一个非常有趣的方法，因为这样可以避免人们用语言表达。而且，这些表情符号在不同的语言和文化中是通用的。虽然这不是一种面部表情识别的形式，但它利用人的直觉对简化的表情进行分类，不像我们对文字或数字分类那样谨慎。

具有巨大潜力的技术是自动人脸识别软件，该技术已经运用到政府部门、执法机构以及亚马逊的 Ring（免费发布商品信息的电子商务网站）和谷歌的 Nest（智能温控器制造商）中，自动人脸识别技术试图评估人们在做出选择或对营销材料做出回应（或不回应）时捕捉到的面部表情的情绪反应。虽然我发现这种方法特别有趣，但它可能还没准备好在黄金时间出现在你的研究中。当这项技术变得便携且普遍，就有更多的机会让人们选择"生态有效"的时间——比如，他们可以在零售环境中或坐在自家显示器前面体验商品陈列。在这种情况下，用一台摄像机捕捉他们的面部表情，然后通过电脑分析"确认"这些表情的感情反应，通常是基于大多数学者使用的标准化系统"面部动作编码系统"（FACS）。但是，尽管这种方法前景广阔，但与我共事过的许多洞察力专家，以及那些使用它衡量广告反应的人，都觉得它给出的反馈过于宽泛（通过剔除积极/消极的表达），而不是洞察更微妙的表情。使用计算机分析面部微表情可能和使用计算机创建面部微表情一样具有挑战性。在2019年12月接受美国国家公共电台采访时，马丁·斯科塞斯（Martin Scorsese）导演的电影《爱尔兰人》（*The Irishman*）的特效团队负责人巴布洛·赫尔曼（Poblo Helman）谈到了从计算机的角度来看，皱眉和微笑之间的区别非常非常小。普通人凭直觉就能辨别出这些差异，并因此本能地调整自己的行为，而经过大卫·松本（我们在第6章提过的面部微表情专家和七段黑带柔道运动员）等人训练的人可以详细地识别和分析微表情。计算机还没到那一步。

眼球追踪和瞳孔测量

眼球追踪用来测量一个人在看什么，瞳孔测量则追踪瞳孔的尺寸。这两类数据能够使用相同的仪器收集，但是眼球追踪表明的是注意力的方向，而瞳孔的尺寸则表明关注某事物的时候人们的唤醒水平。

当整体检查时，眼球追踪可以通过热图提供关于视觉显著性的见解。它能很好地反映出人们在一段时间内如何分配注意力，尽管我们不一定知道他们为什么会盯着某个特定的点。

利用人们观看零食（比如薯片）陈列而获得的眼球追踪数据，加州理工学院的神经科学家针对客观标准和主观标准如何影响注意力这一问题建立了模型。客观标准就是一个产品的视觉突出程度，主观标准就是个体对陈列测试中的产品给予的主观价值。同时包含视觉突出和主观价值的模型比只包含视觉突出或主观价值的模型更能符合眼球追踪数据。这样的模型能够在特定的陈列方式下准确预测人们的选择，同时还能引导产品陈列设计。眼球追踪在用户体验和创意测试中被广泛应用，它的优点之一是高度直观，结果很容易解释。然而，缺点是实际上并没有测量注意力——只是测量人们的眼睛看向哪里。

真皮电活动

真皮电活动(EDA),有时用它的旧名字——皮肤电反应(GSR),它的历史可以追溯到19世纪晚期,当时数据由测谎仪测试得到。真皮电活动可用于检测皮肤汗腺电信号的变化。生理唤醒的变化导致这些电信号的变化。它被认为是考察人们何时投入的良好指标——高水平的觉醒表明高水平的投入。然而,真皮电活动的主要缺点是它不能判断唤醒信号是正是负。

真皮电活动是便携的,部署起来相对便宜。它的缺点是时间分辨率低,因此无法在信号仅变化2~3秒时提供可靠的结果。

神经影像及其分析

神经影像最开始是作为一门医学学科,但是它的应用却是"始于医学分析,用于识别异常和机能障碍,衍生到测谎和制定决策"。

它在市场营销中的应用以神经营销学(neuromarketing）被人熟知，虽然我不喜欢这个术语，因为神经营销学这个词展现了一组臆想的画面，即通过神经探针在人们的脑中植入信息，或激活人们（不存在的）的"购买按钮"。很多以前用这个术语的公司现在更喜欢用神经营销学研究（neuromarketing research）或消费者神经科学（consumer neuroscience）代替。

利用神经影像理解决策制订过程则被称为神经经济学（neuroeconomics），即将神经科学的方法应用于经济学，解决经济问题、制订选择决策。举例来说就是使用生物特征测量，比如神经影像，理解认知负荷、唤醒的激励因素以及选择。神经经济学领域有很多疯狂的言论。我们相信这个领域很有价值，但是最大的价值还是在神经广告效果分析之外的领域，虽然它现在只是神经营销学的支柱。

神经科学的优点之一是它允许我们把语言放到一边，因此也就没有必要争论到底是理性还是本能，可以只看大脑中的活动——哪一部分被激活了、有什么联系等。弗洛伊德在他的里程碑式的论文《快感的原则》（"Beyond the Pleasure Principle"）中预言了这种可能性：

我们对于思维的说明具有不足之处，但是如果我们已经能够用生理学或化学的术语替换心理学术语，这种不足也许就会消失……我们可以期待生理学和化学术语能够带来最彻底、最惊人的信息，我们无法猜测几十年后它会给这些问题带来怎样的答案，也许它会打破假说的整个人工结构。

神经科学正在作用于市场营销，正如弗洛伊德指出的，大脑影像展现了生理学和化学上对激励因素的反应。虽然神经营销学已经在市场研究领域立足，但是它能够成功主要是作为衡量信息和产品的一种手段。

在广泛的理论层面上，我们把神经经济学作为一个领域来看待，因为它结合了许多学科，包括神经科学和行为经济学。大脑中的不同部分和不同神经过程会对决策中的不同要素起作用，神经经济学通过理解这一作用，致力于揭示人们做决策的根本性问题。从广告和营销战略的角度来看，它是一项探索性研究，能够帮助你挖掘有创意的想法，而不仅仅是另一种广告效果分析。对于许多营销人员来说，广告效果分析正是神经营销学的代名词。

在这一领域的学术研究中,我们可以收集到一些够得上"神经洞察力"的案例。其中,我最喜爱的一个案例来自哈尔·赫什菲尔德的研究,在第 7 章中曾提到过:在调查中想象自己在未来的样子,会限制我们未来发展。

赫什菲尔德在研究中使用了功能性磁共振成像技术——通过观察血液中氧合水平的变化查看特定任务中大脑的哪一部分在活跃。在研究中,他发现前喙扣带皮质非常关键。当我们想象未来的自己时,前喙扣带皮质让自我展示相对不活跃。实际上,他的观察显示,自我展示的活跃程度与人们想象现在的另一个人时的水平相当,而不是想象现在的自己时的水平!这也没什么奇怪的,就像我们宁愿现在把钱花掉,也不愿意为了退休而投资,在我们的大脑中,未来的自己相当于另一个人。这是任何一个广告创意策划专家应该引以为豪的洞察力。

另一个案例来自希尔克·普拉斯曼(Hilke Plassmann)和巴巴·希夫的研究,也非常有意思。在这项研究中,人们品尝了一组红酒,研究人员告诉他们这些红酒的价格不同。当然,这些红酒其实是完全一样的。当被调查对象被告知其中一份红酒的售价是 90 美元时,研究人员观察到他们大脑中与愉悦感相关的部分活跃度大幅提升,而被告知红酒售价只有 10 美元的被调查对象则没有出现这样的提升。当人们被告知红酒价格更昂贵,神经水平显示人们更喜欢这种红酒。这对于奢侈品来说具有非常有趣的意义,也就是说,价格信息不仅仅在人们做选择时很重要,还能在人们使用和消费品牌时创造一种更好的体验。在普拉斯曼的研究之前,比利时时代啤酒在英国曾有过一条用了很多年的标语"极度奢华"(他们在美国也有一条类似的标语"完美自有其代价")。必须说,这是一个很好的广告创意,不仅无意中使用了心理学的成果,还在无意中使用了神经经济学的知识。

下文将要讨论的大脑成像技术对市场营销人员来说是最相关的部分。

功能性磁共振成像

磁共振成像(Magnetic Resonance Imaging, MRI)扫描仪利用磁场的变化生成图像,从而将身体内部可视化。因为这种技术不会产生创伤,在研究人脑方面也非常有用。全球各大学的神经科学、心理学甚至市场营销部门都将 MRI

扫描仪当作学科的基石。

在大脑中，灰质（神经元细胞）和白质（轴突或连接神经元的"线"）对扫描仪产生的磁场有不同的影响，因此在图像上显示为不同的区域。MRI 被用于研究大脑的工作原理时，我们称之为功能性磁共振成像（fMRI）。为使大脑活动可视化，fMRI 测量大脑什么时候什么部位如何消耗氧气。当大脑的某个区域活跃时，它的耗氧量就会增加。这其中的原因可能对于化学和生理的狂热爱好者而言比市场营销人员更具吸引力。耗氧量增加导致血液具有磁性。血液的这种磁化作用会干扰核磁共振扫描仪产生的磁场，这意味着可以通过核磁共振信号的减弱识别活跃的大脑区域。fMRI 实验的结果就是一幅五颜六色的大脑图像，虽然实际上大脑是一片蜜桃色和一部分活跃时未被点亮的区域。图像经过着色编码可以用来识别大脑中超过统计阈值的区域。

作为一项技术，fMRI 是强大的，但在大多数情况下，在市场研究中使用它弊大于利。它之所以强大是因为无创伤，使我们能够以前所未有的视角研究人类大脑是如何工作的，问题则是太过昂贵。还有一个小问题是整个过程更像是一个医疗步骤——被调查对象需要平直躺在嘈杂且让人产生幽闭恐惧症的仪器内。所以这完全不是合理的生态！一种更灵活、更便宜的技术——功能性近红外光谱技术（fNIRS），也可以测量血氧水平，虽然它的时间分辨率更好，但它的空间分辨率和穿透深度较差，不能分析和捕捉任何皮层下的活动）。

尽管早期的研究令人鼓舞，但fNIRS在学术界仍属前沿，更不用说市场研究人员了。但在未来，这可能是一种可行的方法。

神经经济学的建立开始于得克萨斯州休斯敦美国贝勒医学院的一项fMRI研究。这项研究第一次揭示了人类大脑是如何理解品牌的。这项研究可以被看作一个改良版本的"百事挑战"。

在MRI扫描仪中，被调查对象会看到一条线索或一幅画，提示他们会喝到可口可乐还是百事可乐。在第一次实验中，红色圆圈代表被调查对象会喝到可口可乐，黄色圆圈则代表他们会喝到百事可乐。大脑中处理奖励的区域，比如纹状体和前额叶皮质区域，会密切关注奖励的提示线索。当线索仅仅是有颜色的圆圈，大脑对将会喝到的是可口可乐还是百事可乐的反应并无差别，内侧前额叶皮质区域对有颜色的圆圈的反应，也符合事先说明的饮料偏好。当研究人员把线索从圆圈更换成可口可乐罐和百事可乐罐，大脑中的反应就值得注意了。因为大脑的反应不再只是追随既定的行为偏好。对百事可乐罐的图像，大脑根本没有做出反应，但是对于可口可乐罐的图像，在前额叶皮质和海马中却产生了强烈的反应。

"我们都知道，海马和背外侧前额叶皮质都与记忆回想有直接关系，因此它们决定着你对品牌的选择也是说得通的。"塞缪尔·麦克卢尔（Samuel McClure）说道。他是这项研究的主要作者，现在是亚利桑那州立大学的教授，过去十年里他对我帮助很大，他很擅长为我这样的门外汉解释高端科学知识。

展现 fMRI 对市场营销强大威力的另一个例子来自另一项研究。这一研究展现的是小群体中人们的大脑反应能够预测整体人口的行为。加利福尼亚大学洛杉矶分校的研究人员让吸烟者观看了几个不同的戒烟广告，从中收集 fMRI 数据。研究组还会询问他们，哪一个广告感觉更有效。研究人员关注内侧前额叶皮质的反应，而这一区域的反应在前文中说过会涉及行为变化。最终结果显示，能够预测各国最成功的戒烟广告的，是内侧前额叶皮质的反应，而不是对广告的主观想法。

在另一种方法中，埃默里大学的格雷戈里·伯恩斯（Gregory Berns）（他首创了用 fMRI 扫描狗的大脑）和萨拉·摩尔（Sara Moore）研究用 fMRI 测量一小群人的大脑活动是否可以预测整个人群的购买行为。他们让 27 名青少年在接受 fMRI 的同时，听一些不知名歌手的 15 秒歌曲片段。在每个片段之后，让参与者对喜欢歌曲的程度进行打分。

三年后，伯恩斯和摩尔使用尼尔森音乐销售数据库来确定实验中使用的歌曲的销售情况。然后，研究人员观察了参与者的评分和大脑活动对"未来"歌曲销量的预测程度。主观评分并不能预测歌曲的销量，但腹侧纹状体神经活跃程度与销量呈正相关。这是一个很好的例子，说明了人们说出的喜好和他们的大脑真正的喜好之间的差异。

在这个阶段，对于市场营销人员和专业人士来说，fMRI 最实际的用途可能不是用于他们自己的项目。我建议紧跟那些试图回答关于选择的普遍问题的学术研究步伐，并将其作为一个知识库，以便了解关于选择和行为的新思想，激励和支持策略和解决方案。

脑电波

脑电波（electroencephalography，EEG）是另一种可以用来测量大脑正在做什么的无创伤技术。就像字面意思所表示的，EEG 测量的是脑电活动，但是这种技术只能用于测量大脑表层（接近头骨的部分）或近表层区域的活动。虽然 fMRI 能够展示更细节的空间信息（比如大脑的哪一个区域处于活跃中），但是跟 EEG 比起来耗时很长。我们前面提到的新兴技术 fNIRS 可以测量十分之一秒内的大脑活动。EEG 在以毫秒为时间尺度测量大脑活动时，每秒可采集 500~1,000 个样本，具有极高的时间准确性。

EEG 对于市场营销来说是一种非常有用的技术，因为它无创伤、便宜，并且方便。它能可靠地测量唤醒水平、认知负荷或认知努力，以及注意力受控程度。刺激之后出现的约 300 毫秒的电波，正是注意力受控的特征；这一电波被称为"P300"[P 指正数的、积极的（positive），300 指 300 毫秒]。唤醒水平不同，EEG 的频率（通常来自沿大脑中线放置的电极）也会不同。

对于市场调研来说，EEG 对比 fMRI 的一个独特优势是能够同时实现实时和在生态有效状况下收集数据。一个人坐在自家沙发上观看超级碗也能提供 EEG 数据，比其他神经成像技术简单很多（同样的 fMRI 数据需要人平躺在 MRI 扫描仪上）。EEG 一直在改进，例如，识别出被称为事件相关电位（ERP）的小电信号的机器学习算法，有可能揭示出以前无法分析的数据。

神经活动、情绪或参与度的数据并不总能转化成商业上的成功。但这种神经活动数据和商业成功的误配并不意味着神经营销学无法预测商业成功（其实有许多公司声称他们已经能够预测，虽然我还没有去查看他们所谓的支持数据的细节）。要记住，神经科学在市场营销研究中的应用还处于初期阶段；在神经经济学中的应用也是如此。神经科学本身也才 100 年的历史，另外我们也还没有完全认识我们的大脑，短期内也不太可能实现。

但是现在，很多顶尖大学的实验室都致力于神经经济学的研究。不断深入的研究能够加深对人们决策过程的理解。这样做虽然不能保证研究都有效，但是每年都会从中发现一些精华。与其把它看成一种验证，我觉得营销人员及其机构应该找到将研究结果转化为强有力洞见的方法——用我们在其他人的大脑中发现的活动激发创造性的想法。

行为测试／随机对照试验

随机对照试验是一个非常简单的概念。它们比本章中提到的大多数其他"新兴"技术要早整整 100 年。第一个有记录的随机对照试验是在 1747 年由苏格兰医生詹姆斯·林德（James Lind）进行的，他当时正在测试预防坏血病的方法，这是一种困扰水手数百年的疾病。林德在英国皇家海军索尔兹伯里号（HMS Salisbury）上对 12 名患病水手做了试验，当时这艘船已经在比斯开湾巡逻两个月了。他将每两名水手分为一组，共六组，都在他们正常的饮食中添加了不同的东西。例如，一组水手的饮食中每天增加了三片柑橘类水果，另一组每天增加了一夸脱[①]苹果酒，还有一组每餐增加了两勺醋。其中一组每天饮用半品脱[②]海水，这实际上是安慰剂对照组。吃柑橘的水手在一周内就恢复了健康。虽然以现代标准衡量，样本量很小，但在过去 270 多年里，这种方法几乎保持不变。

---

① 1 英制夸脱 = 1.136 升。
② 1 英制品脱 = 0.568 升。

随机对照试验是测试新药的标准，本书中的许多心理学实验都使用了随机对照试验。它们可以在实验室、野外或线上进行。大型随机对照试验可以通过机构的网站进行，访问者在做出选择之前随机接触不同的优惠或体验。在第 6 章中，行为洞察团队对器官捐献意愿进行了实验，将成千上万的英国的车辆牌照局网站访问者随机引导到八个不同版本的页面之一，以探究他们对捐献器官的意向。你几乎可以称之为体内试验，因为它测量的是现实生活中的反应。这种方法通常被在线零售商或拥有直接面向消费者（DTC）商业模式的品牌使用。对于选择者通过媒介做出决定的企业来说，在设计研究时可能需要更有创意一些。我使用的一种方法是从一个在线样本库中招募参与者，随机让他们接触你想要测试的条件（加上一个对照，通常以某种方式掩盖了研究的意图），在调查结束时，给他们一个你想要影响的选项的替代物。我在本章前面给出了一个例子，在一项与 BEESY 联合设计的研究中，参与者被随机展示了一系列旨在减少塑料瓶使用的干预措施之一，这些措施被模拟为社交媒体帖子，并混合到一堆不相关的帖子中。通过询问参与者关于社交媒体的一般性问题，研究的意图被掩盖了。在回答完这些问题后，作为参与的奖励,他们被要求参加抽奖,有机会赢得一张带有水过滤系统的可重复使用瓶子的礼品卡,或者一张价值相同的购买瓶装水的礼品卡。

虽然随机对照试验是基于证据的方法的基石,但它们确实存在一个缺陷。澳大利亚行为建筑师咨询公司的创始人麦克·丹尼尔斯(Mike Daniels)很好地表达了这一点:

> 我们坚信测试和证据的价值,我们自己也进行了许多随机对照试验,行为洞见可以用不那么正式的方式改善事情。
>
> 在我看来,关键是可操作性——助推必须起作用才能成为助推。然而,我们(行为建筑师咨询公司)非常重视理解它们为什么起作用,而不仅仅是确保它们起作用。我们认为,对我们的客户来说,了解一些东西为什么有效是有价值的,以便能够进一步应用。

总 结

在将这些技巧付诸实践方面,我最近与内奥米·斯帕克斯·格雷瓦尔（Naomi Sparks Grewal）进行了交谈，她在该领域的经验以及知识的广度和深度很罕见。2013 年，她因研究催产素对决策的影响而获得了神经营销商业与科学协会（NMBSA）年度神经人才竞赛奖。除了学术成就外，她还与研究公司合作，特别是在益普索担任行为和神经研发总监，并在缤趣、优步和脸谱网（她目前在那里工作）等一些最令人兴奋的创新公司担任领导职位。见识了理论和实践，新兴和传统，我问斯帕克斯·格雷瓦尔她学到了什么，她有什么建议：

> 行为科学方法已经变得越来越主流，主要是整合和吸收公司收集的用户／消费者行为的"被动"数据流。由于内部压力（例如，法律可能不希望我们发表关于在用户身上使用神经技术的工作）和成本，神经科学方法仍然是新兴的和罕见的。许多行业的研究团队，至少在科技行业，都有很多拥有强大研究资历的人，他们希望在内部执行工作。这导致了行业内更少的预算和更多的人才。
>
> 行为洞察力和消费者神经科学应该被认为是帮助回答商业问题的技术。专注于商业问题，并在公司的限制条

件下（预算、时间等）确定最有效的技巧。行为和神经方法应该是解决方案的一部分，但绝不是唯一的解决方案。

新的方法以及用新方法来做人类一直在做的事情，增加了他们成功的机会——观察我们的同行在做什么，他们为什么、如何做，并试图弄清楚我们从中学到的东西如何帮助我们实现自己的目标。

营销者的工具箱

- 我们的很多选择都是无意识的，这一事实意味着我们必须跳出思维的窠臼，想想应该如何做市场调研。所以，与其让人们理性思考自己会如何做，不如开发一些措施洞悉非理想的因素，理解营销方面的付出如何影响这些因素。

- 人们并不是总能知道自己想要什么，如果你要他们描述，他们会选择默认最容易描述的东西。

- 人们的选择对情境极其敏感，过于频繁的研究会从 X 方程中抹除掉情境。

- 新兴技术，比如各种形式的大脑成像技术，将改变研究，不过，这些技术还处在试验阶段。内隐联想指标、眼球追踪和表情识别等方面的技术发展，让我们有机会更深入地理解人们的选择动机，而不止于"理性"层面。也就是说，最好的实践似乎是使用工具箱方法，通常将新技术与经过尝试和测试的方法相结合。

- 了解新技术的最好方法是对新兴技术给予关注和试验。用这些新技术和传统的测量方法或市场表现进行比较。

- 用行为科学的眼光看待传统研究。你能否设计出真正能够反映人们选择过程的问题和研究方向呢？在研究设计和说明中简单地引入对人性的理解就能达到。

专业人士的读后感言

- 这是一个很有趣的现象，我们的很多决策都完成于前意识过程中，而很多市场研究想要探究有意识的决策制订过程。是不是说这些研究都是浪费钱呢？这是不是一种得克萨斯州神枪手谬论呢？我们评估了人们告诉我们的信息，利用5%的信息制订100%的决策？
- 这一章对我来说，强调了老的研究习惯是多么根深蒂固。这也是对挑战传统方法的警示，让我们对研究设计有更深入的思考，突破现状，获得意料之外、新鲜且改变游戏规则的洞见。这种洞见往往就藏在无意识思维的深处。

畅销的原理
THE BUSINESS OF CHOICE
第 16 章　不一样的营销思维，将决定你的品牌力

营销人员可以理解决策制订的过程，然后指导作为营销人员的自己去做决策。

本书的大部分内容所建议的是，人们利用无意识机制做选择，理解这种无意识机制能够帮助营销人员影响人们的选择。但是，这一章，我想转换关注的重点。

本书讨论的认知机制，就如前文所讲，是为了让我们在大部分时间里快速有效地做出最好的决策。然而，有时候我们的选择并没有达成自己或组织想要的效果，不管它是不是取得了市场或战场上的成功。

天性不仅推动人们选择某个品牌或提议，还影响人们在大主题中的决策过程。对认知偏见的理解还被用于回顾军事决策和外交政策，有观点认为正是这些偏见导致大国的盲目，从而引起了第一次世界大战。乐观偏见让这些大国认为这场争端"在圣诞节来临时就会尘埃落定"，并推测自己是胜利者。

联邦军将领麦克莱伦将军之所以在美国南北战争时期未能攻克弗吉尼亚州里士满市，就被认为是损失厌恶在起作用。

历史学家波伊什（Robert Pois）和教育心理学家罗伯特·兰格（Robert Langer）写道，麦克莱伦"非常在乎胜利，极力避免失败"。有证据表明第二次世界大战中，德军占领克里特岛之后没有立即进攻塞浦路斯是因为锚定效应。英国军队用计谋让德军相信塞浦路斯驻扎了 20,000 名士兵，而实际上只有 4,000 人。战后的文件资料显示，虽然德军随后的报告和分析也显示了英国军队的数量虚高，德军仍然以 20,000 人为定锚，认为这个数字几乎没有问题。

一些比较近的争端，如 1956 年的苏伊士运河危机和 2003 年的伊拉克战争，针对它们的计划和执行决策，也有人揭示了认知偏见在其中的作用。

如果人类天生的偏见，能够影响那些涉及千万人性命、文化及国家命运的行动决策——这些决策通常包含谨慎的计划阶段和严格的问责机制——那么，我们也可以肯定，同样的偏见也会影响营销人员的专业决策。对于市场营销人员来说，这一点尤其讽刺。他们总想着影响他人的决策，自己的决策却破绽百出。

直觉——或者说本能反应——对于所有的决策制订过程都很重要，对于营销人员的决策也同样重要。没有本能的直觉，也就没有决断果敢。但是，当直觉出现，我们最好也能想一想，它们来自哪里。

认识到要警惕认知偏见并不能使你免受影响——即使你是丹尼尔·卡尼曼。"并不是说，读一读这本书，你就能跳出思维的窠臼。我写了这本书，但也仍然无法做到换换脑子。"卡尼曼在《思考，快与慢》中如此写道。

几年前，我曾采访过丹·艾瑞里，我们无意识的思考可以是信息健全的思考，这一点着实令人震惊。作为营销人员，我们从经验中获得的知识，能够带领我们做出直觉性决策和行动（危急状况下的消防员和飞行员会自动地做出训练中的动作）。

大部分时候追随直觉能够产生好的结果。但是，营销人员作为人类，受制于本书第二部分描述过的认知缺陷。例如，即使市场形势要求我们远离已经成形的广告活动，禀赋效应会使我们本能地感到难受，因为禀赋效应让我们过高地评价那场广告活动；损失厌恶也会让我们像麦克莱伦将军一样，过于担心损失；来自竞争者的最新动向会使我们脱离长期计划的轨道，因为近因效应让竞争者的最新动向看起来更重要；或是，我们会发现自己是创新诅咒的牺牲品，这个由约翰·古维尔发现的认知缺陷,过于注重新产品能够带给消费者的惊喜,而不是考虑如何让消费者对自己放弃的东西感到舒坦。在这四个情境中,我们必须忽视内心直觉的唠叨。

企业环境以及企业如何构建高管激励机制,往往会放大人类倾向于选择次优的短期策略,而不是那些能带来更大利益的长期策略。那么,你会如何鼓励你的团队基于长期大收益而非短期小收益做决定呢?2009年至2019年担任联合利华首席执行官的保罗·波尔曼(Paul Polman)成功做到了这一点,他消除了上市公司短期主义的主要驱动因素之一,即期望他们每季度报告一次业绩。在他担任首席执行官的第一天,他就取消了公司的季度赢利报告,这在当时是一个大胆的举动。三年后,在接受《哈佛商业评论》采访时,他透露自己是"在开始这份工作的第一天就宣布了这个决定,因为我想我不能在第一天就被解雇"。

英国《金融时报》2018年7月的一篇文章称,波尔曼放弃季度赢利报告的做法已成为进步型公司的常态,这表明"任何坚持季度赢利报告的英国老板都比那些结束这种做法的老板更有可能招致投资者的愤怒"。2018年6月,投资者兼慈善家沃伦·巴菲特和摩根大通董事长兼首席执行官杰米·戴蒙在《华尔街日报》上合著了一篇文章，敦促上市公司减少或取消预估季度赢利的做法。

季度赢利预估往往会导致对短期利润的不健康关注，而牺牲了长期战略、增长和可持续性。

是哪些根深蒂固的实践、激励或价值观使我们渴望短期回报，理解这一问题的重要性，对任何组织来说都是经验教训。正如我们所见，思考未来可能是困难的，通常需要一些心理柔术才能让人们做到这一点。在研讨会上要做到让人们考虑长期目标。为此，我引入了一项练习。这是行为时间机器的一种形式（这是在第7章中描述的前瞻性练习）。通过讨论人类不善于判断未来和短期利益的天性如何主导我们的思维，引入了这项练习，这两个问题不是因为个人具有的缺陷，而是作为人类，我们的大脑和决策系统在天然演化中存在局限。在正确的状态下，我们能够跳出现在的局限，在设想的未来取得成功。其中一种方法就是顺应常规趋势回望过去，而不是考虑未来。我用的一个技巧如下：

- 现在是 2025 年 12 月（或者任何一个实现长期目标的合适时间）。(《时代杂志》/《快公司》/ 其他合适的期刊）的主要专题讲述了（你的公司 / 你的项目）对所在的行业、门类甚至整个社会产生具有积极影响的故事。当你回顾这篇文章时，请描述以下内容：
- 封面故事的标题、图片、副标题是什么？
- 故事的主题是什么？
- 是什么样的意识激发了变革，使你的组织获得了成功？
- 其中一个采访对象是反对或不相信这个想法和路径的人。他们现在已经转变了——采访的要点是什么？他们什么时候动摇了，是什么动摇了他们？
- 什么差点出错？什么阻止了你实现目标？[1]
- 文章作者采访了你们组织外部的专家，征询了他们的意见。他们为什么选择这些专家？这些专家说了什么？
- 文章会如何描写企业文化变迁和组织内员工的想法和做法？

---

[1] 这部分练习可以像一个小的事前分析。顾名思义，事前分析是团队成员使用先见之明思考项目可能出现的问题。加里·克莱因在 2007 年 9 月的《哈佛商业评论》(*Harvard Business Review*) 上发表了一篇很棒的论文 "执行项目预分析"（"Performing a Project Premortem"），解释了这个过程。

- 这篇文章有一个插入框"如果你想复制 X 公司的成功,你可以做的五件事"。这五件事是什么?
- 倒推时间表:其中一张显示了取得重大成功的时间线。从 2025 年 12 月开始。关键的里程碑是什么?

倒推时间表和其中的里程碑通常对参与者非常有帮助,因为它们帮助参与者看到一条将明天的成功与今天的情况联系起来的道路。这个练习是为了让你的直觉配合而不是阻碍你的计划和决策。

像这样练习,对于真正的营销大师来说不是必需的,比如史蒂夫·乔布斯,他似乎在个人本能和品牌目标上有着天生的联系。而我们大部分人,需要停顿和检验自己本能或直觉反应背后的动机根源。

诺曼·梅尔(Norman Maier)是一名实验心理学家,他创造了著名的"两绳问题"[1],谈到了中断直觉的一种方法:

---

[1] 这是一个测试,两根绳子从天花板上挂下来,要求两名被测试者把这两根绳子绑在一起;很快他们就意识到这两根绳子隔得太远,无法同时抓住两根绳子。如果十分钟内被测试者都没有找到解决办法,一名研究人员就会走进房间,"无意间"碰到其中一根绳子,让这根绳子晃动起来。这条线索几乎让所有的被测试者都找到了解决办法,但是几乎没有人把它归因为是看到研究人员让绳子晃动起来。

"在彻底讨论问题,没有任何遗留意见之前,不要提议任何解决办法。"

或者如德语诗人里尔克(Rainer Maria Rilke)更复杂的表述:

> 现在你不要去追求那些你还不能得到的答案,因为你还不能在生活里体验到它们。一切都要亲历生活。现在你就在这些问题里"生活"吧。或许,不知不觉,会有那遥远的一天,你已身处能解答这些问题的环境。

我总是匆匆做出答案,贸然得出结论,在这方面我是最差劲的违规者。我必须切掉舌头才能真正阻止自己在充分讨论一个问题之前就给出解决方案。我只能自我安慰这是人类天性。我们的本能只能提议快速的解决之道,却不会给我们带来思考,这种本能催着我们采取行动(或什么也不做)。本能想要我们去取得结果,但是有时候,要做出最好的决策,需要停顿一下。

奈杰尔·琼斯(Nigel Jones)是广告公司 FCB 全球首席战略官,他从 7 岁开始就学习下国际象棋,他和两个哥哥曾一度是半专业的国际象棋棋手。在里斯本的一次会议之后，我们一起聊到本能和决策制订时，奈杰尔告诉我说，下棋时（大部分其他的优秀棋手也是这样），会立即看到正确的一步该怎么走。实力弱的棋手会马上采取这一步，但是优秀的棋手会为这一步思考10分钟，而这10分钟就是关键所在，他说：

> 经过思考，十有八九我还是会采取立即就出现在脑中的那一步棋，因为它几乎总是最好的，但偶尔我仔细地考虑、检查之后会发现这一步是有瑕疵的，或是有更好的下法。本能的想法在十次里有九次是对的。但是稍加思考，我就能达到99%的正确率。这就是顶尖选手和失败者的区别。

本能的思维过程，让我们在大部分时候都能够迅速地做出正确的行动，对此有许多著名的例子。但是用一点"意识"加以节制，我们做对的概率会更高。

神经科学家大卫·伊格曼（David Eagleman）在他的著作《隐藏的自我：大脑的秘密生活》（*Incognito: The Secret*

Lives of the Brain）中写道:"意识的发展是由于它能带来有利之处,但是这种有利只限于一定的范围。"它是本能的审计员,而不是本能的替代品(也许是萨班斯法案之前的审计员,不需要太多检查,就能给我们的选择签字。卡尼曼将这个系统描述为"一个背书人,而不是执行人")。

虽然无法避免认知偏见的影响,但是理解这些偏见能够帮助我们减轻影响,不论是对广告的反应还是如何在办公室政治中游刃有余。或者,至少知道那些让自己感到舒坦的知识,而不用为自己的"非理性"感到羞愧。

前文我已经写了大量的内容来说明,对行为科学的理解有助于你影响他人的选择,也能够帮助你改善自己作为营销人员的选择。对行为科学的兴趣也能带来意外的收获,让你能够接触研究创新的学术理论。很多营销人员没有足够的时间学习关于选择的研究成果,而那些研究带来创造性思维和解决问题的情境的科学家,他们的成果似乎也被创造性商业给忽略了。

其中有些研究成果非常显著且有用。如果你的工作包括为创意团队和设计师做简报,尽可能在周五或假期前完成。提出问题,让别人思索解决之道,最佳的时机就是让他们能够在头脑深处思考，而不是有意识地去关注。据说阿基米德的"尤里卡时刻"（灵机一动）就发生在洗澡的时候。睡眠也能帮助思考。让人们明天带着构思来，比在今天就召唤他们过来更好。

或者至少像加利福尼亚大学河滨分校心理学系的助理教授萨拉·梅德尼克（Sara Mednick）所研究的，拥有梦境的睡眠能够帮助人们找到解决问题的办法。梅德尼克还是《小睡一会！改变你的生活》（*Take a Nap! Change Your Life*）的作者，她的理论认为快速眼动睡眠（REM）能够促成联想网络，意味着睡眠时我们会实现一些清醒时无法做到的思维链接。

还有另外的一些技术，能够帮助你挖掘人们的创造性。你肯定参加过头脑风暴会议，引导者在预备会说明："只要有主意，都是好主意。"并且要求参与者只能发表积极的评价。隐含的思想就是安全和不受批判的感觉能够激发很棒的点子。《异议的力量：为生活和职场中的"捣乱者"辩护》（*In Defense of Troublemakers: The Power of Dissent in Life and Business*）的作者查兰·内梅特（Charlan Nemeth）的研究认为，只从人们那里获得创新思维并不能达到最佳状态。在一篇名为《集体创意中的争论能够解放思想》的文章中，内梅特发现，引导参与者辩论和批判各自的想法能够使团队收获更多的点子——头脑风暴会议前后都是这样——比不批判的团队更多。

我使用的一种方法是分割构思环节。首先，我们有一个经典的"没有一个想法是坏的"头脑风暴，但在那之后，我们从每个小组中获得想法，然后让另一个小组批评并改进这些想法。这有助于克服提出者由于禀赋效应和宜家效应而过于重视他们的想法。然后，我让已经改进了想法的小组提出如何实施计划。我称之为5-5-5计划，它是理论、头脑风暴的无后果情境和现实世界之间的一座桥梁。

5-5-5计划，就像本章前面描述的前瞻性技巧一样，要求参与者想象他们已经在执行他们刚刚想到的想法的道路上走得很好。然后他们被要求描述他们在特定时间做了什么：

- 5分钟：在会议结束后的5分钟里，你如何打开局面？你要迈出第一步，无论多微不足道，可以是打电话给某人，安排一个会议让其他人参与到这个过程中来，与法务部门核实这个想法等。

- 5天：5天之后，你取得了什么成就，下一步你打算做什么？
- 5周：会议结束已经5周了。描述一下你走到哪一步了，以及下个月需要做些什么？

5-5-5计划模式很有帮助，因为它能让参与者用实践检验研讨会上产生的想法。实际地思考和描述你将如何做某事也会加强你对这个想法的忠诚度。在某种程度上，这就像我们在本书前面介绍的渠道因素或实现意图。

还有一个点子，能够激发更多的创意，并且广受好评，那就是像孩子一样思考。达里娅·萨贝琳娜（Darya Zabelina）和迈克尔·罗宾逊（Michael Robinson）开展了一项实验，他们将被调查对象（主要是北达科他州立大学的大一、大二学生）分成两组，他们想象在某一天里，学校被取消了，并且还加了一句："你现在7岁。"练习之后，被调查对象还完成了一份创造性思维的托兰斯测验，用来衡量创新表现。将自己当作只有7岁的那一组分数较高。

我个人还对另一种提升创造力的方法很感兴趣。我的经历遍布三大洲，还和一个意大利人结了婚。

安杰拉·梁（Angela Leung）是新加坡管理大学的教授，她的研究很特殊，关注的是多元文化观点下的创新。2008 年，她在《美国心理学家》（*American Psychologist*）上发表了一篇文章，梁和她的合作者展示了他们的研究，用一组幻灯片让人们思考和比较文化情境往往会使他们在随后的写作任务中展示出更高层次的个人创新，对照组的被调查对象只看到了单一文化的幻灯片。

在梁的这项实验中，促成更高创造性的文化并置案例只是合并了美国文化和中国文化的图片。其中一项任务曾被用来评估多元文化与某一种文化并无关系：为土耳其的孩子写一个灰姑娘的故事。接触过文化并置的被调查对象，写出的故事比只接触了单一文化的被调查对象更具创造性。其中的机制可能是因为这种文化并置带来了一些不安（就像前面提到的，头脑风暴会议中的一些不同意见会带来更多构想）。

很多公司竭尽全力在组织内部推动文化多元性。梁的研究证明，这样做能够带来个人创造性的提高。如果创意性组织包含了不同的文化，就能够用这样的思维创造更好的环境，促发更大的创造力。比起融合不同的文化，将文化并置更重要。我曾电话采访过梁，她告诉我说要获得多元文化体验的好处，公司必须拥抱世界主义的观念，而不是全球化的观念。世界主义来自不同的文化，而不是凌驾于不同文化之上，比起全球化，这种观念更酷。

最后，如果你像我一样，总是过度承诺却产出不足，下面有一些可行的办法，能够帮助你避免压力。你是不是因为低估某件事情需要花费的时间而经常在最后关头争分夺秒？或者你倚靠的人没有铆足劲？我们总是倾向于低估完成任务的时间，这一人性特点源于被称为计划谬误的认知偏见。

比如，有调查询问大学生估计需要多久能完成他们的论文，得到的答案平均为33.9天。调查中还询问这些学生，如果"一切顺利如常"则需要多久能完成论文，答案是27.4天；如果"碰到最坏的情况"又需要多久，答案是48.6天。实际上，真正的完成时间平均为55.5天，只有30%的学生在预计时间内完成了他们的论文。

有观点认为，我们的自我估计之所以不准确，有一部分是因为乐观主义倾向。如果能够不那么信任自己的超能力，就能免受它的影响。你可以不要想"我要花多久完成这件事？"而是想"别人要花多久完成这件事？"要让你的同事准确地评估出完成时间，就不要问他们需要花多久完成任务，而是问他们觉得别人需要花多久。

对人类天性的理解非常关键,它能够帮助我们理解如何影响选择和行为,进而帮助我们成为更好的营销人员。另外,对人类天性的理解也能够帮助我们理解本能对选择的影响,在此基础上做出更好的市场营销决策。

营销者的工具箱

- 营销人员也是人类！我们想着影响别人，但是自己所用的决策捷径跟他们却是一样的。而我们的直觉有时候并不能带来最好的营销决策。

- 对于人类而言，短期目标比长期目标更显眼。对于我们管理的品牌而言，这不是一种好的现象。这时，现状偏见能够让我们保持应有的状态。

- 从行为科学及其相关学科中获取知识，能够帮助你和你的合伙人更具创造性。

专业人士的读后感言

- 这本书中藏有许许多多的小窍门。本章中，说到了周五小憩和提问，然后凭借直觉找出答案，带着尝试改变的愿望（更多地意识到偏见的存在）工作，我很喜欢这个主意。

- 引爆和框架是解锁创造力的神奇工具。你如何架构任务（为你自己和你的团队）能够带来很大的不同。

畅销的原理
THE BUSINESS OF CHOICE

第 17 章 人类主导，人工智能辅助

人工智能从我们的手中（或者更准确地说，从我们的大脑中）夺走了选择的某些方面，这对市场营销者和选择者意味着什么？

阿莫斯·特沃斯基与丹尼尔·卡尼曼的合作，催生了许多行为经济学的基本理念，它们也像马克·吐温（Mark Twain）或温斯顿·丘吉尔（Winston Churchill）一样被人引用。迈克尔·刘易斯在他的《思维的发现》（*The Undoing Project*）一书中给我们举了一些例子。在听到诺贝尔物理学奖得主默里·盖尔曼（Murray Gell-Man）夸夸其谈一番后，特沃斯基说：

你知道吗，默里，世界上没有一个人像你自以为的那样聪明。

或者用生活智慧来解释他不打开不感兴趣的邮件的习惯：

紧急事情的好处是，如果你等得足够久，它们就不再紧急了。

据报道，有一次，他特别风趣地描述他所做的事情：

我的同事，他们研究人工智能；我，研究天生愚蠢。

这可能是第一次将行为洞察力和人工智能联系起来。30多年后，这一潜能才被激发。

我还要补充一点，人工智能是一个无限广泛的领域，它几乎可以在营销者或客户洞察专业工作的任何部分发挥作用。本章着眼于几个有限的方面，主要关注如何将人工智能和行为洞察联系起来，以创建更有效的干预措施和营销方案。

首先，人工智能是什么？安德烈亚斯·卡普兰（Andreas Kaplan）和迈克尔·海恩莱因（Michael Haenlein）将人工智能定义为"系统正确解释外部数据，从这些数据中学习，并利用这些知识通过灵活适应实现特定目标和任务的能力"。

我们已经讲了很多关于行为效果是如何被情境和时机所

改变和塑造的。一个刺激——几乎相同的刺激——从不同的角度体验（无论是因为不同的文化背景、个体差异，还是同一个人在不同的时间或地点体验它），会对它所引发的行为产生显著不同的影响。时机往往解释了意图和行动之间的差距。正如我们在第7章中所说的，心脏病专家在复诊时对你坚持心脏健康行为的鼓励比不上在你采取不健康行为的前几秒或者表现良好后几秒给你的及时鼓励。

因此，运用基于行为洞见的干预措施的"完美"方法应该是这样一种方法：能够灵活地适应决策情境的变化，能够理解并允许个体差异，最终能够及时提供提示、框架或激励（无论是大棒还是胡萝卜）。这似乎很符合卡普兰和海恩莱因对人工智能的定义。

当然，人工智能推动选择已经有一段时间了，甚至早在2015年，杰夫·贝佐斯就在给投资者的一封信中透露了亚马逊"数字助推"项目的范围：

> 通过我们的销售教练计划，我们生成了一个稳定的自动机器学习提示流（一周超过7,000万次），提醒卖家不要缺货，增加销量好的商品，并提高价格以使其更具

竞争力。这些"助推"为卖家带来了数十亿美元的销售额增长。

当时是 2015 年，亚马逊的销售教练项目只是亚马逊活动的一小部分，主要针对卖家，与每月在亚马逊上购物的 1.97 亿人相比，卖家群体要小得多。不过，亚马逊的数字可能有点误导人，因为许多"助推"都是由机器学习实现的实时提醒。这并不是说销售教练项目所做的不应该被认为是助推，但我不会把所有这些都描述为基于心理学见解的干预措施。

我不是带你了解人工智能科学和方法的专家。但是一个很容易掌握和解释的重要方面是决策树。决策树是一种简单的分类方法，你可以本能地使用它给脏衣服分类。首先你把需要轻柔洗涤的衣物从那些可以正常洗涤的衣物中挑出来，然后你在正常洗涤的衣物中把深色和白色的分开，但对轻柔洗涤的衣物就不用麻烦了。在大多数情况下，我们的大脑不能同时处理很多决策树（实际上，当你在洗衣服时，你可能会同时处理两个分支，因为你可能会直接处理成三堆——轻柔洗涤的、深色的、白色的，而不是先分出轻柔洗涤的，然后再分出颜色），但计算机当然可以。许多决策树可以同时运行，不同分类和结果的决策树组成一个集合，通常被称为随机森林。然后这些树"投票"决定它们的分类，所以在洗衣服的例子中，你可能会得到"含棉量低于80%=轻柔洗涤"。对于随机森林，"见树不见林"的说法是不正确的——树帮助你看到森林。

这种决策树集合的想法已经被以色列理工学院的一组数据科学家强化了。这个小组开发了一种"结合心理学理论和数据科学的协同方法预测人类行为"，他们通过选择预测比赛证明了这一点。这种方法被称为"心理森林"，它将行为倾向构建到决策树森林中，使其不那么随机。这形成了一个比单独的人工智能算法或心理措施更能预测人类行为的系统。我以非数据科学家的方式思考心理森林，这片森林不是随机的树木，而是由多种树木混合而成的，其中一些树木经过深思熟虑的选择或改造，以便在环境中茁壮成长。

来自以色列理工学院的数据科学家奥里·普隆斯基（Ori Plonsky）开发了心理森林方法，他将这种方法描述为"行为科学家开发基于理论的特征，而数据科学家则为它们的集成提供最佳工具"。

我是这个想法的忠实粉丝（也许是因为即使在越来越自动化的时代，仍然需要雇用一部分行为洞察专家），因为它也符合当前数据科学的许多思想，即人类和人工智能的结合能产生巨大的力量。

迄今为止，营销者的倾向是使用人工智能进行优化，本质上是用试错法通过不断减少错误提高效率。人工智能已经使营销者能够做到这一点，通过运行速度更快、成本更低的多元测试，取代可靠但耗时的标准方法 AB 测试。因此，人工智能不只是测试标题 A 和标题 B，而是允许同时测试许多变量。也许是三种不同的标题选项，结合不同的图片和不同的行为召唤（CTA）。在这种情况下，人工智能选择哪些是有效的，并继续优化，所以你作为一个市场营销者可以抛出一系列的选项，无论是标题、素材、定价、图像、标注，几乎任何东西。然后，你可以将决策交给技术部门，而你的营销也会变得越来越高效。你还能要求什么呢？

营销者能轻易使用人工智能测试各个选项，这意味着我们可能对输入机器变量一无所知。在某种程度上，人工智能违背了"垃圾输入，垃圾输出"的老话。这句话通常指使用有缺陷或无意义的数据输入。我这里的意思是，当营销人员输入没有经过充分考虑的选项，然后让机器在此基准上改进。①结果一直在改进，但是如果在优化输入时多花一点心思呢？就像心理森林比随机森林更好地预测人类行为一样，在输入时将营销中的行为洞察力融入其中可以让你的人工智能比标准优化更有优势。

机会在于，使用行为洞察将来自营销机器学习引擎的优化放大和加速。人工智能告诉我们"是什么"，而行为洞察可以告诉我们"是什么"背后的"为什么"。

汤姆·格里菲斯（Tom Griffiths）在2019年判断与决策学会会议的主题演讲中总结了他与普隆斯基等人合作的一篇论文，他提出了这样一个问题："行为决策理论旨在解释人类行为。它们能帮助预测吗？"这个句子的第一部分对我来说很有趣。行为洞察可以用来解释经验的某个方面或干预框架为什么正在攀升或不再优化。理解为什么允许阶跃变化，而

---

① 《简单统计学》的作者加里·史密斯（Gary Smith）在发表于2019年7月《快公司》（*Fast Company*）的文章中举了一个例子："一位互联网营销人员在大约100个国家测试了其登录页面的三种替代颜色（黄色、红色和蓝绿色）和传统的蓝色，这几乎保证了他们通过有针对性地为某些国家设置某种颜色以增加利润。他们得出结论，英国人喜欢蓝绿色，但事实并非如此。"

不是平滑的优化曲线。当我们理解了某样东西为什么会起作用时，我们就可以想象如何放大这种影响，而不仅仅是微调。了解圆木作为滚柱的工作原理，你就能构想出一个轮子；了解了轮子的工作原理，你就会了解滑轮、齿轮。

行为建筑师咨询公司的麦克·丹尼尔斯对此表示赞同：

> 人工智能可以让我们更好地理解行为，更详细地回答在哪里、什么时候、是什么、什么人等问题。BI（行为洞察）与 AI（人工智能）和 ML（机器学习）的愉快融合在于行为洞察有助于回答解释性和想象性的问题——为什么和怎么办。

当我问内奥米·斯帕克斯·格雷瓦尔，随着我们的发展，洞察专业人士的技能可能是什么，她的回答包含了行为科学和数据科学的互补：

> 一个危险的组合是一个行为科学家具有编码和计算机科学技能，并有能力在各个层面上展示发现。我要雇用那个人！

让人类为人工智能优化提供解释并增加想象力，是利用人类和计算机各自优势的一个很好的例子，这是自然、人类智能和人工智能可以产生最大影响的地方（正如我们稍后将看到的，人工智能最被人们接受的地方）。

我为一个由医疗和技术组织组成的财团开发了这样一个程序，以竞标一大笔公共卫生拨款。简化后的过程如下：

第一步：定义期望的行为，并假设什么可能是阻碍它们的逆风，什么可能是使它们被采用的顺风。

第二步：基于对目标行为的洞察，与设计师（用户体验及其他）一起举办行为启发研讨会。

第三步：综合并开发研讨会上想出的干预措施。

第四步：运行这些想法，看看会发生什么！

正在进行：通过人工智能引擎优化和个性化。

第五步：每三个月，挑选表现最差的 20% 和表现最好的 20% 的员工，请行为洞察专家假设他们为什么不好好工作或好好工作。利用这一分析指导设计师改进干预措施。

正在进行：通过人工智能引擎优化和个性化。

第六步：每年以新的基准和修正的假设为基础，举办以行为为基础的创意研讨会。

正在进行：通过人工智能引擎优化和个性化。

约翰·洛威尔（John Lowell）经营着一家名为Field Collective的咨询公司，他此前曾在巨头广告李奥贝纳广告公司担任首席信息官，对人工智能的实际应用有着深入的体验和理解。他提出了一种推进这种方法的方式，即在这一过程中构建一种被称为生成对抗网络（GAN）的神经网络。GAN被描述为"过去二十年来机器学习中最酷的想法"，基本上履行了人工智能世界中创造性思想家的角色。GAN使用两个神经网络，一个是生成网络，另一个是判别网络。生成网络提供了新的"创造性"输入，这可能会打破判别网络正在监管的一些规则，但仍然符合所需的分类。生成网络的成功取决于它能让判别网络犯多少错误！这种"战斗"生成新的解决方案——一开始不被判别网络识别为天鹅的"黑天鹅"。

人工智能和自然智能的结合通常被视为人工智能的"最佳实践"。对于营销人员来说，这种结合提供了深入了解人性的机会，并在适当的时候为每个人定制体验。优步这样做的效果很好（在此过程中也招致了一些批评）。

1997年，一项针对纽约出租车司机的著名研究显示，他们并没有以最有效的方式最大化他们的收入。在业务繁忙的日子里（可能是下雨天，或者城里有大型会议），司机们会比不那么忙的日子更早收工。在不太忙的日子里，通常是天气比较好时，他们的工作时间会更长。研究人员给出的解释是，司机们是根据每天的目标（"当我一天赚了250美元时，我就会收工"）计算他们工作的时间。这意味着在繁忙时他们工作时间更短，而在不太忙时他们工作时间更长。基于前景理论的一种解释是，出租车司机认为不足250美元就是一种损失，因此只要能避免损失，他就会一直开车。然而，如果出租车司机在繁忙时多工作几个小时，在不太忙时少工作几个小时，他们可以多赚10%。

20年后的2017年，人性当然没有改变，但我们在城市里叫车的方式变了。1997年的研究发现，个体户出租车司机的低效率只会损害他们的个人收入，而来福车[①]和优步等拼

[①] Lyft是美国第二大打车软件。——译者注

车应用则希望司机的收入最大化。在《纽约时报》的一篇文章中,诺姆·谢贝尔(Noam Scheiber)调查优步是如何利用行为科学的见解,结合人工智能促使司机工作更长时间的。

谢贝尔很好地总结了优步的问题。由于司机不是员工,[①]而是独立的企业主,优步不能命令他们在特定时间出现在特定地点。但优步对用户的品牌效用在于,在用户需要的时候,汽车出现在用户需要的地方。正如谢贝尔所说:"缺乏控制可能会严重破坏一项旨在随时随地无缝运送乘客的服务。"

《纽约时报》的这篇文章清楚地展示了如何将行为洞察和人工智能结合起来,让司机继续开车。根据他们过去的驾驶行为,当他们接近完成目标时,司机会收到提示,告诉他们离更高的目标有多近。谢贝尔报告称优步已经进行了实验:

> 电子游戏技术、图像和没有什么价值的非现金奖励,可以促使司机工作更长时间、更努力,有时还会在对他们来说不那么有利可图的时间和地点工作。

---

① 优步司机的就业状况在不同的司法管辖区都持续受到密切关注。

优步使用的各种"助推",是基于司机的行为记录和当时环境个性化定制的,并通过优步应用程序在最有可能对司机的行为产生影响的时间发布。

虽然这个例子说明行为洞察和人工智能如何协同工作,但这也是一个教训,说明了比意识速度更快的定制推送可能会导致更有利于服务器而不是接收者的结果。弗朗西斯卡·吉诺在一篇名为《优步告诉我们如何不应用行为经济学》的文章中警告说,有些情况对优步公司比对选择者或用户更有利。

在很多情况下,人工智能驱动的"助推"往好里说是可疑的,往坏里说是鼓励非法活动的。在《邪恶的助推》一书中,专门研究网络法律的米哈尔·拉维博士警告说:

> 在某些情况下平台使用数据挖掘和人工智能创建符合每个用户特征的个性化推送,并专门将用户推送到非法论坛,或从事非法活动。

人工智能可能会将可接受的助推引向有道德争议的境地。如果一个机制能够鼓励手机游戏中的游戏内购,除非在算法中设置了限制,否则人工智能将更频繁地为响应的玩家提供个性化的机制。一小部分玩家会比其他玩家反应更热烈,在很短的时间内,你就会发现有人在游戏中花费了巨额的费用。游戏新闻与评论网站小宅网(Kotaku)在2019年10月报道称,一名玩家在《变形金刚:地球战争》的线上交易中花费了超过15万美元,而人工智能已经擅长识别潜在的"鲸鱼",这些氪金玩家被称为"鲸鱼"。我们之前提到的营销数据专家约翰·洛威尔说:

> 公司可以做出明智的、优化的、合法的,甚至是道德的(在微观层面上)决策,从而导致一个不道德和剥削的系统。

之前我谈到了在人工智能中加入行为洞察的重要性。在这种情况下,增加一些人工监督也可能是一个好主意。宾夕法尼亚大学沃顿商学院教授卡尔提克·霍桑纳格(Kartik Hosanagar)认为这是至关重要的。在接受沃顿知识在线的采访时,霍桑纳格建议:

公司在部署算法之前应该正式审计算法，尤其是在招聘等具有社会影响的事项中。审计过程必须由一个独立于开发算法的团队完成。

我不是一个算法怀疑论者。我其实是算法的信徒。我想分享的信息不是"保持警惕"，而是"更积极、更刻意地参与进来，成为影响这些技术发展的一部分"。

负责任地使用人工智能和机器学习可以使营销人员受益，用户和选择者也能从中受益。亚马逊或谷歌给我提的建议通常很有用——它们让我更容易做出选择，也更有益。人工智能机器人在很多情况下解决了我遇到的支持或服务问题，而不用我给呼叫中心打电话。但是人们对人工智能的限制是什么，它如何让人们感受自己的选择，甚至感受自己？

露西·法雷-琼斯（Lucy Farey-Jones）深刻理解人类与科技的交集。她经营着一家总部位于旧金山的企业，在此之前，她是广告公司 Venables Bell and Partners 的联合创始人兼首席战略官。虽然很多关于人工智能的讨论都是关于它能给企业带来什么，但法雷-琼斯对另一个问题感兴趣：它对人们意味着什么？人们如何想象它适合人们的生活？在一项对美国 1,200 人的研究中，她询问了人们可以接受人工智能的不同场景，以及他们在这样做时的舒适程度。法雷-琼斯报告称，人们似乎对人工智能在房屋清洁和包裹递送等方面的帮助非常满意，对人工智能律师、教师和财务顾问也还算满意，但"目前坚决拒绝"人工智能/机器人育儿的想法。法雷-琼斯指出了一个矛盾，那就是许多对人工智能表示不满的人已经在消费它了。

事实上，五分之一拒绝使用人工智能婚介的人尝试过使用人工智能算法的在线约会服务。45% 的人对拥有 Alexa、谷歌 Home 或 Siri 的人工智能助手的想法感到非常不舒服。事实上，在那些反对人工智能飞机配备飞行员作为后备的人当中，有 80% 的人曾经乘坐过商务航班。

也许并不奇怪，那些已经体验过语音人工智能助手的人在调查中的所有场景中都表现出更大的舒适度。正如我们之前所说的，熟悉会产生满足感。

我们对人工智能的看法是一回事。但我们与它的互动让我们感觉如何？当 Alexa（亚马逊旗下的智能语音助手）、

Siri（苹果公司开发的智能语音助手）和谷歌Assistant（智能语音助手）听不懂我的话时，我就会提高嗓门，但当它们告诉我当天的天气预报时，我有时也会感谢它们。[①] 我是许多在生活中将"对话界面"拟人化的人之一。回想一下在第9章中，人们在参加测试时是如何对电脑的恭维做出反应的。他们在测试中表现得更好，报告了更多积极的情绪，对互动的评价更积极，对计算机也更积极。

人格化的倾向在人类身上根深蒂固——有人认为，它在使我们乐于驯养动物方面发挥了作用。操作拆弹机器人的士兵通常会给机器人起名字，如果它们受到致命打击，还会举行葬礼。机器人与人之间最好的关系似乎出现在机器人是人类活动的补充，而不被视为竞争对手的时候。就像我们对家养动物的感觉一样。

正如每个英雄都有自己的缺点和弱点（无论是阿喀琉斯和他的脚踵，还是超人和氪星石），如果我们的人工智能向

[①] 亚马逊开发了一项功能，当孩子们向Alexa提问时，可以使用"神奇的单词"为他们提供正面回应。如果孩子在请求中说"请"，Alexa会给出答案，并加上"顺便说一句，谢谢你这么友好地问我"。最近，我发现了Alexa的"耳语模式"，这让我很兴奋，如果你向Alexa耳语一个请求，她就会低声回答。

我们展示它们并不完美,我们可能会更喜欢它们。50多年前,社会科学家埃利奥特·阿伦森(Elliot Aronson)证明,当一个成功人士犯错误时,他们可能会变得更讨人喜欢。这种失态效应已被证明超越了人与人之间的互动(HHIs),延伸到了人类与机器人之间的互动(HRIs)。研究人员通过一项用户研究证明了这一点,他们故意将错误行为编程到机器人的日常生活中,然后观察和测量人们在与有错误的机器人互动时和与没有错误的机器人互动时的反应有何不同。和人类一样,有能力但有缺陷的机器人比完美的机器人更受欢迎。全美超模大赛的创始人泰拉·班克斯敦促我们接受自己的缺点,因为这些缺点让我们变得很棒。她将这一观点简洁地归纳为合成词"瑕疵"(flawsome)。也许"瑕疵"应该出现在每一种人工智能体验中。

如果人工智能暴露了一个小而不严重的缺陷,人们可能会更喜欢它们,但速度肯定是人工智能一个不容置疑的属性吗?我的意思是,这难道不就是它的意义所在吗?一眨眼的工夫,你就能从无数选择中选出最好的一个。我们的时间都很紧,每件事都以越来越快的速度向我们袭来,因此,速度更快的人工智能似乎是最安全的选择。

哈佛商学院的麦克·诺顿（Mike Norton）和瑞安·布尔（Ryan Buell）表示，还没那么快。诺顿和布尔进行了一系列实验，探讨了操作透明度和劳动错觉的概念。操作透明度是我们对所选择或使用的产品或服务的提供过程的兴趣。无论是柜台后面的寿司厨师精确地（我们希望）把你要吃的河豚切片，跟踪 UPS 包裹，还是用追踪器查看你的达美乐比萨在烹饪和配送过程中的位置，我们都喜欢密切关注为我们做的事情，即使密切关注它们并不能帮助我们更快地得到它们。

在一项实验中，诺顿和布尔创建了一个名为 TravelFinder 的模拟网站，其外观和操作都与真实的网站相似。然后，他们要求参与者使用该网站查找并预订从波士顿到洛杉矶的航班。一些参与者几乎立即得到了合适的航班选择，而另一些参与者则需要等待，网站窗口显示"目前为止有 52 个结果"和"我们正在搜索包括捷蓝航空在内的大约 100 个网站"等更新。正如布尔和诺顿在《哈佛商业评论》的一篇文章中所报道的那样：

> 其中一个网站即时显示结果，但搜索过程不可见；

而另一个网站需要 30 秒到 60 秒，但显示搜索过程。大多数人更喜欢透明的，但速度较慢的网站。

当然，等待是完全没有必要的，它只是制造了工作的假象。尽管我们知道算法以光速工作，但当它们向我们展示它们所付出的努力时，我们更喜欢它们。如果它们花一点时间来做这件事，我们就会更喜欢它们。

尽管我在本书前面已经用一整章介绍如何让选择更容易，但营销人员应该注意人工智能让选择变得太容易，这对选择者来说是一种不那么有价值的情感体验。正如乔纳·伯杰所说，我们的选择是沟通。我们的选择可以让我们觉得自己很聪明。巴巴·希夫告诉我们，对自己的决定感觉良好会让我们从选择中获得更多效用。但如果我们觉得这些选择不是我们自己的，会发生什么？因为人工智能助手已经承担了一些决策。我还没有遇到直接调查这一问题的研究，但一篇发人深省的论文《人工智能和大数据时代的消费者选择及自主性》提出了一些有趣的研究主题。我不会在这里一一列举（这篇论文值得一读——它只有 7 页，不包括参考文献）。该论文涵盖了积极自我归因效用等领域，即当我们更强烈地感到一个选择是我们自己所做的时候，它会让我们对这个选择的积极结果承担更大的责任。而自我效能可以让我们对自己的选择更满意，因为自由选择的体验会使消费者①强化首选项的特性，并将非首选项的吸引力降至最低。

营销人员应该担心人工智能可能会减少消费者的这类心理效用。消除选择所赋予的自主感会影响选择者的幸福感，会使实际选择本身的回报降低，可以想象会降低品牌无形资产的重要性。在选择品牌的过程中，我们无意识地从记忆中检索品牌关联（还记得山姆·麦克卢尔关于可口可乐的 fMRI 实验吗？应该很容易检索，因为我们只在两章前介绍过它）。当我们经常这样做时，我们会使这些联系更牢固、更持久。当人工智能替我们完成选择时，可以合理推测我们不太可能强化与所讨论的品牌相关的情绪、感受和线索。

我并不是说营销人员不应该拥抱人工智能。这个精灵已经真正从瓶子里出来了，并且有潜力像所有的精灵那样创造并放大有益的、好的魔法。但我建议，在设计人工智能程序时，从业者也应该融入一些能够帮助选择者保持他们的能动

---

① 这是他们的用词，不是我的！

性，并有助于建立他们的决策自我效能（DMSE）的线索和经验。有时候，通过暗示做出决定比直接得到答案更有益。

荷兰伊拉斯谟大学鹿特丹管理学院的研究人员调查了自动化的前景或威胁对涉及个人身份的活动的决策有何影响。研究表明，当一项活动不仅关乎个人的效用（从 A 地骑到 B 地），还关乎身份（认为自己是骑自行车的人）时，自动化可能会耗尽这种身份感。而失去某种身份的前景会让我们不太可能采取行动，更有可能固守现状。

在本书中，我多次提出，对于营销人员来说，品牌并不是全部。这是关于选择者选择它的决定。在算法无处不在的时代，营销人员面临的一个挑战是帮助人们感到这仍然是他们的选择，一个源于他们内心、个人偏好和需求，以及他们如何看待自己以及他们希望别人如何看待自己的选择。

我想以鼓励结束这一章，鼓励那些发现行为洞察并使用它们设计解决方案的人。回到第 7 章，我们见到了尼克·彼得斯教授，他是一位著名的心脏病专家，也是全球数字健康计划的倡导者和实施者。2018 年 10 月，彼得斯在世界经济论坛网站上写了一篇非常有见地的文章《人工智能如何激励医生更具创造力》。他在这篇文章中提出的许多观点超出了医疗保健的范畴。事实上，你可以把标题中的"医生"一词改为"营销人员"或"行为设计师"。

2017年，DeepMind的阿尔法狗计算机击败了围棋世界冠军。计算机只知道这个游戏的规则，它的可能走法比可见宇宙中的原子还要多。一些人认为这是一个分水岭——机器正式变得比人类更聪明。

然而，一个微妙的问题（没有被广泛报道）是，阿尔法狗打破了长期以来的走法惯例。因此，围棋大师们都承认获得了解放，敢于想象新的招式和策略，从而取得了非凡的连胜。

我们目前正处于一场技术革命的阵痛中，在这场革命中，机器被赋予了学习和自己找出解决方案的能力。机器正开始以一种可能未曾预料到的方式挑战人类的想象力，矛盾的是，这可能教会人类敢于超越当前的限制进行想象，并在创造力方面发动一场革命。

尽管在行为改变和营销干预的设计中采用人工智能存在许多挑战，但它激励像你我这样的人成为更自由、更富有想象力的战略家和实践者，这一想法相当令人兴奋。

营销者的工具箱

- 行为洞察和人工智能/机器学习是一个强大的组合，但要从这一组合中获得最大收益，需要超越优化。
- 虽然人工智能可以让你找到"是什么"干预措施可能最有效，但使用行为洞察的人类分析可以更好地理解"为什么"，而对"为什么"的理解有助于促进创造性飞跃。
- 持续的人类输入可以让人工智能开发出更有效的干预措施；但是在这个过程中，人的参与不仅是为了效率，人的参与和审计在识别算法偏见和帮助避免算法提出不道德甚至非法的行动方案方面很重要。

专业人士的读后感言

- "瑕疵"不仅适用于人，也适用于机器！不完美或者比真实运行速度更慢的算法，可能会比"完美无瑕"的算法更受欢迎、评价更高。
- 如果你的简历结合了数据科学和行为科学技能，你可能会非常受欢迎。

- 永远不要忘记,对于选择者和你的品牌或业务来说,重要的是让人们觉得选择是他们自己做的,而不是别人为他们做的。

结 语

通常，我们认为营销要有利于营销人员和营销目标。但是，近几年来，我不断认识到，人们做出选择的背后有许许多多因素，渐渐明白营销不止于此。市场营销将会进化，更有利于它想影响的那群人。

在一些很明显的领域，市场营销就能做到这一点。只要运用行为科学的知识，我们已经看到像Ideas42（哈佛智库）这样的组织如何发掘洞见设计和构建营销项目，让它更有效地激励人们做出健康的行为，养成更好的财务习惯，让人们为了更好的社会和环境行动起来。

当然，好处多多益善。我们想深远且重大地影响每一个选择，虽然许多选择无关人生和世界。下次去超市时，我应该买佳洁士还是高露洁？我应该买12节普拉提课程套餐，还是现用现付呢？当我下班后和朋友见面喝啤酒时，我应该喝锚蒸汽啤酒还是内华达山脉啤酒（实际上，我会喝锚蒸汽啤酒，这是美国最早的精酿啤酒，自 1896 年以来在旧金山酿造），但是通过营销，我们仍然能够以有利于选择者的方式，帮助人们做决定。

第一种方法我在第 10 章中提到过，能够让选择变得容易。我们说过人类的大脑偏爱更容易、更可估量的选择，我认为这也是营销人员应该提供的选择。第一，因为对营销人员来说，这样做是起作用的。第二，时间宝贵而注意力有限，即使是简单的决策有时候也会显得很复杂。所以有时候，从商业的角度看，故意在一个类别里制造一些不确定的选项可能是一种好策略，此时，人们自然而然会挑选一些领导品牌。但是，与其让选择者直接跳过认知循环，不如想办法让自己的品牌比大品牌更简单，更符合天性，从这个角度入手是不是更好呢？如果营销没有特意去结合大脑的工作方式、人类选择的本能路径，这样的营销不大可能会很好地服务于品牌和商业。而故意让营销更复杂、更难，或更让人困惑，也无法更好地符合人性。理查德·塞勒反对那些很难退订的产品。他说，订阅服务应该遵循的经验法则是，取消订阅应该像当初订阅一样容易。当选择变困难，就需要付出努力去协调，于是给人们增加了压力。让人们觉得无法选择，也就分散了他们的精力，减少了他们的福祉和幸福感。人生苦短，如果每天还要浪费大量的时间在决策瘫痪上，那就太不划算了。所以，对这些决策而言，简单的决策就是幸福的决策，营销人员也会感到更舒坦。

当然，在某些情况下，让选择变得更加困难是有益的，可以挽救生命。让购买香烟的决定，在认知上不流畅、实践中很困难显然是一件好事。通过减少人们单次购买泰诺（或其他含有对乙酰氨基酚的品牌）的数量，并要求制造商用罩板包装，药丸必须一个一个地突出来，而不是装在易于清空的瓶子中，这些措施使得摄取过量的泰诺更加困难，在英国，11年来，通过服用过量对乙酰氨基酚自杀死亡人数减少了43%。

第二个方面是选择带来的正面情绪。虚构人物路易·莱维教授和邓布利多与哈利·波特的对话告诫我们选择对人生的重要性。选择相关的感觉也会显著地影响我们的情绪，比如自动感应雨刷的消失，一些汽车配件的缺失，让我整个购车经历阴云满布。同样，如果别人肯定了我的选择，比如称赞我买的布朗登折叠自行车很方便，我简直会飞弹起来。最好的恭维就是赞赏别人所做的选择。所以，不管营销还是生活，这可能也是最好的策略。

但是，你或者其他购买了这本书的人肯定充满好奇心，并且你们坚持看到最后，肯定已经知道了这个秘密。

致 谢

首先，我要感谢金伯利·达内，金伯利是一名神经学家，同时也是一名优秀的作家和编辑。她帮我把一些比较复杂的概念表达得更为浅显，确保了我在原版和新版中都没有误读科学。真的，她的名字也应该出现在封面上。我很感谢皮特·库默，他为修订版设计了副书名。我还想感谢爱墨瑞得出版社，特别是夏洛特·麦奥拉娜，2014年她认为一本像这样的书可能会很有趣，五年之后支持这本书再版。谢谢你对我的信心，夏洛特！

此外，如果不是成千上万的学者对人类行为进行研究，并深入挖掘人类是为什么以及如何做决定的，这本书也不可能写成。对此，我要表示感谢。无论是著名的学者还是正在进行研究的学生，我曾与他们有过很多启发性的谈话。我特别要感谢学术界的一些学者，他们抽时间给我建议和鼓励，并极有耐心地把自己的研究成果解释给我听。所以，在这里我要亲自谢谢你们：萨姆·麦克卢尔、巴巴·希夫、徐明、亚当·奥尔特、弗拉达斯·格里斯克维西斯、罗伯特·西奥迪尼、丹·艾瑞里、理查德·尼斯贝特、大卫·加尔、嘉莉·阿梅尔、巴里·施瓦茨、乔纳森·巴伦、安德烈娅·魏劳赫、西蒙娜·博迪、戴维·法罗、乔纳森·辛曼、本·希尔比格、萨姆·邦德、伊斯哈尼·巴纳吉、克里斯托弗·海德克、玛雅·尚卡尔、安杰拉·梁和克里斯·查布利斯、尼尔·戴蒙德、贾斯汀·波默朗斯、尼克·莱特、大卫·科默福德、托马斯·察基维茨、乔凡尼·布罗、雷纳托·弗雷、瑞秋·罗森博格、吉泽姆·亚尔辛。你们中的一些人可能已经不记得帮助过我，但是我没有忘记。

朋友、从业者、前同事和现同事，他们曾激励或支持过我，并以某种方式为这本书做出了贡献，包括迈克尔·法斯那切、马克·巴登、詹姆斯·哈莱特、拉尔夫·库格勒、由美·普伦蒂斯、安德鲁·莱维、尼克·彼得斯、大卫·托马森、约翰·肯尼、西蒙·怀特、科菲·阿莫–戈特弗里德、多米尼克·怀特勒斯、迈克·瓜里诺、奥罗·特里尼·卡斯泰利、尼尔·阿德勒、瑞恩·莱利、露西·法雷·琼斯、金·伦德格伦、巴伯·穆尔、依琳娜·哈洛宁、利·考德威尔、埃利斯·罗伯茨、麦克·丹尼尔斯、约翰·洛威尔、库尔特·芒克、库尔特·德特韦勒、帕姆·斯科特、迪·汤普金斯、丽贝卡·考德威尔、维姬·加罗德、汤姆·奥基夫、詹姆斯·科格伦、让·曼西、辛西娅·弗劳尔斯、伯纳黛特·米勒、鲍勃·梅森、约翰·艾希伯格、布鲁克·萨多斯基·塔利、玛丽亚·范·利斯豪特、汤姆·布拉西斯、古市裕子、阿里·内夫、米米·库克、拉蒙纳·里昂、弗兰考·里奇乌蒂、埃马努埃拉·卡尔德罗尼、内奥米·斯帕克斯·格雷瓦尔和胡列塔·科拉尔特。感谢你们所有人。

图书在版编目（CIP）数据

畅销的原理 /（爱尔兰）马修·威尔科克斯著；包云波译. -- 北京：九州出版社，2024.1
ISBN 978-7-5225-1978-4

Ⅰ. ①畅… Ⅱ. ①马… ②包… Ⅲ. ①营销—研究 Ⅳ. ① F713.3

中国国家版本馆 CIP 数据核字 (2023) 第 127116 号

The Business of Choice: How Human Instinct Influences Everyone's Decisions (2ed Edition)
Copyright © 2020 by Matthew Willcox
"This translation of The Business of Choice by Matthew Willcox is published under licence from Emerald Publishing Limited of Howard House, Wagon Lane, Bingley, West Yorkshire, BD16 1WA, United Kingdom" through BIG APPLE AGENCY, INC. LABUAN, MALAYSIA

著作权合同登记号：图字 01-2023-3492

畅销的原理

作　　者	［爱尔兰］马修·威尔科克斯　著　　包云波　译
责任编辑	牛　叶
出版发行	九州出版社
地　　址	北京市西城区阜外大街甲 35 号（100037）
发行电话	（010）68992190/3/5/6
网　　址	www.jiuzhoupress.com
印　　刷	天津中印联印务有限公司
开　　本	889 毫米 × 1194 毫米　32 开
印　　张	15
字　　数	237 千字
版　　次	2024 年 1 月第 1 版
印　　次	2024 年 10 月第 1 次印刷
书　　号	ISBN 978-7-5225-1978-4
定　　价	70.00 元

★ 版权所有　侵权必究 ★